Schicksal ist, irgendein Ende zu erleben.
Hans Grimm

B! Danubia

Robert T[illegible]

Berlin am 21. Mai 2002

Robert Thoms * Stefan Pochanke

Handbuch zur Geschichte der deutschen Freikorps

Handbuch zu Geschichte der deutschen Freikorps

Einbandgestaltung nach einem Entwurf des
Marinemalers Viktor Gernhard, Pfaffenhofen,
nach Vorlagen von Elk Eber und Paul Sinkwitz;
Bildnachweis: Sammlung der Autoren und
National-Archiv, Berlin/München:
Satz/Litho: ReproArt, Heusweiler
Druck / Bindung: Grafiche Fover S. r. L., Foligno (PG)
ISBN 3-934507-03-4

Inhalt:

Zum Geleit

Liebe Leser, dieses Buch will über die deutschen Freikorps berichten, die in den ersten Jahren nach dem ersten Weltkrieg eine wichtige Rolle spielten. In großen Zügen werden die Voraussetzungen, die Taten und das Ende einer Bewegung geschildert, die für unser Deutschland von geschichtlicher Bedeutung war, nachträglich aber von verständnisloser oder gar böswilliger Seite falsch beurteilt oder gar verurteilt wurde.

Als noch lebender Zeitzeuge möchte ich hiermit erzählen, wie ein junger Deutscher ganz persönlich die Freikorpszeit erlebte. Dabei muß ich mich aber auf für mich besonders wichtige Erlebnisse beschränken, um den Umfang dieses Geleitwortes nicht zu sprengen.

1901 geboren, habe ich auf meinem Lebensweg durch ein Jahrhundert mit zwei Weltkriegen und den Zeiten davor, dazwischen und danach einen außergewöhnlichen Schatz von Erinnerungen sammeln können. Wenn nun auch das Alter seinen Tribut verlangt und ich morsch und müde geworden bin, so ist doch mein Gedächtnis – besonders an die Jugendjahre – ganz intakt geblieben.

Als 1918 der erste Weltkrieg endete, arbeitete ich auf einem Obst- und Gemüsegut in Holstein. Als Angehöriger der damaligen Jugendbewegung, die unter dem Namen "Wandervogel" bekannt wurde, war für mich die Tätigkeit mit der Erde eine Freude. Daneben aber verfolgte ich mit wachen Sinnen die großen Ereignisse jener Zeit. Der deutsche Zusammenbruch traf mich schwer. Als tiefer Schnee zum Jahreswechsel 1918/1919 die Landarbeit unmöglich machte und ich erfuhr, daß es in Berlin zur Revolution kam, nahm ich mir Urlaub und fuhr in die Reichshauptstadt, dort nach dem Rechten zu sehen. Bei Freunden fand ich Quartier, veränderte mich äußerlich zum "Proleten" und stürzte mich in das Getümmel der Stadt. Unglaubliche Menschenmengen wogten in großer Aufregung durch die Straßen, und ich beteiligte mich an ihren Auseinandersetzungen.

An einem Tag Anfang Januar 1919 kam ich auf den großen Platz zwischen dem einstigen Königsschloß und dem Marstallgebäude, das von der revolutionären "Volksmarine-Division" besetzt war.

Da fügte es nun mein Schicksal, daß ich einen Mann kennenlernte, der für mein weiteres Leben große Bedeutung erlangen sollte. Es war Karl Liebknecht, der Spartakistenführer!

Er sprach vom Fenster im Marstall und ich stand unmittelbar davor und konnte jedes Wort deutlich verstehen. Da prüfte ich ihn mit offenen Augen und Ohren und war entsetzt. Er steigerte sich in eine zügellose Hetze gegen die Regierung hinein, appellierte an die pöbelhaften Instinkte der aufgeregten Massen und schrie zum Schluß: "Bewaffnet Euch! Kommt herein in den Marstall und holt Euch die Waffen, dann wollen wir gemeinsam die verbrecherische Regierung von Ebert und Scheidemann stürzen!"

Da hatte ich genug und faßte den folgenschweren Entschluß, einem solchen zerstörerischen Wirrwarr mit der Waffe entgegen zu treten und den Bolschewismus, der bei uns in der Form des "Spartakismus" auftrat, auf jede Weise zu bekämpfen. Ich konnte nicht ahnen, daß etwa zehn Tage später Liebknecht und seine Kampfgenossin Rosa Luxemburg auf häßliche Weise ihr Leben verloren.

Da hatte ich aber Berlin schon längst wieder verlassen, gab meine Stelle in Holstein auf und suchte nach einer Möglichkeit des Kampfeinsatzes. Nach Überwindung vieler bürokratischer Hindernisse erfuhr ich, daß ein vom Krieg heimgekehrter Offizier – namens

Freese – im Rahmen des Freiwilligenregimentes Kettner in Litauen eine Wandervogel-Kompanie organisierte. Auf ein Telegramm von ihm konnte ich endlich nach Kowno (Kaunas) fahren. Bei der Kompanie wurde ich sofort militärisch eingekleidet und waffenmäßig ausgerüstet. Das Kostbarste war dabei das so lange ersehnte Schießgewehr, die sogenannte "Braut des Soldaten".

Ich wurde sofort dienstlich eingesetzt bei einer Gruppe, welche die Memelbrücken zu bewachen hatte. Der Unteroffizier – auch ein Wandervogel – beeilte sich, mit meiner Ausbildung zu beginnen. Als erstes erklärte er mir das Gewehr und seine Bedienung. Dann mußte ich von der Brücke einen Schuß in die Memel abfeuern. Zärtlich hielt ich den Gewehrkolben an meine Wange und drückte ab. Da bekam ich durch den Rückstoß eine so starke Ohrfeige, daß mir die Sterne vor den Augen tanzten. Der Unteroffizier aber meinte lachend, daß ich nun eine ganz wichtige Sache gelernt hätte, nämlich den Gewehrkolben nicht an die Wange, sondern ganz fest an die Achsel zu drücken. Ich vergaß diese Lehre nie mehr!

Die nächsten Wochen vergingen rasch mit der militärischen Grundausbildung. Einmal kam hoher Besuch aus Berlin, der von der Regierung eingesetze Minister für das Heereswesen, Genosse Noske. Wir mußten ihm zu Ehren sogar einen Parademarsch klopfen, und ich ließ die Beine so hoch fliegen, wie ich konnte.

Die russischen Bolschewiki ließen sich nicht mehr sehen. Sie waren wohl so unfreundlich verjagt worden, daß sie die Freude an Litauen verloren hatten und sich dafür im benachbarten Lettland barbarisch austobten. Als nun das Regiment Kettner mitsamt der Kompanie Freese an die polnische Grenze verlegt wurde, trat ich zur baltischen Landeswehr über.

In Mitau traf ich zufällig auf der Straße den deutschen Wandervogel Max Jacob, der mich zu einem wichtigen Gespräch mit einem baltischen Baron einlud. Da erfuhr ich Dinge, die für mich hochinteressant waren. Die Ritterschaften wollten ein Drittel ihrer großen Ländereien abgeben, um darauf die Ansiedlung von Freikorpskämpfern als Wehrbauern zu ermöglichen. Jeder Soldat sollte 80 Morgen Land und dazu Hilfe für den Aufbau seines Hofes erhalten. Der lettische Präsident Ulmanis, der selbst deutsche Hilfe gegen die bolschewistische Schreckensherrschaft erbeten hatte, wollte den Ansiedlern die lettische Staatsbürgerschaft verleihen. Ich war berauscht von solchen Aussichten und sah mich schon als Wehrbauer auf meinem Hof mit Frau und Kindern. Aber die rauhe Wirklichkeit ließ diese schönen Pläne wie eine "Fata Morgana" enden.

In Riga wurde ich in eine Kompanie der Landeswehr aufgenommen, die der deutsche Offizier Springer führte, im Verband der Abteilung Malmede.

Zunächst erfuhr ich grausige Einzelheiten über die Zeit des Bolschewisten-Terrors in Riga, an dem sich auch Frauen, die "Flinten-Weiber", besonders sadistisch beteiligt hatten.

Aber allmählich erfuhr ich – teilweise als Gerüchte – auch noch andere Dinge, die mich beunruhigten. Die Engländer, denen der deutsche Einfluß im Baltikum nicht gefiel, hatten Kriegsschiffe vor der Küste aufkreuzen lassen, eine ernstliche Bedrohung. Nachdem junge Hitzköpfe der Baltischen Landeswehr die Regierung kurzerhand abgesetzt hatten, war es Ulmanis gelungen, nach Estland zu entfliehen, wo er eine eigene Armee organisierte, mit der er seine Machtstellung zurückgewinnen wollte. Um die Verwirrung noch zu vermehren, hatte sich in Estland unter der Führung eines sagenhaften Fürsten Awaloff-Bermondt eine "Nordwestrussische Regierung" gebildet, die einen Vormarsch ihrer Truppen gegen Petersburg plante. Diese kühnen Pläne gingen nicht in Erfüllung, Awaloffs Unternehmen blieb in den baltischen Wirren hängen und ging darin unter.

Welch ein Durcheinander! Was sollte ich tun? Nachdem ich der Landeswehr Treue geschworen hatte, war ich entschlossen, meinen militärischen Führern durch alle Gefahren als tapferer Soldat zu folgen.

Wir waren in die Gegend von Wenden verlegt worden, zuletzt war ich bei einem Vorposten am Rande eines großen Waldes, in dem Feinde vermutet wurden. In der Nacht, die dem 20. Juni folgte, stand ich wieder auf meinem Posten, aber um Mitternacht wurden wir zurückgeholt und die Kompanie Springer versammelte sich, um die Vorbereitungen für einen kommenden Angriff zu treffen.

Zum Schlafen kam ich in dieser Nacht nicht mehr. Der Tag dämmerte schon ganz früh herauf, der Tag der Sommersonnenwende, mein großer, so lang ersehnter Tag!

Nun wollte ich den Kameraden, die mich als Jüngsten oft hänselten und mit dem Spitznamen "Benjamin" ärgerten, zeigen, was für ein Kerl ich war, wollte der Welt, vor allem aber mir selbst beweisen, daß ich kein verstiegener Jüngling, sondern ein kämpferischer Mann sei. Jawohl, ein Mann, trotz meiner noch nicht vollendeten 18 Jahre!

Als wir uns nach langem Marsch der Kampflinie näherten und auf einer kleinen Anhöhe unsere Artillerie überholten, gab es den ersten Verwundeten der Kompanie, ausgerechnet den "Küchenbullen". Der hatte seine "Gulaschkanone" ganz in der Nähe geparkt und stand nun neugierig bei den Feldkanonen; da traf ihn, aus weiter Ferne kommend, ein Streifschuß, ausgerechnet durch beide Gesäßbacken! Nicht sehr schlimm, aber für die vorbeimarschierenden Kameraden ein Grund zum Lachen.

Nun ging unsere Straße bergab in das Tal der livländischen Aa, hinter welcher der Feind stand. Wir durften lagern, ausruhen und heißen Kaffee trinken, den die Feldküche gegeben hatte.

Unsere Artillerie bereitete den Angriff durch ihre Granaten vor, dann traten wir an. Der Fluß war hier so seicht, daß wir ihn durchwaten konnten, dann ging es am jenseitigen bewaldeten Steilufer aufwärts. Als wir oben aus dem Walde traten, erhielten wir aus einem nahe gelegenen Bauernhof Maschinengewehrfeuer, das wir sofort erwiderten und zum Schweigen brachten. Dann ging es "Sprung auf – marsch-marsch" weiter, aber das feindliche MG war schon verschwunden, wahrscheinlich in dem großen Wald, der sich vor uns erstreckte. Aus der Ferne hörten wir heftiges Infanteriefeuer, da mußte der Kampf entbrannt sein, da mußten wir hin! Die Kompanie wurde zu einer dünnen Schützenlinie auseinandergezogen und sollte den Wald durchkämmen.

Bald hatte ich meine beiden Seitenmänner aus den Augen verloren, aber das war mir gerade recht, denn so konnte ich im Vormarsch meinen Gedanken nachhängen.

Angst verspürte ich keine, aber ein unbeschreibliches Glücksgefühl erfüllte mich. Die Sonne schien so prächtig durch die Lücken in den Baumkronen und zauberte goldene Flecke auf den Waldboden. Einzelne Schmetterlinge sonnten sich darin.

Mir kamen Worte aus den Freiheitskriegen in den Sinn, z.B. "Nur im Felde, da ist der Mann noch was wert, da wird das Herz noch gewogen" oder "Und setzet Ihr nicht das Leben ein, nie wird Euch das Leben gewonnen sein".

Dabei hielt ich aber stets mein Gewehr in den Händen, um gegen Überraschungen durch Schuß- und Stichmöglichkeit gewappnet zu sein.

Das Waldgelände stieg leicht an und war gewölbt. Dadurch war ich noch nicht in der

Schußlinie, sondern die feindlichen Kugeln flogen hoch über meinem Kopf in die Weite.

Schließlich wurde der Boden eben, der Laubwald hörte auf, und es folgte ein schmaler Streifen, der mit noch jungen Kiefern bestanden war und Durchblick auf das dahinter liegende freie Gelände gab. Dort sprangen und schossen die Feinde, leicht kenntlich an den flachen Stahlhelmen, die sie von den Engländern bekommen hatten. Nun pfiffen die Kugeln nicht mehr über mich, sondern um mich herum. Ich ging von Baum zu Baum vor und schoß drauf los, zuerst im Stehen, dann aber liegend. Munition hatte ich genug, aber der Gewehrlauf wurde bald zu heiß.

Da passierte es: ich fühlte plötzlich einen schmerzhaften Schlag am rechten Unterarm und meine Hand war wie gelähmt. Mit großer Mühe versuchte ich, einhändig links zu schießen, aber das ging nicht. So drückte ich den Kopf ganz flach hinter dem Baum zur Erde, aber da wurde ich gleich wieder hochgeschreckt. Eine feindliche Kugel hatte meinen Baumstamm durchschlagen und sich unter meinem Kinn in die Erde gebohrt. Das hätte schlimm ausgehen können! Ich erinnerte mich, vorhin in der Nähe eine Erdmulde gesehen zu haben und wagte nun die paar Sprünge hinein. Da lagen schon viele Kameraden, meist verwundet. Einer, den ich kannte, jammerte untröstlich: "Knie zerschmettert! Aus ist es mit meinem Beruf als Jockey – ach wäre ich doch lieber tot!"

Ein Kamerad schnitt mit einer Schere meinen Uniformärmel auf, machte mir einen Notverband. Da ich aber heftige Schmerzen hatte und die Gefahr bestand, daß der Feind bei dem Hin- und Herwogen des Kampfes wieder nahe kommen und mit Handgranaten die Grube zum Grabe machen könnte, gab ich mir einen Ruck, sprang noch einmal durch die Feuerlinie über den Grubenrand und kollerte in einen Straßengraben. Mein schweres Gewehr mußte ich mit der linken Hand mitschleppen. Dann kroch ich, gestützt auf Knie und Ellenbogen, weiter nach rückwärts und kam schließlich auf den Feldverbandplatz, wo Sanitäter und Ärzte wirkten.

Aber welches Elendsbild der Kehrseite des Krieges! Viele Verwundete wanden sich unter großen Schmerzen, ihr Jammern und Stöhnen griff mir ans Herz. Noch vorhandene Waffen wurden eingesammelt, und so mußte ich Abschied von meinem geliebten Gewehr nehmen. Ein neben mir am Boden liegender Kamerad, der nur einen Streifschuß am Halse hatte, meinte, daß wir von den Ärzten keine Hilfe erwarten konnten, da sie mit den Schwerverwundeten zu tun hatten. Als wir dann noch sehen mußten, wie einem Verwundeten auf dem Operationstisch mit einer Säge das Bein über dem Knie abgetrennt wurde, beschlossen wir, den Rückmarsch nach Wenden zu Fuß zu wagen.

Auf der Straße trafen wir eine Kolonne von Bauernwagen, die unsere Tornister nachbringen sollten. Ich hatte das Glück, meinen Tornister zu finden und hängte ihn über die linke Schulter. So ging es weiter. Aber bald verließen mich die Kräfte. Mir wurde schwarz vor den Augen und ich fiel ohnmächtig nieder. Da war es ein Glück, daß ich einen Gefährten hatte. Als ich wieder zur Besinnung kam, holte er aus einem benachbarten Bauernhaus einen Mann mit Pferd und Wagen, der uns und noch andere Verwundete ins Feldlazarett nach Wenden brachte. Hier erhielt ich endlich einen richtigen Verband. Danach ging es gleich mit dem Zug nach Riga, in ein richtiges Lazarett.

Da war alles wohl geordnet und ich war froh, endlich wieder in einem richtigen Bett schlafen zu dürfen. Trotz meiner großen Müdigkeit durchlebte ich in Gedanken noch einmal die Ereignisse dieses Sonnwendtages wobei es schien mir, daß es der glücklichste Tag meines bisherigen Lebens gewesen sei. Gegen die dauernden Schmerzen gab mir eine fürsorgende Schwester allerhand Mittel und so fand ich endlich den lang entbehrten Schlaf.

Am nächsten Tag bekam ich einen Gipsverband und mußte den Arm abgewinkelt in einer Binde tragen. Wir konnten aber hier nicht bleiben, da der Kampf bei Wenden verloren war und der Feind gegen Riga vorrückte. Es war ein trauriger Marsch, der uns durch die Stadt über die Dünabrücke zum Güterbahnhof führte, wo wir – samt vielen zivilen Flüchtlingen – in Viehwagen verladen wurden.

Nach langer Fahrt erreichten wir schließlich das Lazarett in Angerburg/Ostpreußen. Aber nicht nur wegen schmerzender Wunden, als vielmehr, weil wir uns von der eigenen Regierung getäuscht und verraten fühlten, waren wir traurig. Ich erbat und erhielt einen zweiwöchigen Heimaturlaub, um meine noch offene Wunde bei Freunden in der Lüneburger Heide vollends auszuheilen.

Am dritten Juli trat ich die Reise an, aber sie verlief ganz anders, als geplant. In Königsberg traf ich auf der Straße einen jungen Wandervogel, der mich in seine Wohnung einlud. Seine Mutter, eine Kriegswitwe, wohnte mit ihrem einzigen Sohn zwar sehr bescheiden, aber glücklich zusammen, so daß ich mich bei ihnen gleich heimisch fühlte. Wir hatten am Abend noch lange zu erzählen und dabei erfuhren sie, daß am nächsten Tag mein Geburtstag sei. Ich durfte auf dem Sofa neben dem Eßtisch schlafen und als ich am 4. Juli erwachte, schien es mir wie ein Traum: der Tisch war festlich zum Geburtstag gedeckt! Die liebe Mutter hatte in der Nacht noch einen richtigen "Guglhupf" gebacken, der nun mit 18 Kerzen rundherum und einer Lebenskerze in der Mitte prangte, umlagert von allerhand lieben Geschenken. Welche Überraschung! So hat mich die deutsche Heimat begrüßt, für die ich Soldat geworden war. Ich dankte diesen lieben Menschen aus bewegtem Herzen.

Als ich weiterfahren mußte, herrschte am Bahnhof ein großes Gedränge, da viele Soldaten bei ihrer Heimkehr vom Baltikum den Zug stürmten, so daß ich nur mit Mühe einen schlechten Platz finden konnte. Unterwegs überfiel mich ein schweres Fieber und als ich in Stettin den Zug wechseln sollte, konnte ich nicht weiter. Im überfüllten Wartesaal fand ich schließlich unter einer Bank einen Platz, kroch hinein und blieb die nächsten 24 Stunden ganz benommen liegen. Endlich fand ich in einer Isolierbaracke am Rande der Stadt Aufnahme, da der Verdacht auf eine ansteckende Krankheit bestand. Es folgten grausame Wochen mit hohem Fieber, lange konnte ich nichts essen. Als ich endlich entlassen wurde, war mein Erholungsurlaub längst abgelaufen und ich mußte gleich wieder zu meiner Truppe nach Lettland zurück. Doch da fand ich traurige Zustände vor: die Baltische Landeswehr wurde in Tukkum aufgelöst und ich bekam meinen Entlassungschein.

Nach der Rückkehr in das heimatliche Bayern erfuhr statt dem "Dank des Vaterlandes" krassen Undank. Doch das focht mich wenig an und wurde vielfach aufgewogen durch das Bewußtsein, daß das schönste und glücklichste Jahr meines jungen Lebens hinter mir lag. Seitdem sind rund 80 Jahre verflossen und mein Leben neigt sich dem Ende zu, aber der Schatz meiner Erinnerungen bleibt mir unvergänglich.

Fridolin von Spaun

Im Februar 2000.

Regierungstruppen unter den Linden in Berlin

1. Einleitung

Ein kriegerisches Jahrhundert mit Millionen von Toten geht in Europa zu Ende. Zwei Weltkriege haben den Kontinent geprägt und ihm seine heutige politische Form gegeben. Weitgehend unbeachtet von diesen großen Kriegen blieb ein Nachfolgekrieg des ersten Weltkrieges: Der Bürgerkrieg in Deutschland und die Versuche ausländischer Intervention und Landnahme. Jene Jahre, die nur eine zynische Glorie die "Goldenen Zwanziger" nennt. Eine Übersicht über diese Periode deutscher Geschichte zu geben, ist das Ziel dieses Handbuches.

Nach Erscheinen meiner Bibliographie zur Geschichte der deutschen Freikorps 1918-1923 wurde schnell klar, daß der Rahmen einer Bibliographie nicht ausreicht, um diese Forschungslücke annähernd zu füllen. Die Leserreaktion war eindeutig: etwas Ausführlicheres war gefragt. Welche Freikorps gab es? Welche Entscheidungen führten sie herbei. Welchen Einfluß hatten führende Freikorpssoldaten in der weiteren deutschen Geschichte? Welche Zeugnisse gibt es noch heute? Diese und andere Fragen zu beantworten, haben wir uns vorgenommen, hoffen jedoch, auch neue Fragen aufzuwerfen, um der Forschung zu diesem fast vergessenen Geschichtsabschnitt neue Impulse zu geben.

Die wesentlich erweiterte Bibliographie der deutschsprachigen Literatur zum Thema dieses Handbuches zeigt auf, welche veröffentlichten Quellen es zum Themenbereich deutsche Freikorps gibt. Erlebnisberichte und Forschungsarbeiten der Vor- und Nachkriegszeit geben einen recht umfangreichen Überblick über diesen Zeitraum. Von den wenigen erschienenen Freikorps-Zeitschriften sind "Der Reiter gen Osten"[1] und die Escherich-Hefte[2] zu nennen[3]. Woran es jedoch mangelt sind Detailarbeiten zu den einzelnen Truppenteilen. Die Aufstellungs- und Einsatzzeiträume waren so kurz, daß es kaum einen vollständigen Bericht über auch nur ein Freikorps gibt.

Ernst von Salomon und Heinz Oskar Hauenstein haben sich[4] durch die Sammlung der verschiedenen Akten, Unterlagen und Erfahrungsberichte um die Freikorpsgeschichtsschreibung verdient gemacht. Der von Salomon vorgegebene Zeitrahmen lag auch diesem Handbuch als Zeitrahmen zugrunde. Salomons veröffentlichter Band "Das Buch vom deutschen Freikorpskämpfer" war nur ein Vorabprodukt dieser Forschungen. Salomon schildert, daß er (gegen Ende der 30er Jahre) die gesammelten Unterlagen, um ihre Beschlagnahme durch die Nationalsozialisten zu verhindern, an das Heeresarchiv in Potsdam abgab. Das Heeresarchiv veröffentlichte dann aus den ausgewerteten Akten die "Darstellungen aus den Nachkriegskämpfen deutscher Truppen und Freikorps". Ein britischer Großangriff auf Potsdam zerstörte dann in der Nacht vom 14./15. April 1945 das Heeresarchiv und damit auch den größten Teil der Freikorpsunterlagen[5].

---

1 Reiter gen Osten in zwei Formaten in Berlin erschienen von 1920 bis 1944, jede Ausgabe etwa 16 Seiten stark, einer der Schriftleiter war Ernst von Salomon.

2 Nach Georg Escherich, dem Führer der Orgesch benannt.

3 Zahlreiche Soldaten- und auch NSDAP-Zeitschriften haben sich aber mit den Freikorps befaßt. Z.B. Der Frontsoldat, Mitteilungen für heimkehrende Krieger; Wehrfront; Der Schulungsbrief; nach 1945: Feldgrau - Mitteilungsblätter einer Arbeitsgemeinschaft

4 nach: Salomon, Der Fragebogen, dort Frage 29b. Gerade Salomons Fragebogen gilt als historisch umstritten, allerdings werden die Angaben zur Sammlung von Freikorpsarchivalien und deren spätere Übergabe an das Reichsarchiv durch Salomon und Hauenstein durch verschiedene andere Zeugnisse (z.B. Reiter gen Osten) bestätigt.

5 Gerhard Schmidt, Die Verluste in den Beständen des ehemaligen Reichsarchivs im II.WK in Archivar und Historiker 1956 und Brief des Bundesarchiv-Militärarchiv in Freiburg vom 26.07.99 an den Autor.

Die mangelnde Quellenlage[6], die unklaren Bedingungen, die zur Aufstellung der Freikorps führten (es ist noch nicht einmal ermittelt, wessen Idee es war, Freiwilligenverbände aufzustellen), die knapp gehaltene Aufgabenstellung: "Kampf gegen den Bolschewismus", die Unregelmäßigkeiten bei der Auflösung der Truppen und deren teilweise Überführung in die Reichswehr sowie die große Selbständigkeit der Einheiten und ihrer Führer, die sich sogar auf eigene Faust gegen die scheinbar schwache Republik erhoben, haben zu einer starken Mystifizierung der gesamten Epoche geführt. Besonders von den Linken als Kaisertreue, Noskehunde, Revolutionsverräter usw. beschimpft, wurde bald jede Ungereimtheit ehemaligen Freikorps oder deren Nachfolge- "Geheimorganisationen" (imaginären oder realen) angelastet. Nur wenige Autoren haben sich die Mühe gemacht, die tatsächlichen Begebenheiten zu erforschen.

In dem vom Militärgeschichtlichen Forschungsamt der Bundeswehr 1970 herausgegebenen Handbuch zur deutschen Militärgeschichte sprechen die Autoren von einer Freikorpsbewegung. Dieser Begriff wird am ehesten dem tatsächlichen Geschehen gerecht. Da es weder eine gezielte Planung zum Aufbau von Freikorps gab, noch die Aufstellung parallel verlief, jedoch für eine gewisse Zeit ähnliche Faktoren (oftmals junge Führer, kleinere Gruppen, politisch radikalisiert) zur Gründung von Freikorps führten, muß man wohl von einer Bewegung reden. Dafür spricht auch die Tatsache, daß die Freikorps mit der Errichtung der Reichswehr als Streitkraft des Deutschen Reiches verschwanden.

Der größte Teil der etwa 100.000 Freikorpssoldaten ist nach Einkehr ruhigerer Verhältnisse in ein bürgerliches Leben zurückgekehrt. Zahlreiche Soldaten wurden in die 100.000 Mann starke Reichswehr übernommen, nur ein geringer Teil betätigte sich politisch. Wie viele ehemalige Freikorpssoldaten NSDAP-Mitglieder waren, ist bisher leider nicht ermittelt. Von den prominenten Freikorpsführern sind Manfred von Killinger, der es zum sächsischen Ministerpräsidenten gebracht hatte und Franz von Epp, von 1933-45 Reichsstatthalter von Bayern, als die wenigen Nutznießer des Dritten Reiches zu nennen. Ein großer Teil der Freikorpsführer stand in persönlicher Gegnerschaft zu Adolf Hitler.

Nach 1945 war die Freikorpsforschung im Westteil Deutschlands weitestgehend unbehindert und durch die teilweise aktive Teilnahme im Widerstand[7] unvoreingenommen angegangen worden. In der ehemaligen DDR, in deren Geschichtsschreibung alles, was nicht kommunistisch war, über den Faschismus-Kamm geschoren wurde, waren die Freikorps als Wegbereiter und Vasallen Adolf Hitlers abgehakt worden.

Die Abräumung des Grabmales der Rathenau-Attentäter Kern und Fischer im Jahr 2000, achtzig Jahre nach dem Geschehen, beweist, daß die Ereignisse dieser Zeit noch heute einen hohen Stellenwert haben.

Ich möchte allen Archiven, Bibliotheken, Institutionen und Privatpersonen herzlich danken, die durch ihre großzügige Unterstützung dieses Handbuch ermöglicht haben.

Robert Thoms

Berlin im Januar 2000

---

6 Ca. 100000 ehemalige Freikorpskämpfer haben die Urkunde für den Freikorpskämpfer beantragt. Diese Zahl dürfte einen ungefähren Überblick über die tatsächliche Größenordnung der Freikorps geben. Horst von Hessenthal schreibt im Deutschen Soldatenjahrbuch 1969, daß allein der Grenzschutz Ost 1919 eine Stärke von 200.000 Mann hatte. Die größte Zahl mit über 400.000 Freikorps- Mitgliedern nennt Christian Zentner in seinem großen Lexikon des Dritten Reiches.

7 z.B. Friedrich Wilhelm Heinz, der 1949 sogar Nachrichtendienstchef im Bundeskanzleramt wurde oder Josef Römer, der 1944 hingerichtet wurde.

FREIKORPS UND WEIMAR – Ein Überblick

Stefan Pochanke

Einleitung

Wenn im Rahmen dieses Handbuches eine kurze Übersicht der mit den deutschen Freikorps des Nachkriegs zusammenhängenden geschichtlichen Ereignisse gegeben werden soll, so geschieht dies mit zwei Schwerpunkten.

Zum einen erschien es notwendig, sich eingehend mit der Vorgeschichte der Begebenheiten zu befassen, die nicht nur die späteren Freikorpskämpfer nachhaltig traumatisierte, nämlich der sog. ‚Novemberrevolution'[8]. In ihr wurden alle jene Kräfte freigesetzt, die sich besonders in den Jahren 1918 bis 1923, in der Frühphase Weimars, gegenüberstehen sollten.

Zum anderen war es evident, daß die Freikorpsgeschichte nicht als Regimentsgeschichte dargestellt wird, sondern im historischen Kontext. Aus ihm erst erschließt sich die Bedeutung der Freiwilligenformationen für die Stabilisierung der Republik von Weimar. Einer Republik, die sie ablehnten und dennoch unterstützten. In den Augen der Berliner Politiker waren die Freikorps ein notwendiges Übel, ein Instrument, mit dessen Hilfe man die drohende Revolutionierung Deutschlands verhindern konnte.

Im Rahmen dieser kurzen Überblicksdarstellung werden die herausragenden Einsatzgebiete der Freikorps wie Berlin, Mitteldeutschland, München, die Kämpfe an der Ruhr, in Oberschlesien sowie im Baltikum behandelt. Andere Abschnitte wie Kärnten, Schwarze Reichswehr und Hitlerputsch hätten den Rahmen der Arbeit überstiegen. Daß sie hier nicht thematisiert werden, stellt keinerlei Wertung dar.

Im folgenden wird also die Geschichte eines Zweckbündnisses zwischen dem Weimarer Staat und denjenigen Formationen nachgezeichnet, deren Tragödie es war, eine Bürgerkriegsarmee zu sein (Hannsjoachim W. Koch).

---

8 Der Begriff wird von der neueren Forschung nicht mehr verwendet, da durch ihn die Ereignisse ausschließlich auf den November 1918 fixiert sind

Freikorpstruppen mit Panzerin Berlin

Scheidemann spricht vom offenen Fenster der Reichskanzlei

2. Die ‚Novemberrevolution' in Deutschland

2.1. Die Situation des Deutschen Kaiserreiches am Vorabend des Umsturzes

Parallel zur sich zuspitzenden militärischen Lage des Deutschen Reiches 1917/1918 verschärfte sich ebenfalls die innenpolitische Situation. Unter dem Eindruck der russischen Februarrevolution kam es im April 1917 zu großen Streiks der Berliner und Leipziger Rüstungsarbeiter[9], bei denen neben sozialen Forderungen auch solche nach einem baldigen Friedensschluß artikuliert wurden[10]. Die Auswirkungen des dritten Kriegswinters, des sog. Kohlrübenwinters, hatten die politische Reizbarkeit auf das äußerste gesteigert.

Die sich zunehmend verdüsternde Kriegslage veranlaßte neben der Mehrheitssozialdemokratie nunmehr auch bürgerliche Parteien, wie z.B. die Fortschrittliche Volkspartei (FVP) oder das katholische Zentrum dazu, auf einen innenpolitischen Reformkurs einzuschwenken[11]. Für die MSPD-Führung warnte Scheidemann in einem Artikel des ‚Vorwärts' vom März 1917 mit deutlichem Hinweis auf die russischen Februarereignisse davor, grundlegende politische Veränderungen im Reich, die sog. "Preußen-Kur", erst nach dem Sieg in Gang zu setzen. Scheidemanns Angebot an die Regierung Bethmann Hollweg ging von einem Nebeneinander von Demokratie und Monarchie aus und orientierte sich am Vorbild Englands[12]. Diese mäßigende Haltung der MSPD stand in deutlichem Kontrast zu den politischen Zielen der Unabhängigen, die sich im April 1917 als linke Abspaltung von der alten SPD konstituierten und der sich auch die noch radikalere Spartakusgruppe um Karl Liebknecht und Rosa Luxemburg anschloß[13].

Die politischen Reformbemühungen mündeten schließlich im Juli 1917 in die Bildung des sog. ‚Interfraktionellen Aussschusses' aus MSPD, FVP und Nationalliberalen. Dieser Ausschuß verstand sich als Koordinationsgremium mit der Aufgabe, einen Verständigungsfrieden und Verfassungsreformen zu formulieren sowie das gemeinsame Vorgehen im Reichstag vorzubereiten[14]. Letztendlich blieben dem Ausschuß jedoch substantielle Veränderungen im politischen Gefüge des Reiches verwehrt, zumal die zu diesem Zeitpunkt einzig entscheidende Instanz im Kaiserreich, die 3. Oberste Heeresleitung, den Glauben an ein siegreiches Ende des Krieges noch nicht verloren hatte.

Eine deutliche Zäsur im innenpolitischen Geschehen Deutschlands stellte der Streik der Berliner Munitionsarbeiter im Januar 1918 dar. Er brach unter der organisatorischen Regie einer der USPD nahestehenden Gewerkschaftsgruppe, den ‚Revolutionären Obleu-

---

9 Schon im Juni 1916 hatte es erste Streikaktionen gegeben.

10 Schulze, Hagen: Weimar. Deutschland 1917-1933, Berlin 1982, S. 141.

11 Bermbach, Udo: Vorformen parlamentarischer Kabinettsbildung in Deutschland. Der interfraktionelle Ausschuß 1917/18 und die Parlamentarisierung der Reichsregierung, Köln/Opladen 1967, S. 49.

12 Scheidemann, Philipp: Der Zusammenbruch, Berlin 1921, S. 40-41.

13 Krause, Hartfried: USPD. Zur Geschichte der Unabhängigen Sozialdemokratischen Partei Deutschlands, Frankfurt a.M./ Köln 1975, S. 87-89.

14 Im Deutschen Reich wurde ein semiparlamentarisches System praktiziert, das das Parlament von der direkten Machtausübung ausschloß und in welchem die Regierung in erster Linie dem Kaiser verantwortlich war. Schulze: Weimar, S. 142.

ten', aus. Sie bildeten einen zwar zahlenmäßig kleinen, dafür aber straff organisierten Kreis von Funktionären der Berliner Metallarbeitergewerkschaft, der im Gegensatz zur Spartakusgruppe wirklichen Einfluß auf die Arbeiter besaß und schon an den Streiks im Frühjahr 1917 führend beteiligt war[15]. Trotz der organisatorischen Führung durch die ‚Obleute' wurden keine Forderungen nach Verstaatlichung oder Abschaffung der Monarchie erhoben[16]. Im Mittelpunkt standen eher Themen wie ein Verständigungsfrieden und insbesondere das Verlangen nach einer Verbesserung der katastrophalen Nahrungsmittelversorgung, die angesichts der Blockade Deutschlands durch seine Kriegsgegner stark angespannt war. Die Reaktion sowohl der MSPD als auch der USPD auf diese Massenbewegung war zurückhaltend. Während sich die Unabhängigen oft widerwillig in die Streikbewegung hineinziehen ließen, war man erst recht bei der MSPD darauf bedacht, die spontane Bewegung nicht aufzuputschen, sondern sie in kontrollierten Bahnen zu halten, ohne die Verbindung mit der eigenen Anhängerschaft zu verlieren. Dieser Drahtseilakt resultierte aus der Tatsache, daß die politisch organisierte Arbeiterschaft zu Beginn des Jahres 1918 weitgehend isoliert war, da der Wille zu einem Verständigungsfrieden alles andere als vorherrschte[17]. Der Grund hierfür war die siegreiche Beendigung des Krieges mit Rußland im Frieden von Brest-Litowsk. Die für Lenin und die Bolschewisten durchaus unpopuläre Entscheidung, mit dem Reich einen für Rußland sehr harten Friedensvertrag zu unterzeichnen, entsprach der realistischen Lagebeurteilung dieser Berufsrevolutionäre. Denn die im Oktoberputsch 1917 zunächst in Petrograd errungene Macht mußte nunmehr auf das gesamte Riesenreich gegen den Widerstand anderer politischer Gruppen, wie der Sozialrevolutionäre u.a. ausgedehnt werden. Eine Fortsetzung des Krieges mit Deutschland kam somit für Lenin, in dessen Konzept von der Weltrevolution dem Reich eine entscheidende Rolle zukam, nicht in Frage[18].

In Deutschland hingegen zerstoben die Hoffnungen auf einen ‚Siegfrieden' allerdings nach dem Ende der von Ludendorff am 21. März begonnen Offensive ‚Michael', die die Entscheidung zugunsten Deutschlands an der Westfront erzwingen sollte. Das große strategische Ziel, der Durchbruch, wurde trotz überragender taktischer Erfolge nicht erreicht. Im Anschluß an ‚Michael' war das deutsche Feldheer zu keiner ähnlichen Operation mehr in der Lage. Als Folge dieses letzten Kraftakts verschlechterte sich die militärische Situation des Reiches zusehends, ohne daß man in der Bevölkerung oder im Parlament von den Ausmaßen der Katastrophe etwas ahnte. Selbst Kaiser Wilhelm II., formell immer noch Oberbefehlshaber, wurde auch nach den schweren Niederlagen der deutschen Truppen vom 15. Juli und 8. August 1918 von seiner Umgebung nur unzureichend informiert. Die sich zuspitzende militärische Lage Deutschlands sowie die unter Reichskanzler Hertling andauernde innenpolitische Stagnation zeitigten einen zunehmenden Autoritätsver-

---

15 Krummacher, F.A.: Die Auflösung der Monarchie, in: Tormin, Walter (Hrsg.): Die Weimarer Republik, 4. Aufl., Hannover 1973, S. 48.

16 Ein deutliches Zeichen für den sehr begrenzten Einfluß der Spartakisten auf die Arbeiterschaft. Niedhart, Gottfried: Deutsche Geschichte 1918-1933, Stuttgart/ Berlin/ Köln 1994, S. 18.

17 Matthias, Erich: Die Rückwirkung der russischen Oktoberrevolution auf die deutsche Arbeiterbewegung, in: Neubauer, Helmut (Hrsg.): Deutschland und die Russische Revolution, Stuttgart 1968, S. 85.

18 Auf die Literatur zum Themenkomplex Oktoberrevolution, Bolschewiki usw. kann hier nicht näher eingegangen werden. Verwiesen werden soll nur auf: Pipes, Richard: Die Russische Revolution, Bd. 2 u. 3, Berlin 1992 bzw. 1993.

lust der obersten Führungsinstanzen bei der Bevölkerung, welcher eine Verlagerung des politischen Schwergewichts auf die Parteien der Reichstagsmehrheit angeraten erscheinen ließ[19].

Dies erkannte auch Ludendorff. Nachdem die OHL im Großen Hauptquartier im belgischen Spa vor führenden Repräsentanten des Reiches am 29./30. September die Niederlage endlich eingestand, entschloß man sich, unverzüglich ein Waffenstillstands- und Friedensangebot an den amerikanischen Präsidenten Wilson zu richten, das innenpolitisch durch eine Parlamentarisierung der Reichsregierung abgestützt werden sollte. Mit der Bekanntgabe eines diesbezüglichen Kaisererlasses vom 30. September 1918 war zwar die Kanzlerschaft Hertlings beendet, nicht aber die bisherige Praxis, wichtige personalpolitische Entscheidungen ohne parlamentarische Mitsprache zu treffen.

Als am 3. Oktober 1918 Prinz Max von Baden schließlich sein Amt als neuer Reichskanzler antrat, hatte der ‚Interfraktionelle Ausschuß' bereits gehandelt. Er präsentierte dem Reichskanzler eine in gemeinsamen Verhandlungen erstellte Kabinettsliste und stellten ihn damit vor vollendete Tatsachen. Obwohl sich Max von Baden nur teilweise mit den Wünschen der Parlamentarier identifizieren konnte, gelang es dem Ausschuß, sich durchzusetzen. Nunmehr saß für die Mehrheitsozialdemokraten u.a. Scheidemann als Staatssekretär in der Regierung[20].

Verglichen mit dem ein Jahr zuvor Erreichten, stellte die neue Regierung unter Max von Baden einen großen Fortschritt im Sinne einer Parlamentarisierung dar. Doch sie kam zu spät, daran änderte auch die sog. Oktoberreform nichts mehr, die auf einer am 28. Oktober vom Reichstag beschlossenen Verfassungsänderung beruhte und die Verantwortlichkeit des Reichskanzlers gegenüber dem Parlament festlegte. Somit wurde Deutschland bereits vor der eigentlichen ‚Novemberrevolution' gewissermaßen auf ‚kaltem Wege' eine parlamentarische Demokratie[21].

Inzwischen schwanden die außenpolitischen Möglichkeiten zur Durchsetzung einer konstitutionellen Monarchie für das Reich dahin. Mit der dritten Antwortnote Wilsons vom 23. Oktober 1918 auf das deutsche Friedensgesuch stand nicht mehr dieses Regierungssystem zur Debatte, sondern die Abdankung des Kaisers[22]. Offensichtlich hatten in

19 Bermbach: Vorformen, S. 220.

20 Zur genauen Zusammensetzung der Regierung Max von Baden siehe Bermbach: Vorformen, S. 303-304. Innerhalb der MSPD-Fraktion hatte es zuvor Auseinandersetzungen um die Regierungsbeteiligung gegeben. So fragte Scheidemann, ob es denn sinnvoll sei, in ein “bankrottes Unternehmen” einzusteigen. Den Ausschlag für eine Beteiligung gab schließlich Ebert, siehe Krummacher: Die Auflösung der Monarchie, S. 61-62.

21 Lösche, Peter: Der Bolschewismus im Urteil der deutschen Sozialdemokratie 1903-1920, Berlin 1967. Vgl. hierzu auch Schulzes Wort von der “Revolution vor der Revolution”, siehe Schulze: Weimar, S. 141.

22 In der Note hieß es u.a.: “Es ist klar, daß das deutsche Volk kein Mittel besitzt, um zu befehlen, daß sich die deutschen Militärbehörden dem Volkswillen unterordnen, daß die Macht des Königs von Preußen, die Politik des Reiches unter seiner Kontrolle zu halten, noch unzerstörbar ist, daß die entscheidende Initiative noch immer bei denen liegt, die bis jetzt die Herrscher in Deutschland waren.” Schon in der zweiten Antwortnote des Präsidenten vom 14. Oktober war diese Intention angeklungen, siehe Huber, Ernst Rudolf (Hrsg): Dokumente zur deutschen Verfassungsgeschichte: Band 3: Deutsche Verfassungsdokumente 1900-1918. 3., neubearb. Aufl., Stuttgart/ Berlin/ Köln 1990, S. 284-288. Vgl. hierzu auch die Pressestimmen auf die deutsche Antwortnote an Wilson, siehe Ahnert, Kurt: Die Entwicklung der deutschen Revolution und das Kriegsende in der Zeit vom 1. Oktober bis 30. November 1918 nach den führenden deutschen Zeitungen, Nürnberg 1918, S. 104f.

Washington diejenigen Kräfte die Oberhand gewonnen, die mit der Vernichtung des sog. ‚preußischen Militarismus' die ‚Wurzel allen Übels' entfernen wollten und die sich im Reich anbahnenden politischen Veränderungen nicht zur Kenntnis nahmen. Zwar war in den Noten Wilsons nicht direkt vom Rücktritt Wilhelms II. die Rede, in Deutschland aber gewann infolge der Diktion der Schreiben die Überzeugung an Boden, die Person des Kaisers stehe dem so dringend benötigten Friedensschluß im Wege. Auch Max von Baden war nunmehr davon überzeugt, daß zumindest die Aussichten für einen erträglichen Friedensschluß durch den Thronverzicht des Kaisers verbessert werden würden[23]. Jedoch wurden die diplomatischen Bemühungen um einen in innerer Ordnung vollzogenen Friedenschluß durch die explosive innenpolitische Lage konterkariert.

Am Anfang vom Ende des Deutschen Kaiserreiches stand die Meuterei bei der deutschen Hochseeflotte, also der Teilstreitkraft, die nicht nur ‚Lieblingskind' des Kaisers war, sondern gemessen an den Leistungen des Feldheeres während des Ersten Weltkrieges relativ wenige Bewährungsproben zu bestehen hatte[24]. Am 21. Oktober 1918 ließ der Chef des Admiralstabes, Admiral Scheer, dem Flottenkommando in Wilhelmshaven mitteilen, daß die Hochseeflotte zu einem Angriff auf die Grand Fleet angesetzt sei. Als am Abend des 29. Oktober Flottenchef Admiral Hipper Vorbereitungen zum Ankerlichten treffen ließ, kam es zu Meutereien unter den Matrosen, die vorwiegend der Arbeiterschaft entstammten. Admiral Hipper sah sich daraufhin gezwungen, das Manöver um einen Tag auf den 31. Oktober zu verschieben[25]. In der Nacht zum 31.Oktober rissen meuternde Matrosen auf den zum III. Geschwader gehörenden Linienschiffen ‚Helgoland' und ‚Thüringen', den Hauptzentren der Meuterei, die Feuer unter den Kesseln heraus und machten die Ankerwinden unbrauchbar[26]. Das III. Geschwader wurde nach Kiel verlegt und die Meuterer verhaftet, um sie "dort in die Hand der Führer zu bringen"[27].

Jedoch hatte die Verhaftung der Matrosen in Kiel die auf den anderen Schiffen des Geschwader schwelende Unruhe verschärft. Nachdem einige Rädelsführer ins Kieler Arresthaus verbracht worden waren, forderten am 1. November im Kieler Gewerkschaftshaus sympathisierende Matrosen deren sofortige Freilassung. Die angespannte Situation eskalierte, als sich am folgenden Tag Matrosen zu einem Protestmarsch durch die Stadt formierten, dem sich auch Werftarbeiter anschlossen. Dem Protestzug auf die Arrestanstalt, der bis zum Abend etwa 3.000 Arbeiter und Soldaten umfasste, stellten sich jedoch 48 Torpedomatrosen unter dem Kommando eines Offiziers entgegen, die das Feuer eröffneten und die Ruhe, so schien es, wiederherstellten[28]. Doch schon am Morgen des 4. November bewaffneten sich die Mannschaften der Werftdivision und bildeten unter Vorsitz des Oberheizers Artelt einen Soldatenrat. Am Mittag waren 20.000 Gewehre in der Hand der Aufständischen und bis zum Abend hatten sich ihnen etwa 40.000 Soldaten angeschlossen[29]. Kiel befand sich nun in der Hand der Meuterer und ihrer Sympathisanten. Die

23 Krummacher: Die Auflösung der Monarchie, S. 71.
24 Die größte bestand in der Skagerrak-Schlacht vom 30.6./1.7. 1916.
25 Scheer, Reinhard: Deutschlands Hochseeflotte im Weltkrieg, Berlin 1920, S. 494-497.
26 Krummacher: Die Auflösung der Monarchie, S. 72.
27 Scheer: Hochseeflotte, S. 497.
28 Malanowski, Wolfgang: November-Revolution 1918. Die Rolle der SPD, Hamburg 1969, S. 15-17.

durch den Soldatenrat formulierten 14 Forderungen ließen zwar politische Inhalte erkennen, wie die Abdankung des Kaisers oder das gleiche und geheime Wahlrecht, in der Hauptsache betrafen sie aber die Behandlung der Matrosen durch ihre Vorgesetzten sowie die Freilassung der Festgehaltenen vom III. Geschwader.

Beunruhigt über die Kieler Entwicklung, entsandte die Regierung am 4.November 1918 den MSPD-Abgeordneten Gustav Noske nach Kiel, um die Situation zu deeskalieren[30]. Für den 5. November angesetzte Streiks und Demonstrationen blieben ohne Organisation und Leitung. Daran änderte auch die am Abend dieses Tages vollzogene Konstituierung eines ‚Provisorischen Zentralen Arbeiter- und Soldatenrates' wenig. Noske jedenfalls hatte nach seiner Ankunft in Kiel nicht den Eindruck, daß "eine große Revolution begonnen habe"[31].

Der Ausbruch der Kieler Meuterei war alles andere als das Ergebnis einer planmäßigen Organisation, sondern trug viel mehr spontanen Charakter, vor allem aufbauend auf der tiefsitzenden Kriegsmüdigkeit großer Bevölkerungsteile. Auch wenn es Noske in Kiel gelang, die Situation unter Kontrolle zu bekommen, sprang der revolutionäre Funke angesichts der explosiven inneren Situation in Deutschland schnell von anderen Hafenstädten wie Wilhelmshaven, Hamburg, Lübeck und Bremen auf Braunschweig und die Reichshauptstadt, auf Thüringen, Sachsen und auf München über.

2.2. Die Sozialdemokratie als Erbin der Macht

Die sich ausweitenden Unruhen im Reich verengten nicht nur den Spielraum der Regierung in Berlin, sondern auch den des in Spa weilenden Kaisers. Nach der Kundgebung des Kieler Soldatenrates am 5. November war sein Verbleib auf dem Thron nicht mehr nur aus außenpolitischen Gründen fraglich. Als am 7. November der Oberbefehlshaber in den Marken, General von Linsingen, die überall entstehenden Arbeiter- und Soldatenräte verbot und sich damit der Konflikt zwischen Regierung und Opposition verschärfte, antwortete die MSPD am gleichen Tag mit einem Ultimatum an Max von Baden[32]. Dieses auch im ‚Vorwärts' abgedruckte Ultimatum enthielt die Forderung der MSPD nach der Freigabe aller verbotenen Versammlungen sowie dem Rücktritt des Kaisers und des Kronprinzen bis zum Mittag des 8. November 1918. Gleichfalls wurde eine Verstärkung des sozialdemokratischen Einflusses in der Regierung gefordert, andernfalls drohte man mit Austritt[33]. Nunmehr fokussierte sich das Geschehen auf die Schauplätze Spa und Berlin.

In dieser verfahrenen Lage - die revolutionäre Bewegung breitete sich stetig ausreichte Max von Baden angesichts des MSPD-Ultimatums noch am 7.November seinen Rücktrit

---

29 Ebd., S. 17.

30 Vgl. hierzu Noskes eigene Darstellung: Noske, Gustav: Von Kiel bis Kapp. Zur Geschichte der deutschen Revolution, Berlin 1920, S. 8-13.

31 Ebd., S. 11.

32 Dem Ultimatum war die Weigerung des Ersten Generalquartiermeisters General Groener voran gegangen, in der Abdankungsfrage einzulenken, siehe Huber: Dokumente zur deutschen Verfassungsgeschichte, Band 3, S. 300.

33 Ebd., S. 300-301.

beim Kaiser ein. Dieser wollte sich die Entscheidung darüber jedoch bis zum Abschluß eines Waffenstillstandes vorbehalten. Schließlich verlängerte die MSPD das Ultimatum in der Abdankungsfrage auf den 9. November. Doch die Ereignisse ließen sich nicht mehr aufhalten als noch am Abend des 8. November deutlich wurde, daß der Umsturz auch auf die Reichshauptstadt übergriff und die Arbeiter von Aktionen nicht mehr abgehalten werden konnten[34]. Um nicht die Verbindung zur eigenen Anhängerschaft zu verlieren, trat die MSPD die Flucht nach vorn an, indem sie beschloß, im Falle von weiteren Aktionen der Arbeiter Berlins[35] sich diesen anzuschließen und die Regierung zu übernehmen[36].

Die MSPD sah sich in dieser Lage der zunehmenden Konkurrenz der links von ihr stehenden Organisationen ausgesetzt, die in der alles mit sich fortreißenden Friedensbewegung den idealen Nährboden für ihre extreme Agitation sahen. Inmitten der Agonie, in der sich das Reich befand, war ihr Ziel der Staatsumsturz mit Hilfe der kriegsmüden Bevölkerung, währenddessen es der Mehrheitspartei darum ging, den Waffenstillstand zügig zu Wege zu bringen und damit die aufgeputschte Stimmung zu beruhigen[37]. Die MSPD drohte, zwischen die Fronten zu geraten. Während seit den ersten Novembertagen der Zustrom zu radikalen USPD immer stärker wurde, konnten in der Abdankungsfrage keine Fortschritte erzielt werden. Nur aus dieser Zwangslage heraus sind das Ultimatum an den Reichskanzler sowie der Entschluß zu verstehen, mit der Massenbewegung zu gehen. Die MSPD-Führung strebte alles andere als einen Staatsumsturz an, eine Bändigung und Kanalisierung der Massen war aber nur dann möglich, wenn sie sich in die Bewegung einschaltete[38].

Nach der genannten Fraktionssitzung am 9. November um 9 Uhr war eine Besprechung mit Delegierten des USPD-Parteivorstandes geplant, die jedoch aufgrund der Abwesenheit Hugo Haases nicht stattfinden konnte. Daraufhin begab sich eine MSPD-Abordnung, darunter auch Ebert und Scheidemann um 12 Uhr zum Reichskanzler, um eine Erklärung abzugeben. Ebert legte darin dem Reichskanzler dar, daß die Delegation es für nötig halte, "daß das Amt des Reichskanzlers (...) durch Vertrauensmänner unserer Partei besetzt wird"[39]. Max von Baden, der schon vorher von der Notwendigkeit dieses Schrittes überzeugt gewesen war[40], übertrug daraufhin in einem eigentlich verfassungswidrigen Akt das Reichskanzleramt an Ebert, nachdem gegen 12 Uhr die Abdankung Wilhelms II. durch das Wolffsche Telegraphenbüro verbreitet worden war[41]. Der neue Reichskanzler ver-

---

34 Elben, Wolfgang: Das Problem der Kontinuität in der deutschen Revolution. Die Politik der Staatssekretäre und der militärischen Führung vom November 1918 bis Februar 1919, Düsseldorf 1965, S.12.

35 Am Morgen des 9. November hatten die ‚Obleute' in einem Flugblatt zu Protestmärschen für eine ‚sozialistische Republik' aufgerufen. Diesem Aufruf wurde Folge geleistet, so daß sich schnell anwachsende Kolonnen von Arbeitern, vor allem aus den Rüstungsbetrieben im Norden Berlins, bildeten, denen sich Soldaten der in Berlin stationierten Truppenteile anschlossen, Krummacher: Die Auflösung der Monarchie, S. 77.

36 Quellen zur Geschichte des Parlamentarismus und der politischen Parteien, Erste Reihe, Band 2: Die Regierung des Prinzen Max von Baden, bearb. v. Erich Matthias u. Rudolf Morsey, Düsseldorf 1962, S. 612-613.

37 Kolb, Eberhard: Die Arbeiterräte in der deutschen Innenpolitik 1918-1919, Frankfurt a.M./ Berlin/ Wien 1978, S. 32.

38 Ebd., S. 33.

39 Huber: Dokumente zur deutschen Verfassungsgeschichte, Band 3, S. 310.

40 Kolb: Arbeiterräte, S. 34.

sprach, das Amt im Rahmen der Verfassung zu führen, ohne daß Arbeiter- und Soldatenräte überhaupt erwähnt wurden. So stand als Ergebnis des 9. Novembers 1918 die Übernahme der politischen Macht und Verantwortung durch die Sozialdemokratie zunächst einmal fest. Doch angesichts der sich überstürzenden Ereignisse sowohl in Berlin als auch im übrigen Reichsgebiet stellte sich die Frage, ob sich die gemäßigte Sozialdemokratie am Ende würde durchsetzen können[42].

Mit der Initialzündung der Matrosenmeuterei in Kiel begann die "wunderlichste aller Revolutionen"[43]. Die ‚Revolution vor der Revolution', der friedliche staatsrechtliche Umbau vom Oktober 1918 hin zu einer parlamentarischen Demokratie, war dabei von den Massen in ihrer Bedeutung überhaupt nicht wahrgenommen worden[44]. Die geräuschlose und von oben praktisch geschenkte Machtübernahme der Mehrheitspartei hatte für den, Mann auf der Straße' oder den Soldaten an der Front keinerlei praktische Auswirkungen, weil die nach monatelangem Stillstand im Oktober 1918 plötzlich in Bewegung geratende politische Landschaft des Reiches sowie der rapide militärische Zusammenbruch wenig Zeit ließen, den Massen die Funktionsfähigkeit des neuen Systems zu demonstrieren. Die von Hunger und Friedenssehnsucht getriebene breite Masse handelte ohne wirkliche konkrete politische Zielsetzung, verstanden im Sinne einer künftigen staatsrechtlichen Gestaltung Deutschlands. Im Grunde handelte es sich um eine Friedensbewegung in Gestalt einer spontanen Erhebung von Arbeitern und Soldaten, die den Umsturz vom November 1918 herbeiführte. Nichts verdeutlichte dies mehr, als die Einflußlosigkeit der verschiedenen Bewegungen und Parteien der deutschen Arbeiterschaft. Weder den ‚Revolutionären Obleuten' noch den linksradikalen Gruppen (die freilich allesamt den Forderungen der Massen zustimmten, schon allein, um nicht den Anschluß zu verlieren) gelang es, wirkliche Kontrolle über die revolutionäre Gesamtbewegung zu erlangen. Das gleiche galt ebenso für MSPD und USPD. Auch die eigentliche Volksvertretung, der Reichstag, besaß keinerlei Anteil an der politischen Entwicklung bis zum Umsturz. Das Parlament war seit der Verfassungsänderung vom 26. Oktober 1918 "verschwunden"[45]. Der Umsturz vom 9. November 1918 wurde nicht ‚gemacht' im Sinne einer zielgerichteten Tätigkeit einer bestimmten politischen Gruppierung. Überspitzt gesagt: er passierte einfach.

Die von der revolutionären Massenbewegung zunächst mitgerissenen politischen Parteien und Bewegungen der Arbeiterschaft standen nunmehr vor der Aufgabe, den bis dato offenen Ausgang der Novemberrevolution in ihrem Sinne zu gestalten und die Führung zu übernehmen.

---

41 Huber: Dokumente zur deutschen Verfassungsgeschichte, Band 3, S. 309. Über die Vorgänge im Großen Hauptquartier in Spa , siehe Ebd. S. 313.

42 Bereits am Nachmittag des 9. Novembers hatten Spartakisten das Gebäude des ;Berliner Lokalanzeigers' besetzt und druckten dort die ‚Rote Fahne', siehe Koenigswald, Harald v.: Revolution 1918, Breslau 1933, S. 51.

43 Lösche: Der Bolschewismus im Urteil, S. 160.

44 Rosenberg, Artur: Die Entstehung der Weimarer Republik, 14.Aufl., Frankfurt a.M. 1972, S. 224.

45 Rosenberg: Die Entstehung, S. 227.

3. Die Freikorps im Bürgerkrieg

3.1. Brennpunkt Berlin

Von der Massenbewegung mitgerissen und mit der Absicht, diese in ihre Bahnen zu lenken, setzte sich die MSPD an ihre Spitze. Mit der Übergabe des Reichskanzleramtes an Ebert hatte sie nicht nur die Regierung übernommen, sondern auch die Führung des Großteils der Revolutionsbewegung. Das war durchaus eine "taktische Meisterleistung"[46]. Die Reichskanzlei war in der Hand der MSPD und durch Otto Wels' Agitation unter den Soldaten hatte sie auch die Kontrolle über Teile derjenigen organisatorischen Gebilde erlangt, die in der Zeit des Interregnums eine gewisse Ordnung aufrechterhielten, die Arbeiter- und Soldatenräte[47]. Mit der Ausrufung der Republik durch Scheidemann am 9.November war der Massenbewegung ein sichtbares Ziel gegeben worden, welches das Ende der Monarchie und verbesserte Friedensbedingungen versprach. Mit der Machtübernahme trug die MSPD der Tatsache Rechnung, daß der Umsturz, den sie eigentlich hatte verhindern wollen, nunmehr unvermeidlich geworden war[48].

Nachdem Ebert die Amtsgeschäfte als Reichskanzler übernommen hatte, bot er den Unabhängigen, die am 9. November vollkommen aktionslos waren, einen Eintritt in die Regierung an. Gegen eine solche Beteiligung hatten die Delegierten Cohn, Dittmann und Vogtherr für ihre Person nichts einzuwenden, wollten jedoch einer Entscheidung der Parteiführung nicht vorgreifen. Eine Einigung innerhalb der USPD wurde nach langen Debatten schließlich auch erzielt, allerdings unter maßgeblichem Druck der Spartakisten unter Liebknecht sowie der ,Obleute'. Folgerichtig stellten die Bedingungen für eine Regierungsbeteiligung ein radikales Revolutionsprogramm dar, welches im Grunde die gesamte MSPD-Politik konterkarierte. Zusammengefaßt sah das Programm die Übertragung aller drei Teilbereiche staatlicher Macht an wie auch immer gewählte Vertrauensleute vor, ohne eine Nationalversammlung überhaupt zu erwähnen. Hinzu kam, daß bürgerliche Mitglieder im neuen Kabinett nicht zugelassen werden sollten[49]. Da diese Bedingungen für die MSPD unannehmbar waren, konnte es in der Nacht zum 10. November noch keine Einigung geben. Diese mußte aber schnellstens erzielt werden, da den ,Obleuten' in dieser Nacht ein Gegenstoß gelang, der an die MSPD verlorenes Terrain wieder

---

46 Adolph, Hans J. L.: Otto Wels und die Politik der deutschen Sozialdemokratie 1894-1939. Eine politische Biographie, (Veröffentlichungen der historischen Kommission zu Berlin beim Friedrich-Meinicke-Institut der Freien Universität Berlin, Band 33, Publikationen zur Geschichte der Arbeiterbewegung, Band 3), Berlin 1971, S. 79.

47 Vgl. hierzu Scheidemann: Zusammenbruch, S. 210. Die sich in Deutschland bildenden Arbeiter- und Soldatenräte waren zum größten Teil nicht bolschewistisch motiviert oder von der russischen Oktoberrevolution inspiriert. Das Wissen der breiten Masse, welche zumeist spontan diese Organe bildete, über Lenin und die Bolschewiki in Rußland bzw. die theoretischen Auseinandersetzungen von MSPD, USPD, Spartakusgruppe sowie der anderen Linksradikalen inklusive der ,Revolutionären Obleute' über das für und wider des Bolschewismus war im allgemeinen sehr gering. Vgl. hierzu u.a. Malanowski: Novemberrevolution, S. 44 sowie Kolb: Arbeiterräte, S. 56.

48 Vgl. zur MSPD-Taktik Troeltsch, Ernst: Spektator-Briefe. Aufsätze über die deutsche Revolution und die Weltpolitik 1918/22, Neudruck der Ausgabe Tübingen 1924, Aalen 1966, S. 14-15.

49 Kolb: Arbeiterräte, S. 115.

wett machen sollte[50]. Zudem bestand vor dem Hintergrund der bevorstehenden Unterhandlungen mit den Entente-Mächten ein erhöhter Bedarf an einer handlungsfähigen Regierung.

Am Vormittag des 10. Novembers wurden auf einer USPD-Vorstandssitzung unter Vorsitz Haases und in Abwesenheit Liebknechts sowie der ‚Obleute' die radikalsten Bedingungen fallengelassen, so daß sich der Kongreß im Zirkus Busch über die sich abzeichnende Koalition der beiden sozialdemokratischen Parteien nicht mehr hinwegsetzen konnte. Dank der Agitation von Otto Wels unter den Soldaten, erhielt die MSPD schließlich die Mehrheit der Sitze. Nachdem der erste Versuch einer Überrumpelung von Links gescheitert war, versuchten ‚Obleute' und Spartakisten als Gegengewicht zur Regierung einen sog. Aktionsausschuß der Arbeiter- und Soldatenräte zu installieren. In diesem Ausschuß sollten einzig "zuverlässige Mitglieder der Revolutionären Obleute und des Spartakusbundes" zugelassen werden[51]. Über die Aufgaben des Ausschusses sollte nicht diskutiert, sondern die von den ‚Obleuten' vorgeschlagenen Kandidaten ohne Debatte gewählt werden[52].

Die Stimmung unter den etwa 3.000 anwesenden Räten war jedoch deutlich gegen diesen erneuten Überrumpelungsversuch gerichtet, insbesondere nachdem Ebert die zwischen MSPD und USPD erzielte Vereinbarung bekanntgab. Unter dem Druck der Soldaten mußten die ‚Obleute' der von Ebert geforderten paritätischen Besetzung des nunmehr Vollzugsrat betitelten Aktionsausschusses zustimmen. Im Anschluß daran wurde die Regierung als ‚Rat der Volksbeauftragten' in der vorgeschlagenen Zusammensetzung Ebert, Scheidemann und Landsberg (MSPD) sowie Haase, Dittmann und Barth (USPD) bestätigt[53]. Eine Abgrenzung der Kompetenzen zwischen RdV und VR erfolgte nicht. Deutlich war nur, daß beide Organe bereit waren, um die Vorherrschaft zu kämpfen.

Ebert und der MSPD war es wiederum gelungen, sich zu behaupten und weiterhin an der Spitze der Massenbewegung zu bleiben. Doch angesichts des Radikalismus der Spartakusgruppe u.a. Organisationen sah er sich gezwungen, sich nach Verbündeten umzusehen, die außerhalb von erhitzten Debatten in Zirkuszelten eine gewisse Macht besaßen, um das ordnungspolitische Chaos zu beenden. In dieser Situation lag es für Ebert auf der Hand, die Zusammenarbeit mit dem vermeintlich letzten noch intakten Machtfaktor zu suchen, dem Heer. Auch für die OHL und den Generalstab, die unversehrt aus der Verwirrung hervorgegangen waren, geboten die Ereignisse im Reich dringenden Handlungsbedarf. Das sog. Bündnis Eberts mit Ludendorffs Nachfolger Groener wurde durch das berühmte Telefongespräch beider besiegelt[54]. Der Erste Generalquartiermeister bot Ebert

---

50 In jener Nacht fand eine Sitzung der Berliner Soldatenräte statt, auf welcher es den ‚Obleuten' unter Emil Barth gelang, eine Resolution durchzubringen, nach welcher die Räte in den Truppenteilen und Betrieben neu gewählt werden sollten. Die neuen Räte sollten sich dann am Nachmittag des 10. Novembers im Zirkus Busch zusammenfinden und eine provisorische Regierung wählen. Da jedoch die meisten Arbeiter bis zum Vormittag dieses Tages ihr Wahlrecht nicht ausüben konnten, wäre die Initiative an die linksradikalen Gruppen übergegangen und die MSPD überrundet worden. Vgl. Müller-Franken: Die Novemberrevoluion, S. 58-59.

51 Kolb: Arbeiterräte, S.117.

52 Adolph: Otto Wels, S. 82.

53 Adolph: Otto Wels, S. 83.

54 Siehe u.a. Carsten, Francis L.: Reichswehr und Politik 1918-1933, Köln/ Berlin 1964, S. 19f.

Unterstützung der Regierung an, wenn diese bereit sei, Ordnung und Disziplin im Heer wiederherzustellen sowie den ‚Bolschewismus' zu bekämpfen. Das inhaltliche Dilemma dieses Angebotes offenbarte sich spätestens im Dezember 1918, als es am Weihnachtsabend zu Auseinandersetzungen kam, in die Einheiten der alten regulären Armee und die sog. Volksmarinedivision verwickelt waren. Die Volksmarinedivision stellte einen Versuch der Regierung dar, den Schutz des Regierungsviertels selbst zu organisieren. Ursprünglich aus 200 Marine-Unteroffizieren bestehend, erhöhte sich ihre Stärke durch die Eingliederung von Kieler Matrosen. Damit gewannen jedoch politisch unzuverlässige Elemente an Einfluß, so daß sie bald keine Autorität außer ihrer eigenen anerkannte. Nachdem sich Teile der Division an dem Versuch beteiligten, den radikalen Vollzugsrat zu beseitigen, übernahm ein Ex-Leutnant und Deserteur die Führung, Heinrich Dorrenbach. Unter seinem Kommando wurde die Volksmarinedivision zum "Schrecken von Berlin"[55]. Die MSPD-Führung hatte sehr wohl den mit dem Kommandowechsel verbundenen Loyalitätsverlust registriert, so daß ihr daran gelegen war, die unzuverlässige Truppe aus dem strategisch wichtigen Berliner Zentrum zu entfernen. Die Division wollte dieser Forderung jedoch nur nachkommen, wenn die Regierung einer Lohnforderung in Höhe von 80.000 RM zustimme. Im Gerangel um das Prozedere kam es zur Eskalation, in deren Verlauf u.a. Wels in der Kommandantur von Matrosen festgenommen und das Dienstgebäude der Volksbeauftragten besetzt wurde. Ebert sah sich daraufhin gezwungen, über die OHL noch nicht demobilisierte Fronttruppen unter General Lequis anzufordern. Die Folge waren Straßenschlachten um das Schloß und den Marstall am 24. Dezember 1918. Da der Vorstoß der Frontsoldaten steckenblieb[56], wurden Verhandlungen eingeleitet, deren Ergebnis eine schwere moralische und politische Niederlage der Regierung bedeutete. Die Matrosen räumten das Schloß, erhielten die verlangte Summe Geldes und versprachen, in Zukunft keine bewaffneten Aktionen mehr gegen die Regierung zu unternehmen. Dafür wurden sie amnestiert und die Division blieb bestehen.

Diese Episode warf nicht nur ein bezeichnendes Licht auf die Situation des RdV[57], sondern offenbarte auch das Dilemma der Ebert-Groener- Übereinkunft. Von beiden zunächst nicht erkannt, gab es neben den vielen Unwägbarkeiten jener Tage eine große Unbekannte, nämlich die alte Armee selbst. Daß Gebilde wie die ‚Republikanische Soldatenwehr' wenig Aussicht auf Erfolg hatten, mochte wohl allenfalls Ebert überraschen, Groener weniger. Das Versagen der alten Formationen der Armee jedoch öffnete Groener und der OHL hinsichtlich ihrer Zuverlässigkeit die Augen. Nunmehr gab es nur noch einen Weg, um der Lage im Innern Deutschlands und an seinen Grenzen Herr zu werden: die Aufstellung von Freiwilligenverbänden. Diese Idee jedoch war alles andere als neu. Bereits Anfang Oktober 1918 wurde in der OHL für den Fall revolutionärer Unruhen der

55 Koch, Hannsjoachim W.: Der deutsche Bürgerkrieg. Eine Geschichte der deutschen und österreichischen Freikorps 1918-1923, Berlin/ Frankfurt a.M./ Wien 1978, S. 43.

56 Teile eines weiteren regierungseigenen Selbstversuches, der sog. ‚Republikanischen Soldatenwehr', hatten das Lager gewechselt.

57 Der von der Regierung nach Berlin einberufene allgemeine deutsche Kongreß der Arbeiter- und Soldatenräte (16.12. – 20.12.1918) votierte mit 350 von 450 Stimmen für den Rat der Volksbeauftragten und wurde somit zu einem überwältigenden Erfolg für die Regierung. Dennoch mußte dieselbe Regierung, hinter welcher mindestens drei Viertel der Bevölkerung standen, mit eintausend Matrosen als gleichberechtigter Macht verhandeln und konnte sich nicht durchsetzen.

Einsatz von Freiwilligen diskutiert, u.a. durch Major von Schleicher, den Chef der politischen Abteilung bei der OHL[58]. In dem Irrglauben, eine reguläre Armee zu besitzen, ließ man derartige Überlegungen aber wieder fallen. Angesichts der Dezemberereignisse wurden seitens der nach Kassel-Wilhelmshöhe übersiedelten OHL diese Pläne wieder in Betracht gezogen.

Letzten Endes jedoch überließ man es einzelnen Truppenführern verschiedenster Dienstgrade, Freiwilligeneinheiten zu gründen und zu führen[59]. Die Agonie, in der das geschlagene Deutschland sich befand, ließ eine zentrale Freiwilligenorganisation nicht zu, so daß die Freikorps an allen Brennpunkten des Reiches aus dem Boden schossen. Beispiele für frühe Gründungen noch im Dezember 1918 sind das FK Aulock in Hannover, FK Paulßen in Schlesien, FK Künzel in Berlin, FK Lichtschlag in Westfalen sowie das Freiwillige Jägerkorps Goldingen in Kurland[60]. In vielfältiger Beziehung richtungweisend für die Organisation und Struktur der Freikorps erwies sich das ‚Freiwillige Landesjägerkorps' (FLK) unter dem Kommandeur der 214. Infanteriedivision General Maercker. Dem im Weltkrieg eher unauffälligen Pour le Mérite-Träger gelang mit seinem ‚Grundlegenden Befehl Nr.1 für das Freiwillige Landesjägerkorps (FLK)'[61] ein bemerkenswerter Drahtseilakt. Einerseits hielt er an der militärischen Tradition Preußens als unverzichtbares sinnstiftendes Element fest; andererseits nahm er Veränderungen vor, die in der kaiserlichen Armee unvorstellbar gewesen wären. Hierzu gehörte die Einführung von Vertrauensleuten, welche, von den Mannschaften gewählt, neben der Verwaltung des Privatbesitzes der Truppe, der Rechnungsführung, auch als Richter bei Standgerichten zugelassen waren. Hinzu kamen Reformen der Disziplinarstrafordnung[62] sowie eine Lokkerung der Grußformen. Maercker setzte sich ebenso über eine Anordnung seiner vorgesetzten Dienststelle, dem AOK 17, hinweg, welche die Einführung von Formationsabzeichen nach eigener Wahl untersagte[63].

Anfänglich bestand das Führerkorps aus älteren Offizieren, denen man augenscheinlich mehr Geschick im Führen einer mehr oder weniger zusammengewürfelten Truppe zutraute. Diese Einschätzung erwies sich als unbegründet, so daß immer mehr jüngere bis sehr junge Offiziere Befehlsgewalt übernahmen. Zur monatlichen Löhnung von 30 Mark

58 Koch: Der deutsche Bürgerkrieg, S. 45.

59 Allerdings hatte die OHL bereits am 24. November 1918 bei den Truppenteilen in Polen die Werbung von Freiwilligen zur Sicherung der Ostgrenze angeordnet. Aber wie auch in anderen Gebieten gab es Vorläufer, die aus eigenem Entschluß Freikorps gründeten, wie z.B. die Freiwilligen-Sturmabteilung Roßbach (21.11.1918 in Kulmsee), Siehe Venner, Dominique: Söldner ohne Sold. Die deutschen Freikorps 1918-1923, Kiel 1984, S. 44.

60 Schmidt-Pauli, Edgar v.: Geschichte der Freikorps 1918-1924, Stuttgart 1936, S. 354-364. Die Frage nach dem ersten Freikorps überhaupt ist in ihrer historischen Bedeutung marginal und angesichts der Unkontrollierbarkeit der Gründungen kaum festzustellen. In der Literatur findet diesbezüglich die Freiwilligeneinheit des Unteroffiziers/ Offizierstellvertreters Suppe Erwähnung, u.a. Salomon, Ernst v. (Hrsg.): Das Buch vom deutschen Freikorpskämpfer, Berlin 1938, S. 35 ff. Bekannt ist die Behauptung von Herbert Volck mit dem FK Lüneburg das erste seiner Art ins Leben gerufen zu haben.

61 Maercker: Vom Kaiserheer zur Reichswehr. Ein Beitrag zur Geschichte der deutschen Revolution, Leipzig 1921, S. 45 ff. Übrigens behauptete Maercker im Vorwort seiner Erinnerungen, daß das ‚Landesjägerkorps' das erste deutsche Freikorps war.

62 Nach Maerckers eigenem Bekunden waren Veränderungen in diesem Bereich nur der Beweis dafür, "daß es damals an einer straffen Leitung des Heeres völlig gefehlt hat.", Ebd., S. 47.

63 Vgl. Koch: Der deutsche Bürgerkrieg, S. 47. Dieser Befehl Nr. 1 bildete später die Grundlage für das Gesetz über die Bildung einer vorläufigen Reichswehr, siehe Venner: Söldner, S. 46.

kam ein Tagegeld in Höhe von fünf Mark für Offiziere und Unteroffiziere. Diese sog. Zeitfreiwilligen wurden zunächst für dreißig Tage verpflichtet, wobei eine militärische Ausbildung Einstellungsvoraussetzung war. Dies wurde allerdings nicht von allen Freikorps übernommen, so daß z.B. auch Studenten ohne jegliche Kriegserfahrung in Freiwilligenformationen Einlaß fanden.

Andere im Bereich der Reichshauptstadt gebildete Freikorpseinheiten waren die ‚Volkswehrabteilung Meyn' mit etwa 500 für den Straßenkampf geschulten Männern[64], ein aus Unteroffizieren bestehendes Bataillon unter Führung des schon erwähnten Offizierstellvertreters Suppe sowie ein ‚Landesschützenkorps' unter Generalmajor von Roeder. Die Anwesenheit dieser Truppen war für die ‚Volksbeauftragten' gerade nach den blutigen Dezemberereignissen von größter Wichtigkeit. Diese hatten nämlich den Austritt der Unabhängigen zur Folge, so daß die MSPD nunmehr zwar allein die Regierung stellte, Wissell und Noske waren hinzugekommen, aber auch die ungeteilte Verantwortung für die Politik übernehmen mußte.

Zur erneuten Kraftprobe der linksradikalen Kräfte mit der MSPD-Regierung sollte es im Januar 1919 kommen. Den Anlaß für den Ausbruch der Gewalttätigkeiten lieferte die am 4. Januar angeordnete Entlassung des Polizeipräsidenten Eichhorn, der mit besonderer Energie die MSPD-Politik zu hintertreiben versuchte. Hinzu kam die ohnehin radikale Polemik von USPD-Teilen und der seit dem 30. Dezember 1918 existierenden Kommunistischen Partei Deutschlands (KPD), einem Zusammenschluß von Spartakusgruppe und der Bremer Linksradikalen[65]. Während Ebert und Noske, der jetzt für die Verbände in und um Berlin verantwortlich war, in Zossen das Freikorps Maercker inspizierten[66], spitzte sich die Lage in der Hauptstadt zu. Karl Liebknecht, neben Rosa Luxemburg der Führer der KPD, hielt pausenlos öffentliche Kundgebungen ab. Seine emotional-aktionistische Polemik entfesselte jetzt den bei seinen Anhängern seit dem 9.November 1918 angestauten "fanatischen Haß"[67] auf die MSPD, brachte jedoch auch seine Gegner in Bewegung[68]. Schon seit Ende Dezember 1918 prangten in Berlin Plakate gegen die Spartakusgruppe mit der Forderung, die Führer derselben totzuschlagen und Liebknecht zu töten[69]. Am 9. Januar[70] erschienen die ersten Werbeplakate für Freiwilligenformationen, die sich in erster Linie an Freiwillige für den Schutz der deutschen Ostgrenze wandten und von den jeweiligen Freikorpsführern oder der provisorischen Regierung unterzeichnet waren[71].

---

64 Maercker: Kaiserheer, S. 39-40.

65 Kolb: Arbeiterräte, S. 218.

66 Die disziplinierte Truppe hinterließ einen mehr als positiven Eindruck bei beiden Politikern, siehe Salomon: Freikorpskämpfer, S. 55.

67 Kolb: Arbeiterräte, S. 229.

68 Welchen Eindruck Liebknechts Aktionismus auch haben konnte, zeigt das Beispiel eines Zeitzeugen, das verdeutlicht, wie mehr oder weniger unpolitisch der Idealismus der jungen Männer war, die in die Freikorps eintraten: "Ich hatte in den ersten Januartagen 1919 in Berlin Gelegenheit, eine der haßerfüllten Hetzreden von Karl Liebknecht zu erleben und war darüber so entsetzt, daß ich beschloß, dem drohenden Bolschewismus mit der Waffe entgegenzutreten." Aus einem Schreiben des Freikorps-Kämpfers Fridolin von Spaun vom 17. August 1998 an den Verfasser.

69 Faksimile-Abruck in: Jünger, Ernst (Hrsg.): Der Kampf um das Reich, zweite, vermehrt. Aufl. Essen, o.A., S. 230.

70 Drei Tage nach der Ernennung Noskes zum Oberbefehlshaber in den Marken, Noske: Kiel bis Kapp, S. 68.

71 Salomon: Freikorpskämpfer, S. 32 ff. Diese Formationen waren z.B. die Gardekavallerie- Schützendivision, das Landesjäger-Korps und das Landesschützen-Korps.

Die angespannte Situation in der Reichshauptstadt und die für Ebert ungünstige Kräftesituation[72] zwang die Regierung, Zeit zu gewinnen. Die Uneinigkeit der Führer von USPD und KPD über die weiteren Schritte kam den Mehrheitssozialdemokraten daher mehr als gelegen. Schließlich gaben die Regierungsgegner einen Aufruf zu einer Protestdemonstration heraus, dessen Resonanz die Erwartungen aller übertraf. Es schien ganz Berlin auf den Beinen zu sein. Für die Rhetoriker und Theoretiker von USPD und KPD lag die Macht nunmehr wirklich auf der Straße, doch sie hatten offensichtlich kein Konzept für die Absetzung der MSPD-Regierung[73]. Während die Massen auf den Straßen Berlins demonstrierten, ergingen sich die revolutionären Führer in langwierigen Diskussionen. Dies ausnutzend, konnte die Regierung ihrerseits die Maßnahmen zur Schaffung einer loyalen Truppe intensivieren. Bis zum 8. Januar waren verschiedene Freiwilligeneinheiten zum Freiwilligen-Korps Berlin zusammengefaßt worden, welches kurz darauf in Freiwilligenregiment Reinhard, nach seinem Kommandeur Oberst Reinhard, umbenannt wurde[74]. Im Berliner Umland organisierte die OHL die Aufstellung weiterer Freiwilligeneinheiten unter General von Lüttwitz, der den unglücklichen Lequis ablöste.

Nachdem bereits am 4. Januar bewaffnete Kommunisten Büros und Lagerräume fast im gesamten Berliner Zeitungsviertel besetzt hatten, beschloß die Regierung, ihre Anhänger zum Generalstreik aufzurufen. Die USPD und die KPD bildeten daraufhin einen sog. Revolutionsausschuß und erklärten die Regierung für abgesetzt. Doch dieser in Eichhorns Polizeipräsidium tagende Ausschuß diskutierte lediglich Möglichkeiten des weiteren Vorgehens, so daß die "Dynamik der Revolution ihre eigenen Kräfte entfalten (konnte)"[75].

So griffen Spartakisten zunächst die Reichskanzlei an, die mit 300 Männern des Offizierstellvertreters Suppe u.a. vom oberen Stockwerk des Leopold-Palais verteidigt wurde. Etwa 60 Angreifer fanden dabei den Tod[76]. Gleichzeitig erfolgte ein Angriff auf die Moabiter Kaserne des Freiwilligenregiments Reinhard, der ebenfalls erfolgreich abgeschlagen werden konnte[77]. Anders entwickelte sich die Lage beim Kriegsministerium, das zusammen mit mehreren Verpflegungsdepots der Armee den Spartakisten in die Hände fiel. Hinzu kam die Plünderung von zahlreichen Depots, Postämtern und Banken durch die Aufständischen. Bollwerke des Umsturzes blieben weiterhin das Polizeipräsidium und das Zeitungsviertel, insbesondere das Gebäude des ‚Vorwärts'[78]. Die Lage in der Hauptstadt war für die Regierung vollkommen untragbar, um so mehr, als für den 19. Januar 1919 die Wahlen zur Nationalversammlung angesetzt waren[79].

---

72 Allein den Spartakisten standen ca. 30.000 bewaffnete Arbeiter zur Verfügung, nach Koch: Bürgerkrieg, S. 79.

73 Siehe u.a. Venner: Söldner, S. 55 ff.

74 Koch: Bürgerkrieg, S. 80.

75 Ebd., S. 80.

76 Reinhard, Wilhelm: 1918-19. Die Wehen der Republik, Berlin 1933, S. 67.

77 Ebd., S. 66.

78 Venner: Söldner, S. 56 ff.

79 Im Verlauf des Kongresses der Arbeiter- und Soldatenräte vom 16.-20. Dezember 1918 wurde dieser Termin von der Regierungsmehrheit festgelegt, siehe Quellen zur Geschichte des Parlamentarismus und der politischen Parteien, zweite Reihe: Militär und Politik, Band 2: Zwischen Revolution und Kapp-Putsch. Militär- und Innenpolitik 1918-1920, bearb. v. Heinz Hürten, S. 29.

Noskes Plan zur Bereinigung dieser Situation konzentrierte sich auf zwei Schwerpunkte, das Waffendepot in Spandau sowie das Zeitungsviertel am Belle-Alliance-Platz[80]. Operationsbasis für die Freikorps war Reinhards Moabiter Kaserne, in der am 7. Januar auch das Freikorps Potsdam unter der Führung von Major von Stephani eintraf. Dessen Männer erhielten den Auftrag, das ‚Vorwärts'-Gebäude anzugreifen und somit eine Hauptbastion der Aufständischen wieder in die Gewalt der Regierung zu bringen. Begleitet vom Oberleutnant z.S. Graf Westarp und als Spartakist verkleidet, begab sich Stephani in das Verlagshaus des traditionellen MSPD-Blattes und erkundete vor Ort Angriffsmöglichkeiten[81]. Am Morgen des 11. Januar begann schließlich der Angriff auf das Gebäude, das mit Hilfe von Artillerie, Flammenwerfern und Handgranaten um 8.15 Uhr in der Hand der Regierungstruppen war[82]. Die Kämpfe zur Befreiung des gesamten Presse-Viertels sollten noch bis zum Abend andauern. Die Besetzung der gesamten Reichshauptstadt war bis zum 15. Januar abgeschlossen. An ihr beteiligt waren u.a. das Landesschützen-Korps unter v. Roeder, das Landesjäger-Korps unter Maercker, die Gardekavallerieschützen-Division unter v. Hofmann sowie das Freikorps Hülsen[83].

Freikorps Vorbeimarsch vor Noske

---

80 Noske: Kiel bis Kapp, S. 72 ff.

81 Salomon: Freikorpskämpfer, S. 41.

82 Ebd., S.43. Allein auf Seiten des FK Potsdam zählte man acht Tote und elf Verwundete.

83 Nach Noskes Befehl vom 13. Januar 1919, in Maercker: Kaiserheer, S. 386.

84 Ebert wurde zum Reichspräsidenten gewählt, Scheidemann zum Reichskanzler, Noske zum Reichswehrminister ernannt.

85 Am 6. Februar 1919 trat die Verfassunggebende Nationalversammlung aus Sicherheitsgründen nicht in Berlin, sondern in Weimar zusammen. Nichts verdeutlicht stärker das Ausmaß und die Bedeutung des Zweckbündnisses zwischen den Freikorps und der MSPD-Regierung als die Tatsache, daß der Schutz eben

Berlin hatte eine weitere Prüfung hinter sich. Die Ergebnisse der Wahlen zur Nationalversammlung[84] schienen die Gewähr zu bieten, daß, ausgehend von der Hauptstadt, das Reich endlich zur Ruhe kommen würde. Die klare Absage der Mehrheit der Wähler an den linken Radikalismus sowie die Bildung einer Koalitionsregierung aus MSPD, Deutscher Demokratischer Partei und Zentrum nährten die Hoffnung, daß in Deutschland nunmehr so etwas wie Stabilität Einzug halten würde[85].

Durch die Freikorps im Januar zwar geschlagen, jedoch noch nicht besiegt, gingen KPD und Teile der Unabhängigen daran, sich eine weitere Kraftprobe mit der republikanischen Regierung zu liefern. Ursprünglich für den Februar geplant[86], begann der Aufstandsversuch im Gefolge eines am 3.März 1919 in der ‚Roten Fahne', dem Organ der KPD, veröffentlichten Aufrufs, welcher an ‚revolutionärer Deutlichkeit' keinen Zweifel ließ. Neben Aufrufen wie "Nieder mit Ebert-Scheidemann-Noske, den Mördern, den Verrätern!" und "Auf zum Generalstreik!" waren es vor allem die Forderung "Nieder mit der Nationalversammlung!" sowie "Alle Macht den Arbeiterräten!"[87], die Intention und Motivation dieses Aufrufes preisgaben. Denn mit einer wachsenden Konsolidierung des bürgerlich-parlamentarischen Systems in Deutschland mußte der Abbau der Räteinstitutionen auf den verschiedenen Ebenen unweigerlich einhergehen. Dies bedeutete nichts weniger als den Verlust der "letzten Machtpositionen"[88] für die Linksradikalen.

Noch am 3. März begannen Plünderer, Geschäfte in der Nähe des Alexanderplatzes heimzusuchen. Die eigentliche systematisch geplante Auseinandersetzung begann erst in der Nacht zum 4. März[89]. Besonders in Berlin-Lichtenberg gelang es den Aufständischen, viele Polizeireviere zu stürmen, wobei Polizeibeamte mißhandelt und ermordet wurden[90]. Nachdem Noske am 3. März den Belagerungszustand und das Kriegsrecht verhängt hatte, marschierten die Gardekavallerieschützen-Division[91], das Regiment Reinhard, die Deutsche Schutzdivision unter Generalmajor v.d. Lippe sowie das Freikorps Hülsen wieder in die Stadt ein[92]. Die angespannteste Lage herrschte beim Polizeipräsidium. Die dortige Polizeikaserne hatte dem Angriff der Spartakisten, denen sich die ‚Republikanische Soldatenwehr' sowie die ehemals neutrale ‚Volksmarinedivision' angeschlossen hatte[93], standgehalten. Der erste Versuch seitens der Gardekavallerieschützen-Division und der

---

dieser republikanischen Geburtsstunde durch Maerckers Landesjäger gewährleistet wurde. Die Ambivalenz dieses Verhältnisses wurde auf beiden Seiten erkannt. So schrieb der ebenfalls in Weimar anwesende Salomon gleichsam stellvertretend für viele Freikorpskämpfer: "Sie konnten keineswegs den Mann und den Befehl achten, dem sie bislang gehorchten, und die Ordnung, die sie schaffen helfen sollten, erschien ihnen ohne Sinn." Salomon: Die Geächteten, Gütersloh 1930, S. 71.

86 Einer Patrouille Reinhards glückte die Verhaftung namhafter Teile einer geplanten Roten Armee. Gefunden wurden dabei auch Angriffspläne auf die Brigade Reinhard, auf das Stabsquartier der Gardekavallerieschützen-Division, auf das Polizeipräsidium, auf Schloß und Reichstag sowie auf Regierungs- und Zeitungsviertel, siehe Koch: Bürgerkrieg, S. 86.

87 Aus Noske: Kiel bis Kapp, S. 102f. Noske erwähnt allerdings nicht, daß sich auch die mehrheitssozialdemokratischen Mitglieder im Großen Berliner Arbeiter- und Soldatenrat der Generalstreikforderung anschlossen, siehe Oertzen, Friedrich Wilhelm v.: Die deutschen Freikorps 1918-1923, München 1936, S. 288.

88 Koch: Bürgerkrieg, S. 88.

89 Salomon: Freikorpskämpfer, S. 44.

90 Ebd., S. 44.

91 Zu dieser gehörten z.B. die Marinebrigaden Ehrhardt und von Löwenfeld, siehe Lüttwitz, Walther Frhr.v. : Im Kampf gegen die Novemberrevolution, Berlin 1934, S. 54.

Brigade Reinhard, die Kaserne zu entsetzen, scheiterte. Mit dem Eintreffen von leichter Artillerie und Minenwerfern[94] war erst am folgenden Tag, dem 6. März, zu rechnen. Dies ausnutzend, trugen die Spartakisten ihren Angriff in der Nacht auf den 6. März weiter vor. Einem ihrer Stoßtrupps gelang es, in das Gebäude vorzudringen, so daß sich in den Fluren erbitterte Nahkämpfe entwickelten. Flugzeuge versorgten die eingeschlossenen Polizisten mit Lebensmitteln und Munition, bis das Polizeipräsidium am Abend des 6. März mit Artillerieunterstützung endlich befreit werden konnte[95].

Aber auch in anderen Teilen Berlins fanden ähnlich harte Kämpfe statt. Die gesamte Härte und Grausamkeit eines Bürgerkrieges prasselte nunmehr auf die Hauptstadt nieder. Pardon wurde auf beiden Seiten nicht gegeben. Sowohl Aufständische als auch Regierungstruppen setzten Flugzeuge und Artillerie ein. Hinzu kamen auf Regierungsseite 15 cm-Haubitzen sowie Tanks[96]. Die Aufständischen ihrerseits brachten sog. ‚Dum-Dum-Geschosse' und Gasminen zum Einsatz[97]; Verstümmelungen und Tötungen von Frei-

Mit Flammenwerfern auf dem Alexanderplatz in Berlin

92 Mit Ausnahme der Brigade Reinhard waren alle Freikorps in der Nacht zum 24.Januar aus Berlin ins Umland verlegt worden, um einsetzenden Auflösungserscheinungen entgegenzuwirken, siehe u.a. Venner: Söldner, S. 64.

93 Siehe dazu Noske: Kiel bis Kapp, S. 107.

94 Vom Minenwerferdetachement Heuschkel (MWH), siehe Salomon: Freikorpskämpfer, S. 48.

95 Koch: Bürgerkrieg, S. 89

96 Einen Offizier vom Freiwilligen-Detachement Tüllmann erinnerte die Intensität der Kämpfe gar an "große Kampftage" im Weltkrieg, siehe Salomon: Freikorpskämpfer, S. 53.

97 Koch: Bürgerkrieg, S. 89.

98 Salomon: Freikorpskämpfer, S. 48.

99 Noske: Kiel bis Kapp, S. 109. Auf die eigenmächtige Auslegung dieses Befehls durch den Stabschef der Gardekavallerieschützen-Division, Hauptmann Pabst, sowie den Fall Marloh kann im Rahmen dieser Überblicksdarstellung nicht eingegangen werden, vgl. hierzu u.a. Venner: Söldner, S. 82 ff. und Koch: Bürgerkrieg, S. 90 f.

korpsleuten und Polizeibeamten waren an der Tagesordnung, so daß gefangenen Aufständischen keinerlei Milde gewährt wurde[98].

Vor dem Hintergrund dieser außergewöhnlich harten Kämpfe ist denn auch Noskes stark umstrittener Schießerlaß zu sehen. Immer neue, teils auch aufgebauschte Meldungen über Greueltaten der Aufständischen veranlaßten den Reichswehrminister zur Herausgabe des umstrittenen Befehls: "Jede Person, die mit den Waffen in der Hand gegen Regierungstruppen kämpfend angetroffen wird, ist sofort zu erschießen."[99] Wie auch immer dieser Befehl gewertet werden mag, aus der Sicht der Regierung und erst recht der Freikorps schien er mehr als gerechtfertigt. Die chaotische Eigendynamik des Bürgerkrieges konnte augenblicklich einen harmlos erscheinenden Bürger in einen Aufständischen verwandeln, und umgekehrt. Nach den Erfahrungen, welche die in Berlin im Orts- und Häuserkampf eingesetzten Freikorpseinheiten unter vielen Opfern bisher gemacht hatten, war jeder, der eine Waffe versteckte, ein potentieller Aufständischer.

Mit der Besetzung Lichtenbergs durch Regierungstruppen am 13.März 1919 fand die ‚Berliner Blutwoche' ihr Ende. Die Anzahl der an der Niederschlagung des Aufstandes beteiligten Freikorpssoldaten belief sich auf 31.400 Mann, denen etwa 15.000 Spartakisten gegenüberstanden[100]. Die Verluste der Aufständischen, inklusive Personen, die unbeabsichtigt Opfer von Kampfhandlungen wurden, betrugen etwa 1.200. Die Freikorpsverluste beliefen sich auf 75 Gefallene und 38 Vermißte[101].

Die Anzahl der Opfer unter den Aufständischen trug sicherlich zur in Teilen der Bevölkerung, auch des Bürgertums, herrschenden negativen Einschätzung der Freikorps bei. Die Freikorps ihrerseits hatten erneut "eine Republik befreit, die ihnen nichts bedeutete und die ihnen keinen Dank dafür wußte."[102]

3.2. Freikorps im Einsatz für die Einheit des Reiches

Die herausragende Bedeutung, welche die Wiederherstellung der Autorität der Regierung in der Hauptstadt besaß, verdeckte fast die Tatsache, daß im gleichen Zeitraum zwischen Januar und März 1919 der Zerfall Deutschlands drohte. Vom Ruhrgebiet, in welchem vollkommene Anarchie herrschte, bis nach Oberschlesien, von Hamburg bis München wurde Deutschland von einer Flut von Unruhen, Streiks und separatistischen Bewegungen erfaßt, die bis heute die historiographische Interpretation der ‚Novemberrevolution' als solche, wie auch die der Frühzeit der Weimarer Republik nachhaltig beeinflußt[103]. Dies schließt ebenfalls die Bewertung der Freikorps mit ein, die für die Regierung weiterhin unverzichtbares, weil einzig wirksames Instrument zur Durchsetzung ihrer eigenen Autorität sowie der des Parlaments blieb. Daß die zu erwartende Konsolidie-

100 Zahlen nach Koch: Bürgerkrieg, S. 89.

101 Ebd., S. 89.

102 Venner: Söldner, S. 84.

103 Erinnert sei hier nur an die Frage, welche Rolle die zentrale Einbeziehung der sog. ‚alten Eliten' in die Strukturen des Weimarer Staates schließlich in Bezug auf sein Ende im Januar 1933 spielte.

rung nicht nur zu einer schleichenden Beschneidung der Rätegewalt in vielen Teilen Deutschlands, sondern zu ihrer Ausschaltung führen würde, stand den Linksradikalen im gesamten Reichsgebiet durchaus vor Augen. So war es auch nicht verwunderlich, daß Deutschland in jenen Monaten einem "Hexenkessel"[104] glich.

Die frischgebackene, aus Freikorps bestehene ‚Reichswehr'[105] war in jenen Monaten keine Armee des Reiches, sondern vielmehr eine Armee der Berliner Regierung. In Bayern wurde der Eintritt in das neue Heer verboten und Noskes Aushebungsagenten kamen ins Gefängnis. Sachsen kündigte die Militärkonvention, die es seit 1867 an Preußen band und betrieb die Aufstellung eines roten Heeres. Auch in Braunschweig, Württemberg und anderen Teilen des Reiches wurde die Durchführung der Weimarer Gesetze verweigert[106]. Um der Lage Herr zu werden, mußten die Freikorps wieder einmal ‚Feuerwehr spielen'.

Noch während der Märzkämpfe in der Hauptstadt wandte sich die badische Regierung hilfesuchend an Noske, um die gespannte Lage in Mannheim wieder unter Kontrolle zu bringen. Der überhand nehmenden Herrschaft der von Unabhängigen und Kommunisten geführten Räte, konnte das Westfälische Freikorps Pfeffer, das bereits abmarschbereit für den Einsatz im Baltikum war, bereits nach wenigen Tagen ein Ende machen[107].

Zur selben Zeit drohte der Regierung der Verlust einer ihrer wichtigsten Einfuhrhäfen, nämlich Bremen. Der dortige Arbeiter- und Soldatenrat hatte nichts geringeres im Sinn, als die Schaffung einer unabhängigen Republik Bremen[108]. Noske wies deshalb am 25.Februar Lüttwitz' Generalkommando an, Truppen dorthin zu entsenden, um die Situation zu bereinigen. Das daraufhin gebildete Freikorps Gerstenberg erreichte fast Divisionsstärke[109]. Zu ihm gehörte u.a. die 1. Marinebrigade von Roden und das Freikorps Caspari[110]. Entgegen allen Erwartungen, konnte Bremen innerhalb eines Tages eingenommen werden, und für die Spartakisten bestand nunmehr akute Gefahr für ihre Positionen in den anderen Städten an der Nordsee, allen voran Hamburg.

Die Stadt mit dem "neckischen Lokalkolorit"[111] hatte es verhältnismäßig lange verstanden, Ruhe und Ordnung aufrechtzuerhalten. Jedoch spitzte sich die Lage zu, als die dem mehrheitssozialdemokratischen Stadtkommandanten unterstellten Soldaten den Gehorsam verweigerten und begannen, Beschlagnahmungen und Plünderungen vorzunehmen. Die mit dem Gesetz zur Bildung einer vorläufigen Reichswehr verbundenen Demobilisationsabsichten der Regierung sowie die in der Hansestadt herrschende Lebensmittelknappheit brachten das Faß vollends zum überlaufen. Nachdem die Bahrenfelder Zeitfreiwilligen Ende Juni 1919 in Hamburg einmarschiert waren, bewaffneten sich die

104 Salomon: Hexenkessel Deutschland, in: Jünger: Kampf um das Reich, S. 13-38.
105 Nach dem Gesetz vom 6.März 1919.
106 Benoist-Mechin, Jacques: Geschichte des deutschen Heeres seit dem Waffenstillstand 1918-1939, Band 1: Vom Kaiserheer zur Reichswehr, Berlin 1939, S. 129.
107 Salomon: Hexenkessel, S. 28.
108 Koch: Bürgerkrieg, S. 92.
109 Ebd., S. 92.
110 Salomon: Freikorpskämpfer, S. 63 ff.
111 Salomon: Hexenkessel, S. 34.

Spartakisten schaffen Waffen ins Berliner Marinehaus

Straßensperre der Freikorps in Hamburg

Arbeiter. Sie stürmten das von den Bahrenfeldern besetzte Rathaus, plünderten es, vernichteten Justizakten und befreiten Strafgefangene[112]. Das Chaos war komplett. Noske sah sich zum Einschreiten gezwungen. Noch bevor ein entsprechendes Hilfegesuch des Senats einging, entsandte er ein Korps unter dem Kommando des populären Generals v. Lettow-Vorbeck, das die Lage am 1. Juli 1919 bereinigen konnte[113].

Im Ruhrgebiet, dem wichtigsten Kohlezentrum des Reiches, herrschte ebenfalls Anarchie. Am 6. Februar 1919 hatten Spartakisten zum Generalstreik aufgerufen, dem sich der Soldatenrat des VII.AK in Münster mit dem Anspruch auf den Oberbefehl für das gesamte Ruhrgebiet anschloß. Noske mußte erneut reagieren und entsandte General v. Watter nach Münster, um den dortigen Rat aufzulösen. Dies gelang ihm am 11. Februar, nachdem er einige Freikorps, wie FK Lichtschlag, FK Gerstenberg und das FK Schulz im Ruhrgebiet zusammenziehen konnte[114]. Die Antwort der Spartakisten bestand in der Ausrufung einer Nordwestdeutschen Republik in Mülheim. Sie untersagten die Kohlelieferungen in das Reich und provozierten damit eine erneute Freikorpsexpedition, u.a. mit dem FK Lichtschlag, dem FK Lützow sowie dem FK v. Pfeffer[115]. Nach harten Kämpfen gelang es den Regierungstruppen schließlich, zumindest an der Oberfläche Ruhe und Ordnung wiederherzustellen. Da jedoch eine langfristige Besetzung des Ruhrgebietes schon aus Kräftemangel unmöglich war, sollte das Ruhrgebiet auch weiterhin ein Pulverfaß bleiben.

Weitere Unruheherde, die ein Eingreifen von Freikorps geraten erscheinen ließen, waren Magdeburg, Helmstedt und Braunschweig. Nach ‚bewährter' Manier brach auch hier durch revolutionären Fanatismus das Chaos aus. Gegen Braunschweig wurde schließlich die Reichsexekution angeordnet, an der u.a. neben Teilen von Maerckers Landesjägern die 2.Marinebrigade Ehrhardt, das Kavallerie-Schützen-Kommando 11 und das FK Lützow beteiligt waren[116].

Auch in Mitteldeutschland gaben die Linksradikalen den Ton an[117]. Die Notwendigkeit einer Sicherung der Verfassunggebenden Versammlung in Weimar durch die Landesjäger hatte dies gezeigt. Neben Städten wie Halle, Eisenach und Erfurt waren Dresden und vor allem Leipzig Zentren der Aufstandsbewegung. Wie so oft waren die Freikorpsvorstöße Reaktionen auf Exzesse sich revolutionär gebärdender Aufständischer. So wurde in Halle der Stabschef Marckers, Oberstleutnant v. Klüber, in Dresden gar der MSPD Kriegsminister Neuring ermordet[118]. Die Liquidation der Unruhen orientierte sich wesentlich an den Freikorpseinsätzen in Berlin, d.h. Belagerungszustand, Einkreisung der Stadt und konzentrisches Vorgehen auf den Stadtkern. Während für Dresden das FK Görlitz zur Be-

---

112 Günther, Gerhard: Hamburg, in: Jünger: Kampf um das Reich, S. 46.

113 Koch: Bürgerkrieg, S. 93.

114 Spethmann, Hans: General v. Watter im Ruhrgebiet, in: General Oskar Freiherr von Watter, Hamburg o.A., S150.

115 Salomon: Hexenkessel, S. 36.

116 Salomon: Hexenkessel, S. 30.

117 Zu den wenigen Gebieten, die vergleichsweise ruhig blieben, zählte Südwestdeutschland. Unruhen war hier eher die Ausnahme. Freiwilligeneinheiten, wie z.B. das Studentenbataillon Stuttgart konnten sich hier schnell behaupten, Darstellungen aus den Nachkriegskämpfen deutscher Truppen und Freikorps, Band: Die Kämpfe in Südwestdeutschland 1919-1923, Berlin 1939, S. 14ff.

118 Koch: Bürgerkrieg, S. 95.

ruhigung ausreichte, mußte über Leipzig, dem Zentrum der sächsischen Aufstandsbewegung, erst das "Donnergepolter der Reichsexekution"[119] hereinbrechen, ehe die Autorität der Regierung wiederhergestellt war. Zu den Regierungstruppen zählte das gesamte Landesjäger-Korps, das Regiment v. Oven des FK Hülsen, die Gardeabteilung von Neufville des Landesschützen-Korps, die 1. Sächsische Grenzjägerbrigade, drei Panzerzüge, zwei Panzerwagenzüge, eine Tankabteilung sowie ein Fliegerkorps[120]. Im Oktober 1919 war zwar in Mitteldeutschland Ruhe eingekehrt, die allerdings trügerisch war. Unter der gewaltsam hergestellten Ordnung brodelte es weiter. Für die nicht zum Landesjägerkorps gehörenden Formationen ging es nun einem Brennpunkt entgegen, der die Autorität der Reichsregierung in hohem Maße in Frage stellte, München.

Anders als in Berlin, hatten in München die Unabhängigen unter ihrem Führer Kurt Eisner in den ersten Novembertagen 1918 die Initiative übernommen und die MSPD gleichsam überrumpelt. Eisner fungierte seither als provisorischer Ministerpräsident und Außenminister des Bayerischen Staates[121]. Seine Position war jedoch alles andere als stabil. Seine ‚sowohl als auch'-Taktik in Bezug auf die Frage nach Rätesystem oder parlamentarischer Demokratie entsprach dem Bedürfnis Eisners, allen Seiten entgegenzukommen. In der politischen Realität geriet er dabei freilich zwischen alle Fronten. Die bayerischen Landtagswahlen vom 12.Januar 1919 wurden für die Unabhängigen zur Katastrophe, denn sie erhielten lediglich drei der 180 Mandate[122]. Als Eisner am 21. Februar auf dem Weg zur Eröffnung des Landtages von Anton von Arco auf Valley erschossen wurde, mündete die ohnehin verworrene und labile Situation in einen chaosähnlichen Zustand, der durch die Ausrufung einer Räterepublik am 7. April durch "Schwabinger Bohèmiens"[123], wie Landauer, Toller und Mühsam, noch verstärkt wurde. Das Ende der ‚Kaffeehaus-Revolutionäre' bedeutete der Putschversuch einer sog. ‚Republikanischen Schutztruppe' am 13.April[124], der wiederum in die zweite, diesmal wirklich kommunistische Räterepublik mündete, deren Protagonisten Levien, Levinè und Axelrod allesamt aus Rußland stammende Berufsrevolutionäre waren[125].

Da militärische Formationen der Regierung in anderen Teilen Deutschlands gebunden waren, geriet München wochenlang zum Spielball schwärmerischer, linker Weltverbesserer und Berufsrevolutionäre. Nachdem die Unruheherde in Berlin und Mitteldeutschland größtenteils beseitigt worden waren, standen einige Freikorps wieder zur Verfügung. Zu den Einheiten, die Ende April 1919 für die Befreiung Münchens eingesetzt werden konnten, gehörte die 2. Marinebrigade Ehrhardt, das FK Görlitz, die Freiwilligen-Abteilung Friedeburg, die Freiwilligen-Abteilung Haas, das FK Lützow, das bayerische FK von

119 Salomon: Hexenkessel, S. 31.

120 Ebd., S. 31.

121 Vgl. u.a. Mitchell, Allan: Revolution in Bayern. Die Eisner-Regierung und die Räterepublik, München 1967, S. 80-87.

122 Neubauer, Helmut: München 1918/19, in: Dorst, Tankred (Hrsg.): Die Münchner Räterepublik. Zeugnisse und Kommentar, 6.Aufl., Frankfurt a.M. 1977, S. 176.

123 Mitchell: Revolution, S. 271.

124 Vgl. zu den Ereignissen u.a. Kanzler, Rudolf: Bayern Kampf gegen den Bolschewismus. Geschichte der bayerischen Einwohnerwehren, München 1934, S. 4 ff. sowie Schricker, Rudolf: Rotmord über München, Berlin o.A., S. 57 ff.

125 Toller bildete hier die Ausnahme. Er hatte sich gegenüber den Berufskommunisten für loyal erklärt.

Epp, das FK Oberland sowie das FK des Generalleutnants von Oven, welcher den Oberbefehl über alle Freikorpsformationen führte[126]. Im Zuge des Einmarsches ab dem 1. Mai 1919 entwickelten sich schwere Kämpfe. Da die von den Rätediktatoren aufgestellte ‚Rote Armee' prinzipiell keine Gefangenen machte[127], ließ die Reaktion der Freikorps nicht lange auf sich warten. Die Spirale von Terror und Gegenterror[128] begann sich zu drehen. Besonders das FK v. Epp hatte im Arbeiterviertel Giesing mit den Schwierigkeiten des Orts- und Häuserkampfes unter Bürgerkriegsbedingungen zu kämpfen. Schüsse aus dem Hinterhalt und des Nachts ermordete Patrouillesoldaten sorgten für eine anhaltend nervöse Stimmung[129].

Dennoch mußten die Angehörigen der ‚Roten Armee' der Übermacht erliegen. Am 6. Mai konnte General v. Oven an die Regierung in Berlin Vollzug melden. Die Zahl der Opfer im Gesamtzeitraum der Münchner Ereignisse von Januar bis Juni 1919 belief sich auf 719 Tote[130].

Wenngleich München nunmehr befriedet war, die wahren Sieger über das bolschewistisch motivierte Experiment München waren nicht die Regierenden in Berlin, sondern die Rechtsextremisten. Die nachhaltige, traumatisierende Wirkung der Rätezeit auf die Masse der Bevölkerung ließ Bayern zu jener ‚Ordnungszelle' des Reiches werden, welche die weitere Zukunft der Weimarer Republik wesentlich beeinflussen sollte.

4. Die Freikorps im Baltikum

Als sich am 3. März 1918 die bolschewistische Regierung gezwungen sah, den Frieden von Brest-Litowsk zu unterzeichnen, ahnte wohl auf deutscher Seite niemand, daß man mehr als ein Jahr darauf den Frieden selbst diktiert bekommen würde. Nach dem Vertragswerk von Brest-Litowsk hatten die Russen u.a. auch das Baltikum als Einflußsphäre verloren. Doch die Vorzeichen hatten sich mit dem Zusammenbruch des Kaiserreiches geändert.

Bei der im Nordosten stehenden 8. Deutschen Armee zeigten sich im Zuge des Umsturzes ähnliche Auflösungserscheinungen wie bei anderen Truppen[131]. Der Soldatenrat der 8. Armee strebte gar einen Bund mit den Russen an, um die Diktatur des Proletariats zu verwirklichen. Hinzu kamen die Unabhängigkeitsbestrebungen im Baltikum, wie auch in Lettland. Hier verfolgte Regierungschef Ulmanis mit Hilfe Englands das Ziel einer unabhängigen lettischen Republik. Die Lage war mehr als unübersichtlich, da die Sowjets acht Zehntel des lettischen Gebietes besetzt hatten, Riga und Mitau waren in russischer Hand. Mit englischem Einverständnis sollten deutsche Truppen in Lettland verbleiben,

---

126 Salomon: Hexenkessel, S. 33.

127 Koch: Bürgerkrieg, S. 118.

128 Exemplarisch dafür waren die Geiselerschießungen im Luitpold-Gymnasium sowie die 21 getöteten katholischen Arbeiter der St. Joseph-Gesellschaft.

129 Koch: Bürgerkrieg, S. 118.

130 Ebd., S. 121.

131 Darstellungen aus den Nachkriegskämpfen deutscher Truppen und Freikorps, Band 1: Die Rückführung des Ostheeres, Berlin 1936, S. 129 ff.

um ein weiteres Vorrücken der Russen zu verhindern. Dafür sollte jeder interessierte deutsche Soldat 60 Morgen Land sowie die lettische Nationalität erhalten. Doch das war noch Zukunftsmusik.

Bis zu diesem Zeitpunkt stand nur die Eiserne Brigade des Majors Bischoff zur Verfügung. Die Balten hatten ihrerseits unter Major Fletscher die Baltische Landeswehr ins Leben gerufen, deren Kern ein von Baron von Manteuffel geführter Stoßtrupp war. Der militärische Wert der Landeswehr war allerdings zweifelhaft. Um die militärischen Operationen gegen die Sowjets im Baltikum zu koordinieren, errichtete das deutsche Oberkommando das AOK-Nord in Bartenstein/Ostpreußen. Zum Oberbefehlshaber der deutschen Baltikumtruppen wurde General v.d. Goltz ernannt, der am 1. Februar 1919 in Libau anlandete. Zur selben Zeit trafen die vom AOK-Nord bereitgestellten Verstärkungen ein. Dazu gehörte die Freiwilligenschwadron Knesebeck, das 1. Ulanenregiment sowie Teile der 1. Gardereservedivision. Aus Bischoffs Eiserner Brigade wurde nunmehr die Eiserne Division[132]. Im Anschluß daran trafen das Freikorps Yorck, das Freiwilligen-Bataillon von Liebermann[133], das Freikorps v. Rieckhoff, das Freikorps Diebitsch sowie verschiedene andere Verbände ein, die in der Landeswehr aufgingen. Insgesamt hatte v.d. Goltz nunmehr etwa 25.000 deutsche Soldaten zur Verfügung, hinzu kam ein lettisches Bataillon unter Oberst Ballodis.

Goltz begann am 3. März mit dem Vormarsch auf Mitau, das am 18. des Monats eingenommen werden konnte. Zu ernsten Problemen mit der lettischen Regierung Ulmanis und den Engländern kam es, als das frisch eingetroffene Freikorps Pfeffer den gesamten lettischen Generalstab festnahm, und Teile der Landeswehr wichtige Mitglieder der Regierung verhafteten. Ulmanis konnte fliehen und wurde durch Pastor Needra ersetzt. Die Alliierten, die die Wiedereinsetzung von Ulmanis forderten, sahen den Machtzuwachs für v.d. Goltz äußerst ungern, wollten sich aber ihrerseits auch nicht selbst gegen die Russen engagieren. Deshalb forderten sie von der Berliner Regierung, daß v.d. Goltz auf jede neue Offensive verzichten solle. Berlin willigte ein; in Sachsen und Bayern hatte man ohnehin genug Unruhe.

Dennoch begann v.d. Goltz am 23. Mai mit dem weiteren Vormarsch auf Riga, das am selben Tag eingenommen werden konnte[134]. V. Manteuffel fiel, sein Kommando übernahm der Chef der in die Landeswehr einbezogenen Freikorps, Hauptmann v. Medem. Major Fletscher wurde Militärkommandant von Riga[135].

In Erwartung der Nichtannahme der alliierten Friedensbedingungen hatten sich die deutschen Truppen von Libau aus etwa zwölf Kilometer ins Landesinnere zurückgezogen, um außerhalb der Reichweite der englischen Kriegsschiffe zu sein. Die Engländer

132 Beniost-Mèchin, Jaques: Geschichte der deutschen Militärmacht, Band 2: Jahre der Zwietracht 1919-1925, S. 18.

133 Mit dabei u.a. Ernst v. Salomon in der Kompanie Hamburg des Freiwilligen-Bataillon von Liebermann. Klein, Markus Josef: Ernst von Salomon. Eine politische Biographie. Limburg, 1994, S. 63

134 Vgl. Darstellungen aus den Nachkriegskämpfen deutscher Truppen und Freikorps, Band 2: Der Feldzug im Baltikum bis zur zweiten Einnahme von Riga (Januar bis Mai 1919), Berlin 1937, S. 111 ff.

135 Benoist-Mèchin: Jahre der Zwietracht, S. 25.

nutzten dies aus und setzten die Regierung Ulmanis wieder ein. V.d. Goltz war dagegen machtlos, da er seine Kräfte nunmehr auch gegen die Esten einsetzen mußte. Estland widersetzte sich dem Plan v.d. Goltz', als Basis für ein späteres Vorrücken auf Petrograd zu fungieren. Auf alliierten Druck mußte Goltz am 3.Juli 1919 einen Waffenstillstand mit General Gough, dem Präsidenten aller alliierten Missionen in Lettland, abschließen und die deutschen Truppen mußten ihre Abschnitte räumen. Die Landeswehr wurde nach Tukkum verlegt; die 6.000 deutschen Soldaten der Landeswehr wurden entlassen und schlossen sich den Streitkräften v.d. Goltz' an.

Im August 1919 befahl die deutsche Regierung auf Drängen der Alliierten den im Baltikum stehenden Einheiten die Rückkehr nach Deutschland. In einem eindeutigen Fall von Gehorsamsverweigerung befahl Major Bischoff der ‚Eisernen Division', in Schaulen wieder auszuladen und dort bis auf weiteres Unterkunft zu beziehen. Dies entsprach den Intentionen vieler Freikorpskämpfer, die sich von der lettischen sowie der deutschen Regierung verraten und mißbraucht fühlten. Die Annahme der Friedensbedingungen durch Berlin konnte da nur noch die letzten Zweifel beseitigen, daß von dieser Regierung nichts zu erwarten sei.

In der Zwischenzeit strömten trotz Verbots immer neue Freiwillige ins Baltikum, unter ihnen auch viele Österreicher, wie das Regiment ‚Sudetenland'[136]. Unterdessen hatte Oberst Awaloff-Bermondt die baltische Bühne betreten. Bermondt, eine skurrile Persönlichkeit, deren Herkunft und Aufstieg unklar sind, hatte, von russischen Emigranten unterstützt, eine sog. Russische Westarmee aufgestellt, die bis September 1919 eine Stärke von ca. 15.000 Mann erreichte[137]. Am 21. September schloß v.d. Goltz mit Bermondt einen Vertrag, in welchem dem Russen das Kommando über die deutschen Baltikumtruppen übertragen wurde, so daß sich Anfang Oktober 1919 die Baltikumer die "russische Kokarde an die Mütze hefteten"[138].

Für Großbritannien war nun die Schmerzgrenze erreicht. Hatte man ursprünglich Bermondt als nützliches Mittel zum antibolschewistischen Zweck einsetzen wollen, wurde dies durch das eigenmächtige Handeln hinfällig; England entzog ihm die Unterstützung. In Berlin hatte man unterdessen auf alliierten Druck reagieren müssen. Noske befahl die Einstellung sämtlicher Soldzahlungen für diejenigen Truppen, die sich seinen Befehlen widersetzten, die Schließung der ostpreußischen Grenze, die Einstellung der Nachschublieferungen sowie die Absetzung v.d. Goltz', der am 10. Oktober 1919 durch General v. Eberhardt ersetzt wurde.

Hatte man schon im Vorfeld dieser Ereignisse die Berliner Befehle oftmals mehr als größzügig ausgelegt, so wurden sie jetzt, in der letzten Phase der Freikorps im Baltikum fast überhaupt nicht mehr beachtet. Dies galt auch für Anweisungen von höherer militärischer Stelle. So marschierte z.B. das Freikorps des Douaumont-Eroberers v. Brandis ei-

---

136 Koch: Bürgerkrieg, S. 163.

137 Siehe hierzu: Awaloff, General Fürst: Im Kampf gegen den Bolschewismus, Hamburg 1925, S. 151 ff.

138 Salomon: Die Geächteten, S. 131. Bermondts ‚Westarmee' umfaßte nach der Vereinigung etwa 50.000 Mann, darunter die gesamte ‚Eiserne Division' sowie die ‚Deutsche Legion' unter Kapitän z.S. Sievert mit dem Freikorps Weickemann und dem Freikorps Plehwe.

genmächtig auf Dünaburg, wo er jedoch von den Letten abgewiesen wurde[139]. Seit Bermondt selbstherrlich den ‚Schutz des lettisches Gebietes' übernahm, herrschte zwischen Deutschland und Lettland de facto der Kriegszustand[140]. Mit englischer Unterstützung eröffneten lettische Truppen am 3. November 1919 die Offensive auf Bermondts Truppen, die ihrerseits bereits am 7. Oktober die Feindseligkeiten mit einem Angriff auf Riga begonnen hatten. Im Verlauf der ohne Pardon geführten Kämpfe wurden die deutschen Truppen eingeschlossen. Vollkommen abgeschnitten von jeglichem Nachschub, "standen (sie) wie auf einer einsamen Insel, umbrandet von allen Seiten, gehaßt, beschimpft, jeder Vernichtung ausgesetzt... Es gab keine Frage mehr nach dem Warum, keine Träume mehr von Siedlung, keine mehr vom kühnen Ritt nach dem Osten. Aber es gab auch keinen Gedanken an ein Zurück. Sie standen... an der Düna und sahen nachts mit starren Augen den blutigroten Feuerschein über Riga..."[141] Die Freikorps im Baltikum, in deren Reihen sich immer mehr zweifelhafte Elemente ansammelten, befanden sich im Endkampf. Das letzte im Baltikum eingetroffene Freikorps, das Freikorps Roßbach, sollte schließlich auch den letzten Sieg herbeiführen. Die durch Roßbachs Männer erkämpfte Einnahme von Thorensberg, einem Vorort Rigas, entsetzte die eingeschlossene ‚Eiserne Division' und sicherte deren Rückzug. Am 13. Dezember 1919 waren die Reste der ‚Deutschen Legion' und der größte noch verbliebene Teil der ‚Eisernen Division' nach Deutschland zurükgekehrt. Mit dem Überschreiten der Reichsgrenze durch das Freikorps Roßbach am 16. Dezember endeten die Kämpfe im Baltikum.

Aus Sicht der Freikorpsmänner war man das Opfer eines ungeheuren Verrats geworden, an dem die Alliierten (insbesondere England) und vor allem die eigene Regierung beteiligt waren[142]. Angegriffen von den Alliierten, den Freikorps und den Linksradikalen, gebeutelt durch die unzähligen Unruhen im Reichsgebiet, saß das Berliner Kabinett zwischen allen Stühlen. Von links und rechts staute sich der Haß gegen eine Republik auf, die in den Augen vieler auf der ganzen Linie versagt hatte.

5. Oberschlesien

Von ähnlicher Bedeutung wie die Wiederherstellung von Ruhe und Ordnung im Reich mußte für die Regierung und die OHL die Aufrechterhaltung der deutschen Grenzverteidigung im Osten sein. Jedoch war der Zustand der deutschen Truppen im Zuge der revolutionären Ereignisse und vor dem Hintergrund polnischer Begehrlichkeiten mehr als alarmierend. Posen, Westpreußen und Oberschlesien waren die Hauptstreitobjekte an Deutschlands Ostgrenze.

139 Siehe Brandis, Cordt v.: Baltikumer. Schicksal eines Freikorps, Berlin 1939, S. 247 ff.

140 Koch: Bürgerkrieg, S. 167.

141 Nord, Franz: Der Krieg im Baltikum, in: Jünger: Kampf um das Reich, S. 88.

142 Zu Recht weist Koch daraufhin, daß die sog. Dolchstoßlegende eine wesentlich kompliziertere Entstehung hat, als gemeinhin angenommen, siehe Koch: Bürgerkrieg, S. 132.

Selbstschutz Oberschlesien

Der durch Kollaboration und Meuterei in Auflösung befindlichen deutschen Militärverwaltung standen etwa 70.000 polnische Soldaten gegenüber, die sich aus einer Bürgermiliz, aus Polizeieinheiten und der POW, der Polnischen Militärorganisation, zusammensetzten[143]. Hinzu kamen die deutschen Arbeiter- und Soldatenräte, die eng mit den polnischen Volksräten zusammenarbeiteten. Im Gegensatz zu den Deutschen verfolgten ihre polnischen ‚Partner' handfeste Nationalinteressen, was schließlich Ende Dezember 1918 dazu führte, daß Posen und Westpreußen im Zuge eines Aufstandes für Deutschland verloren gingen.

Doch für einen neu erstehenden polnischen Staat war Schlesien nach wie vor unverzichtbar. Zum einen als Prestigeobjekt, zum anderen als industrielle Basis. Wie in Westpreußen hoffte man, über die Räte die Auswirkungen der deutschen Revolution für national-polnische Interessen ausnutzen und die Alliierten vor vollendete Tatsachen stellen zu können. Doch diesmal wollte die OHL nicht tatenlos zusehen, so daß in Frankfurt/O. und Breslau Truppen zum ‚Grenzschutz Ost' zusammengezogen wurden. Vom polnischen Ministerpräsidenten Paderewski alarmiert, intervenierte schließlich Marschall Foch und untersagte den Aufenthalt deutscher Truppen jenseits einer Demarkationslinie, die eine Waffenstillstandskommission in Trier festlegte[144]. Danach mußten die deutschen Truppen aus dem größten Teil Oberschlesiens abgezogen werden.

Mit der deutschen Stellungnahme zu den alliierten Friedensbedingungen wurde das Problem Oberschlesien zum ersten Mal Ausgangspunkt für Unstimmigkeiten zwischen den Siegermächten, an deren Ende die Regelung getroffen wurde, in Oberschlesien eine Volksabstimmung stattfinden zu lassen. Die Verwaltung sollte eine Interalliierte Kommission (IAK) übernehmen, die sich aus Franzosen, Engländern und Italienern zusammensetzte[145].

Obgleich festgelegt worden war, daß alle geborenen Schlesier abstimmungsberechtigt seien[146], waren die Polen offensichtlich in der günstigeren Position. Sie konnten auf das Wohlwollen der IAK vertrauen, da an ihrer Spitze ein französischer General mit einem starken französischen Truppenkontingent stand. Im Hinblick auf die zu erwartende Ankunft der IAK reduzierte die deutsche Regierung die Präsenz ihrer Truppen in diesem Gebiet. Angesichts der Anzeichen, die auf einen polnischen Aufstand hindeuteten, verlegte man auf Drängen des Breslauer Generalkommandos VI (General Hoefer) einzig die Marine-Brigade III. Loewenfeld[147] nach Oberschlesien.

Die deutsche Schwäche ausnutzend, begann die POW am 17. August 1919 einen Aufstand zu inszenieren, der vor der Abstimmung Oberschlesien in polnische Hand bringen sollte. Nach ersten Anfangserfolgen begannen Einheiten des Grenzschutzes Ost und Freikorps u.a. das Freikorps Hasse am 19.August mit der Gegenoffensive, die das schnelle

143 Koch: Bürgerkrieg, S. 125.

144 Ebd., S. 246.

145 Amerikaner gehörten ihr nicht an, da der Kongreß die Pariser Verträge nicht ratifiziert hatte.

146 Dies bedeutete, daß ca. 200.000 Deutsche, die sich nicht in Schlesien aufhielten, zur Stimmabgabe zurückkehren konnten, siehe Koch: Bürgerkrieg, S. 248.

147 Mit dabei u.a. Batterieführer Albert Leo Schlageter.

Ende des Aufstandes am 22. August bedeutete[148].

Am 11. Februar 1920 übernahm die IAK unter dem Vorsitz des Franzosen Le Rond die Aufgabe, das Gebiet bis zum Abschluß der Volksabstimmung zu verwalten. Gleich zu Beginn seiner Tätigkeit verschob Le Rond unter Angabe fadenscheiniger Gründe das Plebiszit auf das Jahr 1921, so daß die Vermutung naheliegend ist, daß die polnische Position hiermit wieder gestärkt werden sollte[149].

Am 17. August 1920 kam es in Kattowitz zu blutigen Zusammenstößen zwischen deutschen Demonstranten und französischem Militär. Diese Auseinandersetzungen lieferten dem Führer der polnischen Aufstandsbewegung, Korfanty, den Vorwand für einen neuerlichen Aufstandsversuch[150], der am 19. August 1920 begann. Nach einer Woche hatten die polnischen Aufständischen die ländlichen Gebiete Oberschlesiens in ihrer Gewalt; einzig die Städte wie Kattowitz, Hindenburg, Beuthen u.a. konnten gehalten werden. Die wohl eklatantesten Verstöße der Franzosen gegenüber ihrem Mandat für Oberschlesien fielen in diesen Zeitraum. Die französischen Truppen, die das stärkste Kontingent stellten, erklärten sich für neutral und sahen dem Vormarsch der Polen tatenlos zu. Es kam zu etlichen Morden und Plünderungen. Die Deutschen in Oberschlesien waren praktisch vogelfrei[151].

Nach italienischen und englischen Protesten mußte Korfanty den Aufstand am 28. August beenden, jedoch nicht ohne einen weiteren Erfolg zu verbuchen, denn die neu geschaffene Abstimmungspolizei (APO) wurde zur Hälfte aus POW-Anhängern gebildet[152]. Die polnische Ausgangsbasis für die am 20. März stattfindende Volksabstimmung schien somit mehr als günstig[153]. Die deutsche Regierung wagte keine direkte Intervention, da sie französische Sanktionsmaßnahmen im Ruhrgebiet fürchtete. Die einzigen Personen, die dem polnischen Terror entgegenwirken konnten, waren in den Freikorps u.a. Organisationen zu suchen. So gründeten Teile der III. Marinebrigade u.a. mit finanzieller Unterstützung durch das Generalkommando VI eine sog. Spezialpolizei (Führer Heinz Hauenstein), deren Aufgabe einerseits Informationsbeschaffung und Waffenschmuggel war, zum anderen aber auch der "Krieg im Dunkeln gegen die unsichtbaren Insurgenten-Stoßtrupps"[154]. Diese "Stadtguerilla"[155] bekämpfte den Terror mit Gegenterror und vermittelte den deutschen Oberschlesiern das Gefühl, nicht mehr vollkommen alleinzustehen[156].

---

148 Vgl. Osten, Edmund: Der Kampf um Oberschlesien, in: Jünger: Kampf um das Reich, S. 245 ff. Siehe auch die Darstellung von Oberst Tüllmann, Führer des Detachements Tüllmann in: Salomon: Freikorpskämpfer, S. 250 ff.

149 In diesen Zeitraum fiel auch die erfolgreiche Abwehr des polnischen Angriffs auf die Ukraine durch die bolschewistische ‚Rote Armee', die die Polen zeitweise bis vor Warschau zurückdrängte. Deutschland hatte sich für neutral erklärt, siehe u.a. v. Hülsen, Bernhard: Der Kampf um Oberschlesien. Oberschlesien und sein Selbstschutz, Stuttgart 1922, S. 14.

150 Mit Duldung und Unterstützung der Franzosen hatten die Polen Waffen- und Munitionsdepots angelegt, siehe Koch: Bürgerkrieg, S. 258.

151 Ausnahmen waren lediglich dem Eingreifen der Italiener und Engländer zu verdanken, siehe Osten: Kampf um Oberschlesien, in: Jünger: Kampf um das Reich, S. 248.

152 Ebd., S. 248.

153 Koch: Bürgerkrieg, S. 260.

154 Glombowski, Friedrich: Spezialpolizei im Einsatz, in: Salomon: Freikorpskämpfer, S. 253. In der Spezialpolizei befanden sich in größerer Zahl ehemalige Baltikumkämpfer.

Das am 20. März abgehaltene Plebiszit brachte schließlich eine Mehrheit von 60% für den Verbleib bei Deutschland, wobei sich die deutschen Schwerpunkte eindeutig auf den Norden und Westen konzentrierten, die polnischen auf den Osten und Südwesten des Abstimmungsgebietes. Die Folge dieses Ergebnisses waren erneute polnische Gewaltakte gegen die deutsche Bevölkerung, gegen die London offiziell in Warschau Protest einlegte[157].

Innerhalb der IAK konnte man sich nicht über das oberschlesische Problem bzw. eine Demarkationslinie einigen. Die deutsche Regierung, ohnehin machtlos, forderte ganz Oberschlesien und verwies auf das Abstimmungsergebnis. Inmitten dieser Verwirrung brach am 3. Mai 1921 der dritte polnische Aufstand aus, wiederum gut vorbereitet und organisiert. Von regulären polnischen Verbänden unterstützt[158], befand sich bereits am Abend des 5. Mai das gesamte Industriegebiet in polnischer Hand. Während die Regierung in Berlin in einer Reihe von Protestnoten an die Alliierten darum ersuchte, entsprechende Gegenmaßnahmen einzuleiten und der Reichswehr die Hände gebunden waren, begann ein massenhafter Zustrom von Freiwilligen aus dem gesamten Reichsgebiet, aus Österreich und Südtirol nach Oberschlesien. Neben den Angehörigen verschiedener Freikorps wie Oberland und Roßbach, organisierte sich auch der Selbstschutz Oberschlesien (S.S.-O.S.). Die militärische Leitung des S.S.-O.S. übernahm General Hoefer, der die ursprünglich in drei Gruppen unterteilte Front in Gruppe Nord und Gruppe Süd gliederte[159]. Mitte Mai standen die Einheiten des Selbstschutzes wie die Bataillone Eberhardt, Hindenburg, Guttentag, Wasserkante, Heydebreck[160], Haßfurther im Norden; im Bereich des Annaberges standen die drei Oberland-Bataillone mit der Sturmkompanie v. Eicken, die Bataillone Gogolin, Heinz (Hauenstein), Oderschutz, Marienburg, May, Bergerhoff, Winkler (beide Detachement v. Chappuis) sowie Graf Strachwitz. Im Süden waren Bataillone wie Ehrenfeucht, v.d. Decken und Kosch disloziert[161].

In der komplizierten Lage, in der Hoefer sich befand[162], rang er sich schließlich dazu durch, einem begrenzten Angriff der Gruppe Süd auf den Annaberg zuzustimmen. Trotz der Vielzahl der am Annaberg stehenden Einheiten überstieg deren Stärke kaum 3000 Mann. In den frühen Morgenstunden des 21. Mai begann deren Angriff, der zum Mythos werden sollte[163]. Am Mittag desselben Tages war der Annaberg, das "Nationalheiligtum des oberschlesischen Landes"[164], in deutscher Hand. Die polnische Gegenoffensive von 23. Mai konnte in verbissenen Kämpfen abgewehrt werden, so daß die Deutschen Herr der Lage blieben.

---

155 Koch: Bürgerkrieg, S. 261.

156 Ebd., S. 261. Zur Gliederung siehe ebd. S. 262 .

157 Dort behauptete man, sie seien lediglich Reaktionen auf deutsche Provokationen, siehe Koch: Bürgerkrieg; S. 264.

158 Benoist-Méchin: Jahre der Zwietracht, S. 176.

159 Gruppe Süd wurde von General v. Hülsen geführt, siehe Hülsen: Kampf um Oberschlesien, S. 17 f.

160 Vgl. hierzu Heydebreck, Peter v.: Wir Wehrwölfe. Erinnerungen eines Freikorpsführers, Leipzig 1931, S. 84 ff.

161 Salomon: Freikorpskämpfer, S. 263.

162 Hoefer fürchtete um die politischen Folgen von Zusammenstößen zwischen deutschen und alliierten Soldaten und wollte daher auf ein Mandat der IAK warten, was v. Hülsen, wohl zu Recht, als abwegig bezeichnete. Als Hoefers Entscheidung gefallen war, wollte v. Hülsen davon auch "weitestgehenden Gebrauch" machen, siehe Hülsen: Kampf um Oberschlesien, S. 22.

Der Freudentaumel der Eroberer machte jedoch breiter Ernüchterung und Enttäuschung Platz, als am folgenden Tag bekannt wurde, daß Reichspräsident Ebert eine Verordnung erlassen hatte, nach welcher es unter Androhung von Gefängnis- oder Geldstrafe verboten wurde, Freiwilligenverbände aufzustellen bzw. ihnen anzugehören[165]. Auch wenn es psychologisch mehr als ungeschickt war, einen solchen Erlaß einen Tag nach der Annaberg-Erstürmung verkünden zu lassen, letztlich mußte sich die deutsche Regierung den alliierten Forderungen beugen[166]. Für die Freikorpskämpfer stand hingegen fest, daß sie nach den Unruhen im Reich, den Baltikumkämpfen und nach den Geschehnissen in Oberschlesien von ‚den Republikanern' ein drittes Mal verraten worden waren.

Ähnlich der Entwicklung im Baltikum kämpften die Freikorps, abgeschnitten vom Nachschub, auch in Oberschlesien weiter[167]; freilich erneut auf verlorenem Posten[168]. Hoefer trug der hoffnungslosen Gesamtsituation Rechnung, indem er, als sich IAK-Truppen zwischen die Fronten schoben, Feuereinstellung anordnete. Ein von Deutschen gebildetes ‚Politisches Direktorium von Oberschlesien' nahm mit der IAK Verhandlungen auf, in deren Verlauf man eine Einigung erzielen konnte. Nachdem sich die polnischen Aufständischen am 20. Juni aus Ratibor zurückgezogen hatten, befahl Hoefer die Räumung des Annaberges. Mit Unterbrechungen war die Abstimmungszone bis zum 5. Juli 1921 frei und der dritte Polnische Aufstand beendet[169].

Unterdessen war die Frage der Aufteilung Oberschlesiens ebenso ungeklärt geblieben wie vor den Kämpfen. Die Alliierten sahen sich außerstande eine Einigung herbeizuführen[170]. Insbesondere konnten die von Frankreich und England vorgeschlagenen Linien nicht zur Deckung gebracht werden. Auch der Vorschlag des italienischen Außenministers Graf Sforza, nach welchem das Industriegebiet geteilt werden sollte, hatte keinen Erfolg. Letztlich blieb nur noch der Völkerbund, um das Problem zu lösen. Dieser ernannte am 1.September 1921 eine Kommission, die ihrerseits zwei Sachverständige bestellte. Der Schiedsspruch der Kommission entsprach bis auf geringe Abweichungen dem Vorschlag Sforzas und entsprach ungefähr den Frontlinien, welche Freikorps und S.S.O.S. zuletzt besetzt hatten[171].

---

163 Siehe hierzu Kameradschaft Freikorps und Bund Oberland (Hrsg.): Für das stolze Edelweiß, München 1996, S. 48 ff.

164 Bronnen, Arnolt: O.S., Berlin 1929, S. 297.

165 Koch: Bürgerkrieg, S. 271.

166 Bezugnehmend auf die alliierte Note vom 5. Mai 1921, siehe Benoist-Méchin: Jahre der Zwietracht, S. 188.

167 Vgl. hierzu Hopp: Die letzte Schlacht, in: Salomon: Freikorpskämpfer, S. 296 ff. Dem polnischen Bandenunwesen standen die Franzosen ebenfalls völlig passiv gegenüber, siehe Morgenausgabe des Berliner Tageblatts vom 5.Juni 1921.

168 Oberland stand weiterhin im Bereich Annaberg, im Norden kämpften u.a. Roßbach (er durchbrach die sog. Korfanty-Linie), Aulock, Arnim, Schmidt, Christensen und Hübner weiter.

169 Benoist-Méchin: Jahre der Zwietracht, S. 197.

170 Vgl. Schricker, Rudolf: Blut, Erz, Kohle. Der Kampf um Oberschlesien, Berlin o.A., S. 127 ff.

171 Die daraufhin verbreitete Überzeugung, die Freikorps hätten den vollkommenen Verlust Schlesiens verhindert, war wohl berechtigt. Mehr als fraglich erschien jedoch die Behauptung, daß ohne den ‚Kniefall' Berlins vor den alliierten Forderungen ganz Oberschlesien bei Deutschland geblieben wäre, siehe Hülsen: Kampf um Oberschlesien, S. 53 f. Hülsen überbewertete offensichtlich das englische und italienische Wohl wollen gegenüber dem Selbstschutz.

Nachdem diese "abstrakte und unorganische Lösung"[172] gefunden worden war, bildeten sich die Freikorps in sog. Arbeitsgemeinschaften um und ließen sich auf verschiedenen Gütern nieder, um der Kontrolle durch die IAK und der Entwaffnung durch die deutsche Polizei zu entgehen. Als Anfang Dezember 1921 auch diese Arbeitsgemeinschaften verboten wurden, kehrten viele Freikorpsangehörige wieder nach Deutschland zurück, bestärkt in ihrem Haß auf das ,Weimarer System'.

6. Das Kapp-Abenteuer und die Kämpfe an der Ruhr

Die Stimmung der Freikorps zu Anfang des Jahres 1920 war verbittert. Das Baltikumunternehmen hatte mit einer Tragödie geendet, der ostdeutsche Grenzschutz war stark abgebaut worden und der Versailler Vertrag war am 10. Januar in Kraft getreten. Hinzu kam mit der alliierten Note vom 3. Februar 1920, die die Forderung nach Auslieferung einer ersten Gruppe sog. ,Kriegsverbrecher' enthielt, eine weitere Demütigung.

Bei hochrangigen Militärs steigerte sich der Zorn "bis zur Raserei"[173]. So waren v. Lüttwitz und v. Seeckt entschlossen, sich diesem Ansinnen mit allen Mitteln entgegenzustellen, auch wenn dies die Wiederaufnahme der Feindseligkeiten nach sich gezogen hätte. Die energische Haltung der Militärführung und die allgemeine Entrüstung der deutschen Bevölkerung machten dem Kabinett Bauer klar, daß es in dieser Frage kein Nachgeben gab. So entschloß man sich zu einer Hinhaltetaktik, die schließlich auf Druck der Engländer dazu führte, daß auf die Anwendung der Artikel 227 bis 230 verzichtet wurde[174].

Schottische Truppen auf dem Bahnhof in Oppeln

172 Benoist-Méchin: Jahre der Zwietracht, S. 198.

173 Benoist-Méchin: Jahre der Zwietracht, S. 78.

174 Ebd., S. 79.

Die Alliierten hatten in diesem Punkt nachgegeben, in einem anderen war dies ausgeschlossen: in der Frage der Truppenreduzierung. Sie brachte es mit sich, daß in der neuen Reichswehr für viele Freikorpskämpfer kein Platz war[175]. Vor dem Hintergrund eines spartakistischen Anschlages auf den Reichstag am 12. Januar 1920 lehnte v. Lüttwitz (Befehlshaber Generalkommando I) eine weitere Heeresverminderung ab, so daß die Spannungen zwischen der Regierung Bauer und den Militärbehörden wuchsen.

Die allgemeine Unzufriedenheit vieler hoher Offiziere und einiger Politiker mit der Berliner Regierung führte schließlich zu Plänen, die gegenwärtige Führung zu beseitigen[176]. Führender Kopf der Verschwörung war der Generallandschaftsdirektor von Ostpreußen, Wolfgang Kapp. Im Verein mit v. Lüttwitz hoffte er, den Umsturz bewerkstelligen zu können. Als v. Lüttwitz anläßlich des Jahrestages der Gründung der Marinebrigade Ehrhardt[177] in einer Rede erklärte, er werde sich der Auflösung der Marinebrigade widersetzen, erntete er begeisterten Beifall. Die Stabsoffiziere in seiner Umgebung waren jedoch weniger glücklich und gingen auf Distanz. Seeckt versuchte vergeblich, Lüttwitz von dessen Vorhaben abzubringen. Während einer Unterredung mit Ebert am 10.März, bei der auch Noske anwesend war, präsentierte Lüttwitz dem Reichspräsidenten seine Forderungen, die u.a. auf den Erhalt der gegenwärtigen Armeestärke abzielten. Noske, der den General auf die Unmöglichkeit hinwies, an die Regierung Forderungen zu stellen, lehnte die Forderungen ab und entzog ihm das Kommando über Ehrhardts Marinebrigade[178]. Nachdem Lüttwitz mit der festen Absicht gegangen war, diese Regierung zu stürzen, wurde die Verhaftung Kapps und einiger anderer Mitverschwörer angeordnet. Jedoch konnten nur einige Randfiguren festgenommen werden[179].

Am folgenden Tag trafen sich Lüttwitz und Ehrhardt im Döberitzer Lager. Hier erhielt Ehrhardt den Befehl, am Abend des 12. März auf Berlin zu marschieren[180]. Um 22 Uhr war die Brigade marschbereit. Gegenüber Vermittlern[181] nannte Ehrhardt seine Forderungen an die Regierung[182] und stellte ihr ein Ultimatum bis 7 Uhr früh. Als die Frist ohne Reaktion abgelaufen war, setzte sich Ehrhardt am Abend des 12. März in Marsch. Die Regierung versammelte sich um 3 Uhr früh bei Ebert und beschloß, die Putschisten mit einem Generalstreik zu bekämpfen[183]. Um die eigene Handlungsfähigkeit aufrechtzuerhalten, verlegte die Regierung ihren Sitz zunächst nach Dresden, später nach Stuttgart[184]. Ehrhardts Brigade konnte ohne Schwierigkeiten in die Hauptstadt einmarschieren. Schnell waren das Regierungsviertel und die wichtigsten strategischen Punkte besetzt. Kapp zog in die Reichskanzlei ein und ernannte Lüttwitz zum Oberkommandierenden des Heeres und Reichswehrminister[185]. Berlin war in der Hand der Putschisten.

---

175 Schmidt-Pauli: Geschichte der Freikorps, S. 232. Besonders weil die Masse der vorläufigen Reichswehr, die nunmehr reduziert werden sollte, aus den Freikorps stammte.

176 Siehe zur Entfremdung zwischen Armee und Regierung auch Koch: Bürgerkrieg, S. 178 ff.

177 Die Feier in Döberitz wurde vom 17. Februar auf den 1. März verlegt, siehe Plaas, Hartmut: Das Kapp-Unternehmen, in: Salomon: Freikorpskämpfer, S. 172.

178 Noske: Kiel bis Kapp, S. 207. Lüttwitz hatte u.a. gefordert, den Chef der Heeresleitung, Reinhardt, abzulösen und auch sogleich seinen Kandidaten, v. Wriesberg, präsentiert.

179 Koch: Bürgerkrieg, S. 191.

180 Lüttwitz war zu diesem Zeitpunkt nicht mehr Vorgesetzter Ehrhardts. Noske, der wohl einen Rücktritt erwartet hatte, ließ über seinen Personalchef Lüttwitz von seinem Kommando entbinden.

Daß dies nicht ausreichte, sollte sich sehr bald erweisen, denn mit wenigen Ausnahmen verweigerten die obersten Kommandeure der Reichswehr der Kapp-Regierung die Gefolgschaft. Hinzu kam, daß die bürgerlichen Parteien nicht gewillt waren, den Kurs in die Illegalität mitzutragen. Wie unzureichend der Putsch vorbereitet worden war, wenn man überhaupt davon sprechen kann, zeigte sich auch am Unvermögen, diejenigen Truppen zu mobilisieren, deren Unterstützung man sicher sein konnte[186], nämlich der in Auflösung begriffenen oder in Arbeitsgemeinschaften organisierten anderen Freikorps. Einige wie Loewenfelds Marinebrigade, die Freikorps Aulock, Kühme und Paulßen erhielten zwar rechtzeitige Informationen[187], und Ehrhardt wurde von der Reichswehrbrigade III (ehemalige FK Hülsen und Potsdam) unterstützt, doch dies bildete eher die Ausnahme. Oftmals wurden die Freikorpsführer, wie Major Bischoff, zu spät oder erst durch die Presse informiert. Bertholds ‚Eiserne Schar', die auf dem Weg von Stade nach Berlin war, wurde vor Harburg von Streikenden angehalten, so daß sie nicht zur Unterstützung Kapps zur Verfügung stand[188]. Der Putsch brach schließlich am 17. März in sich zusammen; Kapp flüchtete von Tempelhof aus nach Schweden.

Die Ausrufung des Generalstreiks durch die Gewerkschaften und die SPD am 14. März versetzte endgültig dem Staatsstreich den Todesstoß und wurde zugleich für Spartakisten und Unabhängige zum Vorwand, um ihrerseits mit der Regierung abzurechnen. Es war eine Sache, zum Generalstreik aufzurufen, eine andere jedoch, ihn auch zu kontrollieren. Dies galt neben Sachsen u.a. Streikzentren insbesondere für das gärende Ruhrgebiet. Seit Ende Dezember 1919 hatte die dortige KPD geheime Instruktionen für den Fall eines Generalstreiks herausgegeben und bereits seit April 1919 die Aufstellung einer ‚Roten Armee' geheim organisiert[189]. Sie sollte endlich die Revolutionierung Deutschlands in die Wege leiten, auf welche die Linksradikalen seit den Novembertagen 1918 vergeblich gehofft hatten. Die Vorbereitungen für eine bewaffnete Auseinandersetzung wurden also lange vor dem Kapp-Putsch getroffen.

Der Befehlshaber des Wehrkreises VI, General von Watter, und der Reichs- und preußische Kommissar für Westfalen, Karl Severing, waren sich darüber im klaren, daß die Situation zu entgleiten drohte. Die Aufstellung und Bewaffnung[190] der ‚Roten Armee'

---

181 So z.B: General v. Oven.

182 Ein Kabinett von Fachministern, die Wiedereinsetzung Lüttwitz', Reichspräsidentenwahl, Neuwahlen, Straffreiheit für Kapp und seine Unterstützer.

183 Dem war allerdings der bekannte Satz Seeckts vorausgegangen "Reichswehr schießt nicht auf Reichswehr", so daß der Regierung kaum andere Mittel zur Verfügung standen.

184 Die zweideutige Haltung General Maerckers, nunmehr Befehlshaber des Wehrkreises IV, hatte die Regierung zu diesem Schritt veranlaßt.

185 Als erstes ersetzte er Reinhardt durch v. Wrisberg. Truppenamtchef Seeckt wurde durch v.d. Goltz abgelöst.

186 Tatsächlich gab es unter den Freikorps Reaktionen auf den Putsch, die denen in der Reichswehr ähnlich waren. Diejenigen, die den Putsch als unverantwortlich ansahen, fürchteten eine weitere Verschlechterung der Lage Deutschlands gerade im Hinblick auf eine erneute französische Intervention, siehe Koch: Bürgerkrieg, S. 204 f. Ebenso Oertzen: Freikorps, S. 415.

187 Schmidt-Pauli: Geschichte der Freikorps, S. 246.

188 Berthold wurde von Spartakisten auf brutalste Weise gelyncht, siehe die Darstellung in Salomon: Die Geächteten, S. 217.

189 Koch: Bürgerkrieg, S. 202.

190 Wie andernorts auch rächte es sich nun, daß nach den Ereignissen des Jahres 1919 eine konsequente Entwaffnung der Bevölkerung unterblieben war. Hinzu kam, daß die Masse der Arbeiter Kriegserfahrung besaß, siehe Oertzen: Freikorps, S. 392.

Ehrhardts Marinebrigade in Berlin

Heerlager der Kapp-Truppen auf dem Wilhelmplatz in Berlin.

Soldaten der Freikorps kleben Plakate

machte Dank kommunistischer Regie und detaillierter Planung rasche Fortschritte. Bereits am 14. März waren die ersten sog. Arbeiterbataillone einsatzbereit[191]. Ein weiterer Grund für den rasanten Ausbau der ‚Roten Armee' war der Umstand, daß im Industriegebiet selbst keine größeren Reichswehr- bzw. Freikorpseinheiten stationiert waren. Lediglich das Freikorps Lützow in Remscheid, das Freikorps Hacketau in Elberfeld-Barmen, das Freikorps Schulz in Mülheim sowie das Reichswehrschützenregiment 61 in Düsseldorf standen hier zur Verfügung[192].

Kennzeichnend für die Grausamkeit der Kämpfe während des Ruhraufstandes war die fast vollständige Vernichtung des Freikorps Lichtschlag. Als am 15. März 1920 die Batterie Hasenclever des Freikorps auf dem Bahnhof in Wetter bei Hagen eintraf, wurde sie von bewaffneten Arbeitern angegriffen und aufgerieben. Die Verluste betrugen bei einer Gesamtstärke von unter 150 Mann 109 Offiziere und Mannschaften.[193] Kapitulieren muß-

Ausweiskontrolle durch Soldaten der Marinebrigade Ehrhardt

te auch die Kompanie Lange des Freikorps Lichtschlag, die am selben Tag in Herdecke angekommen war. Hauptmann Lichtschlag selbst saß mit seinen noch verbliebenen Einheiten in Dortmund fest. Noch ehe er eine Transportmöglichkeit finden konnte, begann am 17. März der Angriff der ‚Roten Armee', deren Moral durch die bisherigen Erfolge deutlich gestärkt worden war, von Süden her auf die Stadt. Im Verlauf der sich entwikkelnden stundenlangen Straßenkämpfe, die mit unglaublicher Grausamkeit geführt wurden und zur "schieren Menschenschlächterei"[194] ausarteten, wurde Lichtschlags Freikorps fast völlig vernichtet[195].

---

191 Spethmann: General v. Watter im Ruhrgebiet, in: Oskar Freiherr v. Watter, S. 155.
192 Schmidt-Pauli: Geschichte der Freikorps, S. 252.
193 Oertzen: Freikorps, S. 396.
194 Koch: Bürgerkrieg, S. 207.
195 Oertzen: Freikorps, S. 397.

Gewehrappell bei der Roten Armee

Bis zum 18. März hatten die Aufständischen eine zusammenhängende Frontlinie aufgebaut. Fast das gesamte Industriegebiet war in der Hand der ‚Roten Armee', die zu diesem Zeitpunkt etwa 60.000 Mann unter Waffen hatte[196]. In dieser Lage befahl das Wehrkreiskommando die Räumung von Düsseldorf, Duisburg und Mühlheim[197]. Die Truppen sollten auf die Festung Wesel ausweichen und sich neu formieren. Um dies zu verhindern, begann die ‚Rote Armee' am 24. März mit dem Angriff auf die Festung, deren Kommandant, General Kabisch, u.a. mit dem Freikorps Libau über eine erfahrene Truppe von Baltikumkämpfern verfügte. Der Angriff konnte abgewiesen werden und beide Seiten gingen zum Stellungskrieg über.[198] Neben dem zu ihm gestoßenen Freikorps Schulz und dem IR 61 verfügte Kabisch lediglich noch über die Freikorps Libau und Wesel, die das Schützenregiment 62 bildeten.

Unterdessen hatte das Generalkommando Münster Reichswehrtruppen und Freikorps in vier Divisionen gegliedert und sie rings um das Ruhrgebiet disloziert[199]. Zu diesen Einheiten gehörten die 3.Kavallerie-Division zwischen Wesel und Münster mit der Brigade Faupel (Freikorps Faupel, Aulock, Kühme und Paulßen), der Marinebrigade v. Loewenfeld, der Marine-Artillerie-Abteilung 3 (mit der Batterie Schlageter), dem Marine-Sturmbataillon unter Arnauld de la Perière sowie das Detachement Ostsee.

Eine weitere Einheit, die Division Münster, bestand aus dem Freikorps v. Pfeffer, fünf Batterien des Freikorps Lichtschlag, der akademischen Wehr Münster sowie Studenteneinheiten aus Hannover und Göttingen. Zusammen mit den Einheiten Kabischs standen

---

196 Ebd., S. 402.
197 So konnte sich das Freikorps Schulz den Weg aus Mülheim nur unter erheblichen Verlusten freikämpfen.
198 Oertzen: Freikorps, S. 403.
199 Ihr Aufmarsch war am 26.März abgeschlossen, siehe Oertzen: Freikorps, S. 416.

Gefangene Kommunisten werden nach dem Aufstand in Mitteldeutschland abgeführt.

diese Divisionen im Norden der ‚Roten Armee' gegenüber[200]. Ostwärts des Industriegebietes stand die Division Epp mit der Schützenbrigade Epp und u.a. dem Freikorps Oberland zusammen mit der Division Haas. Sie bestand aus der Reichswehrbrigade 13 und dem Detachement v. Oven[201].

Bereits im Vorfeld des allgemeinen Befehls zum Vormarsch am 3. April[202] hatte es in Wesel, Dinslaken und Dorsten Gefechte mit den Aufständischen gegeben. Für den Einmarsch ins Ruhrgebiet war das erste Ziel die Linie Duisburg – Unna. Am 6. April gelang es den Regierungstruppen Bottrop und Dortmund einzunehmen. Am folgenden Tag wurde Essen nach einem "mörderischen"[203] Artilleriegefecht befreit, so daß die Einheiten bis auf die Linie Ratingen-Bochum-Iserlohn vorrücken konnten. Die Kampfhandlungen wurden mit unbeschreiblicher Grausamkeit geführt. Selbst erfahrene Freikorpsmänner erlebten hier ein Ausmaß an Bestialität, das ihnen bisher unbekannt war[204]. Dem entsprachen denn auch ihre Reaktionen, so daß es wieder einmal kein Pardon gab.

Die ‚Rote Armee' wurde in der Folgezeit weiter zersplittert und zersprengt. Zu Tausenden flüchteten Spartakisten in die englische Besatzungszone (ostwärts Köln), wo sie entwaffnet wurden. Der Aufstand war zu Ende[205].

Schluß

Der Aufstand an der Ruhr war die letzte militärische Operation, bei welcher die deutschen Freikorps in solch großer Anzahl zum Einsatz kamen. Im Gefolge des Ruhraufstandes startete die Linkspresse eine groß angelegte Kampagne, in der sie die Freikorps auf das heftigste angriff. Und es geschah das, was die Freikorpsmänner ohnehin wußten, nämlich nichts. Keine Verteidigung von Seiten der Regierung, kein Wort des Dankes an die Kämpfer, die erneut die "Drecksarbeit"[206] für Berlin erledigt hatten. Statt dessen erhielten die Freikorps ihre Auflösungsorder, sie hatten ihre Schuldigkeit getan.

In der Folgezeit wie zum Beispiel in Oberschlesien traten Freikorps[207] mehrfach als Nachfolgeorganisationen (Selbstschutz, Spezialpolizei) in Erscheinung. Viele der ehemals ‚unpolitischen Soldaten' traten nunmehr rechten Organisationen bei, besonders der NSDAP Adolf Hitlers. Andere gingen wie Ehrhardt in die Illegalität, um von dort aus das ‚System' zu bekämpfen[208], das sie im Stich gelassen hatte. Ein ‚System' auch, das sie eigentlich immer abgelehnt hatten, obwohl sie es mit ihrem Einsatz am Leben hielten.

Als Bürgerkriegsarmee waren die Freikorps ein willkommenes Instrument in der Hand der Regierung, das man nach Gebrauch ohne weiteres wieder beiseite legen konnte. Zwischen beiden, den Freikorps und dem Weimarer Staat, bestand im Grunde niemals eine wirkliche Verbindung[209]. Obwohl dies von beiden Seiten auch klar erkannt wurde, arbeitete man zusammen. Die Stabilisierung der Weimarer Republik in ihrer Frühzeit ging somit wesentlich auf das Konto der Freikorps.

Freikorps Gerstenberg vor dem Rathaus Bremen.

200 Schmidt-Pauli: Geschichte der Freikorps, S. 269.

201 Ebd., S. 169, siehe auch Oertzen: Freikorps, S. 416 f.

202 Unterdessen herrschte im Ruhrgebiet ein Terror ohne Beispiel. Plünderungen und Raubmorde waren an der Tagesordnung, siehe Koch: Bürgerkrieg, S. 209.

203 Benoist-Méchin: Jahre der Zwietracht, S. 118.

204 Koch: Bürgerkrieg, S. 213.

205 Ende April hatten sich erneut kleine Unruheherde gebildet. Als Watter darum bat, sie zu beseitigen, verweigerte ihm die Reichsregierung die Erlaubnis. Watter nahm daraufhin seinen Abschied.

206 Koch: Bürgerkrieg, S. 216.

207 Auch in Kärnten hatten Freiwilligenformationen gekämpft, siehe Wutte, Martin: Kärntens Freiheitskampf 1918-1920, Klagenfurt 1985.

208 So ermordeten Mitglieder der Marinebrigade Ehrhardt am 24.Juni 1922 Reichsaußenminister Rathenau.

209 Siehe Koch: Bürgerkrieg, S. 274.

Zeittafel zur Geschichte der deutschen Freikorps 1918-1923

1918

September	die "Baltischen Truppen" unter General von der Goltz, der vorher schon in Finnland gegen die Bolschewisten gekämpft hat, hervorgegangen aus der 8. Armee, unterstützen auf Wunsch der lettischen Regierung deren Kampf gegen die Bolschewisten.
09.11.	Revolution in Deutschland, der Kaiser dankt ab.
11.11.	Erzberger unterzeichnet den Waffenstillstand, Polen wird unabhängige Republik, in Berlin wird die kommunistische "Volksmarine-Division" gegründet.
24.11.	Oberste Heeresleitung (OHL) ruft den "Grenzschutz Ost" aus.
25.11.	Lettische Regierung stellt Freiwilligen, die den Kampf gegen die russischen Bolschewisten unterstützen, Siedlungsland in Aussicht.
06.12.	Zusammenstöße zwischen Regierungstruppen und Spartakisten im Berliner Regierungsviertel.
10.12.	"Garde-Kavallerie-Schützendivision" marschiert in Berlin ein.
15.12.	Abbruch der diplomatischen Beziehungen zwischen Berlin und Warschau, an der gesamten deutsch-polnischen Grenze flammen teilweise sehr heftige Kämpfe auf.
21.12.	Aufstellung der "Eisernen Brigade" im Baltikum.
28.12.	Oberst Reinhard, Chef der "Garde-Kavallerie-Schützendivision", wird Stadtkommandant von Berlin.

1919

Januar bis April	Kommunistische Aufstände und Generalstreik im Ruhrgebiet, Unruhen werden vom "Freikorps Lichtschlag", Truppen Watters, v. Pfeffer und der "Division Gerstenberg" nach Kämpfen (Recklinghausen 14.02., Bottrop 24.02., Düsseldorf 28.02.) beendet.
Januar bis August	Kämpfe gegen Kommunistenaufstände in Mitteldeutschland, die vom "Landesjägerkorps Maercker" (Weimar 02.01., Gotha 18.02., Halle 01.03., Zeitz 08.03., Magdeburg 09.04., Leipzig 11.05., Chemnitz 18.08.) und der "Marine-Brigade Ehrhardt" (Braunschweig 16.04.) niedergeschlagen werden.

02.01.	Regierung beschließt Bildung eines Freiwilligen-Heeres.
05.-11.01.	"Spartakusaufstand" von KPD und USPD in Berlin, wird von den Freikorpstruppen unter Reinhard und v. Stephani niedergeschlagen.
12.01.	Noske (SPD) übernimmt den Befehl über die Streitkräfte und organisiert mit Freikorps ein Regierungsheer.
15.01.	Kommunistenführer Luxemburg und Liebknecht werden in Berlin ermordet.
18.01.	"Ostpreußisches Freiwilligenkorps" wird gegründet.
21.01.	OHL unter Hindenburg verlegt nach Kolberg zur Leitung des "Grenzschutz Ost".
24.01.	"Selbstschutz Oberschlesien S.S.-O.S." bildet sich.
06.02.	Nationalversammlung wird in Weimar eröffnet.
14.02.	Übernahme des Oberbefehls über die deutschen Truppen im Baltikum durch v.d. Goltz, dort seit Januar Kämpfe gegen lettische und russische Bolschewisten.
16.02.	Aufstellung des "Freikorps Epp" in Ohrdruf aus bayerischen Freiwilligen.
20.02.	"1. Garde-Reserve-Division" trifft im Baltikum ein.
21.02.	Eisner, Ministerpräsident von Bayern, wird von Graf Arco-Valley in München ermordet.
28.02.	Bildung der "Brigade Haas" aus Freiwilligen in Württemberg.
01.03.	"Marine-Brigade Ehrhardt" wird gegründet.
05.-12.03.	Kämpfe in Berlin, da "Volksmarine-Division" die von Noske befohlene Auflösung verweigert.
20.03.	"Baltische Landeswehr" nimmt Mitau ein.
06.04.	1. Räterepublik in München.
12.04.	2. Räterepublik in München.
20.04.	Reichswehrminister Noske befiehlt Vorgehen gegen München.
29.04.	"Freikorps Aulock" kämpft in Gleiwitz gegen Kommunisten, überall in Schlesien brechen Unruhen aus (Breslau am 24.06.).
30.04.	Bolschewisten ermorden 10 Geiseln in München.
01.05.	Befreiung Münchens durch vereinigte Truppen und Freikorps unter v. Oven.
22.05.	Deutsche Truppen stürmen Riga.

21.06.	Selbstversenkung der deutschen Flotte in Scapa Flow.
28.06.	Versailler Vertrag wird vom Reichsminister ohne Geschäftsbereich Erzberger unterzeichnet, Freikorps "Aulock" und "Kühme" besetzen Breslau.
01.07.	Niederwerfung der Spartakisten in Hamburg durch General von Lettow-Vorbeck.
03.07.	OHL wird von Nationalversammlung aufgelöst, estnische Truppen greifen in den Kampf gegen die deutschen Freikorps im Baltikum ein.
22.06.	Englische Kriegsschiffe beschießen deutsche Truppen in Riga.
05.07.	Freikorps räumen Riga.
23.07.	Freikorps räumen Libau.
03.08.	"3. Marine-Brigade von Loewenfeld" wird wegen Aufstandsgefahr nach Oberschlesien verlegt.
11.08.	Weimarer Verfassung wird unterzeichnet.
17.-24.08.	1. polnischer Aufstand, wird durch "Grenzschutz Ost" niedergeschlagen.
24.08.	"1. Garde-Reserve-Division" und weitere Freikorps schließen sich zur "Deutschen Legion" zusammen, v.d. Goltz lehnt weitere Führung ab, Siewert übernimmt.
10.09.	Abschluß des Friedensvertrages von St. Germain, das sudetendeutsche Gebiet wird völkerrechtswidrig der Tschechoslowakei angegliedert.
26.09.	Reichsregierung versagt den Baltikumtruppen weitere Unterstützung.
28.09.	Entente verlangt sofortigen Abzug aller deutschen Truppen aus dem Baltikum.
06.10.	Baltikumtruppen legen russische Kokarden an und kämpfen in der "Russischen Westarmee" unter Awaloff-Bermondt weiter.
10.10.	General von Eberhardt übernimmt den Befehl über die deutschen Truppen im Baltikum.
31.10.	"Freikorps Roßbach" übertritt bei Tauroggen die Reichsgrenze, unterstützt und sichert, gegen den ausdrücklichen Befehl der Reichsregierung, den Rückzug der Baltikumtruppen.
19.11.	Schlacht bei Mitau.
13.12.	"Deutsche Legion" und größter Teil der "Eisernen Division" wieder auf deutschem Boden.
16.12.	"Freikorps Roßbach" überschreitet als letzte deutsche Truppe die Reichsgrenze, die Kämpfe im Baltikum sind beendet.

1920

10.01.	Versailler Vertrag tritt in Kraft, polnische Truppen besetzen die Polen zugesprochenen Reichsgebiete (Posen, Westpreußen, Teile Schlesiens).
16.01.	Ententetruppen marschieren als "Interalliierte Kommission" unter dem französischen General Le Rond in Oberschlesien ein, um die Volksabstimmung zu überwachen, französische Truppen unterstützen fortan aktiv polnische Insurgenten.
13.-18.03.	Kapp-Lüttwitz-Putsch, "Marine-Brigade Ehrhardt" marschiert mit 6000 Mann in Berlin ein, Regierung Ebert-Noske flieht und ruft am 17.03. den Generalstreik aus, Kapp-Regierung in Berlin.
16.03.	infolge des Kapp-Putsch brechen Kommunistenaufstände in ganz Deutschland aus.
17.03.	109 Soldaten der "Batterie Hasenclever" des "Freikorps Lichtschlag" werden in Wetter von Kommunisten erschlagen.
19.03.	"Rote Armee" nimmt im Verlauf des Ruhraufstandes die Stadt Essen ein
21.03.	Abmarsch der "Marine-Brigade Ehrhardt" aus Berlin.
26.03.	Geßler löst Noske als Reichswehrminister ab.
28.03.	Regierung verlangt Entwaffnung der "Roten Armee".
04.-08.04.	Reichswehr und Freikorps unter General von Watter schlägt Ruhraufstand nieder.
Mitte April	Auflösung und teilweise Überführung der Freikorps in die Reichswehr beginnt.
20.-28.08.	2. polnischer Aufstand.
25.09.	Spezialpolizei des "S.S.-O.S." wird im Rahmen der Organisation des "S.S.-O.S." aufgebaut.

1921

24.-29.01	Pariser Konferenz fordert von Deutschland 269 Milliarden Goldmark Kriegsschuld, zahlbar in 42 Jahresraten.
20.03.	Volksabstimmung in Oberschlesien, 60,3 % stimmen für den Verbleib bei Deutschland.
23.03.	Reichswehrgesetz wird verabschiedet.
03.05.	3. polnischer Aufstand, Freiwillige aus ganz Deutschland strömen nach Oberschlesien, bilden Freikorps und unterstützen den "S.S.-O.S.".
04.05.	Kämpfe zwischen italienischen Truppen und polnischen Insurgenten in Rybnik, mit hohen Verlusten auf italienischer Seite.

05.05.	Aufstellung der "Selbstschutz-Sturmabteilung Heinz" in Neisse.
10.05.	Erste Teile des "Korps Oberland" treffen in Neustadt/OS. ein.
16.05.	Hoefer übernimmt den Oberbefehl über die deutschen Truppen in Oberschlesien.
21.05.	Annaberg wird erstürmt, Höhepunkt des deutschen Sieges über die polnischen Aufständischen.
25.06.	Reichsregierung verfügt auf alliierten Druck die Auflösung der Grenzwehren in Ostpreußen und der bürgerlichen Selbstschutzorganisation Escherich (Orgesch, gegründet 1919).
05.07.	Selbstschutz Oberschlesien ist aufgelöst.
03.08.	SA wird von Klintzsch, einem von Ehrhardt zu Hitler kommandierten Offizier gegründet.
26.08.	Finanzminister Erzberger wird bei Griesbach/Baden von Schulz und Tillessen erschossen.
20.10.	Abtrennung der wirtschaftlich wertvollsten Teile Oberschlesiens an Polen, trotz Abstimmung.

1922

04.06.	Blausäureanschlag auf den Kasseler Oberbürgermeister Scheidemann.
24.06.	Reichsaußenminister Rathenau wird in Berlin erschossen.
17.07.	Rathenaus Mörder Kern und Fischer werden auf Burg Saaleck gestellt und sterben durch Polizeikugeln und Selbsttötung.
18.07.	Gesetz zum Schutz der Republik wird verabschiedet, Folge aus rechten und linken Anschlägen.
Dezember	Prozeß gegen 13 Angeklagte des Rathenaumordes vor dem Leipziger Staatsgerichtshof.

1923

11.01.	Franzosen besetzen Ruhrgebiet.
Mai	Ehrhardt zieht seine Soldaten aus der SA zurück.
26.05.	Schlageter wird von Franzosen in Düsseldorf wegen Teilnahme am Ruhrkampf hingerichtet.
01.10.	Buchrucker-Putsch in Küstrin durch "Schwarze Reichswehr", wird von der Reichswehr rasch unterdrückt.
8./9.11.	Hitler-Putsch in München.

Vor dem Brandenburger Tor während des Knapp-Putsch

Die deutschen Freikorps

Der Versuch einer vollständigen Liste

Ernst von Salomon spricht, als er in seinem Buch "Der Fragebogen" die Aktensammlung zur Freikorpsthematik beschreibt von etwa 85 Freikorps. Meyers Lexikon von 1938 gibt folgende Zahlen an: nach Aufzeichnungen des Reichsarchiv 68, nach privaten Aufstellungen 218 Freiwilligenformationen[210]. Aus verschiedenen Quellen wurde im nachfolgenden versucht, eine alphabetische Liste zu erstellen. Uns ist der Nachweis von 679 Freikorps/Einwohnerwehren gelungen. Die fehlenden Daten konnten nicht ermittelt werden. Es kann zu Doppelnennungen kommen, wenn der Name unterschiedlich geschrieben/archiviert ist. Die Quellen wurden nummeriert und sind am Ende des Kapitels aufgeführt. Die Abteilung Nachkriegsformationen im Reichsarchiv in Potsdam unterschied in: 1. Freikorps, Freiwilligen-Detachements und ähnliche Abteilungen; 2. Freiwillige Sturmverbände und ähnliche Verbände; 3. Grenzschutz-Verbände; 4. Sicherheits-Verbände (Sicherheitswehren); 5. Volkswehren und ähnliche Verbände; 6. Zeitfreiwilligen-Regimenter und -Verbände; 7. Wachtruppen; 8. Bahnschutztruppen; 9. Freiwilligen-Infanterie-Regimenter, -Bataillone und Kompanien. Die oberschlesischen Freiwilligen-Verbände des Selbstschutz von 1921 wurden regierungsseitig nicht anerkannt und fehlten daher in der Aufstellung des Reichsarchiv[211].

210 Der "Prüfer von Orden" Lothar Hartung behauptet über 2000 Freikorpsformationen dokumentieren zu können.
211 Nach Der Schulungsbrief, Aus der Geschichte der Beiwegung, 10/1936.

Freikorps	Daten	Nachgewiesen in
1. Garde Grenadier Regiment	aufgestellt am in eingesetzt im Grenzschutz Oberschlesien 1919, München aufgelöst am	2/
1. Garde Reserve Division	aufgestellt am in eingesetzt im Baltikum aufgelöst am	2/
1. Garde Reserve Feldartillerie Regiment	aufgestellt am in eingesetzt im Baltikum aufgelöst am	2/
1. Garde Reserve Infanterie Brigade	aufgestellt am in eingesetzt im Baltikum aufgelöst am	2/
1. Garde Reserve Regiment	aufgestellt am in eingesetzt im Baltikum aufgelöst am	2/
1. Kurländisches Infanterie Regiment von Lossow	aufgestellt am in eingesetzt im Baltikum aufgelöst am	2/
1. Landesschützenbrigade	aufgestellt am in eingesetzt in aufgelöst am	2/

1. Marine-Brigade von Roden	aufgestellt im Dezember 1918 in Kiel eingesetzt in Berlin Januar 1919, Bremen und Wilhelmshaven Februar 1919, Berlin März 1919 aufgelöst am 15.5.1919	2/
2. Freiwilligen Grenadier-Bataillon von Schleinitz	aufgestellt am in eingesetzt in aufgelöst am	2/
2. Garde Division	aufgestellt am in eingesetzt in aufgelöst am	2/
2. Garde Feldartillerie Regiment	aufgestellt am in eingesetzt in München aufgelöst am	2/
2. Garde Grenadier Regiment	aufgestellt am in eingesetzt im Grenzschutz Oberschlesien 1919, München aufgelöst am	2/
2. Garde Reserve Division	aufgestellt am in eingesetzt in aufgelöst am	2/
2. Garde Regiment zu Fuß	aufgestellt am in eingesetzt in aufgelöst am	2/
2. Garde Reserve Regiment	aufgestellt am in eingesetzt im Baltikum aufgelöst am	2/

2. Kurländisches Infanterie Regiment von Bomhard	aufgestellt am in eingesetzt im Baltikum aufgelöst am	2/
2. Landesschützenbrigade	aufgestellt am in eingesetzt in aufgelöst am	2/
2. Marine-Brigade Ehrhardt (Wilhelmshaven)	aufgestellt am 17.2.1919 in Wilhelmshaven eingesetzt in Wilhelmshaven, Braunschweig, München, Berlin, Oberschlesien, Kapp-Putsch aufgelöst am 20.4.1920	2/10
2. Württembergisches Freiwilligen Regiment	aufgestellt am in eingesetzt in aufgelöst am	2/
2./Freiwilligen Batterie Feldartillerie Regiment 26	aufgestellt am in Verden eingesetzt in Bremen, Baltikum aufgelöst am 15.8.1919	2/
2./Jäger-Bataillon 1	aufgestellt am in eingesetzt in Kurland aufgelöst am	2/
II. Russisches Westkorps	aufgestellt am in eingesetzt im Baltikum aufgelöst am	2/
3. Garde Feldartillerie Regiment	aufgestellt am in eingesetzt in Berlin aufgelöst am	2/

3. Garde Infanterie Brigade	aufgestellt am in eingesetzt in aufgelöst am	2/
3. Kurländisches Infanterie Regiment Kiewitz	aufgestellt am in eingesetzt im Baltikum aufgelöst am	2/
3. Landesschützenbrigade	aufgestellt am in eingesetzt in aufgelöst am	2/
3. Marine-Brigade von Loewenfeld	aufgestellt am in Kiel eingesetzt in Berlin, Oberschlesien, Ruhrkampf aufgelöst am	2/
3. Württembergisches Freiwilligen Regiment	aufgestellt am in eingesetzt in Bayern 1919 aufgelöst am 24.6.1919	2/
4. Garde Grenadier Regiment	aufgestellt am in eingesetzt im Grenzschutz Oberschlesien 1919, München aufgelöst am 2/	2/
5. Garde Grenadier Regiment	aufgestellt am in eingesetzt im Grenzschutz Oberschlesien 1919, München aufgelöst am	2/
XVII. Armeekorps (Grenzschutztruppen)	aufgestellt am in eingesetzt in Westpreußen, Januar 1919 aufgelöst am	2/

34. Infanterie Brigade	aufgestellt am in eingesetzt in Berlin, März 1919 aufgelöst am	2/
Abteilung Mützel	aufgestellt im Februar 1919 in eingesetzt in aufgelöst am	2/
Akademische Wehr Münster	aufgestellt am in eingesetzt im Ruhrkampf 1920 aufgelöst am	2/
Artillerieverband Mack	aufgestellt am in eingesetzt im Ruhrkampf aufgelöst am	2/
Badisches Freiwilligen Bataillon Konstanz	aufgestellt am in eingesetzt in aufgelöst am	2/
Badisches Sturm-Bataillon Kurland	aufgestellt am in eingesetzt im Baltikum aufgelöst am	2/
Badisches Sturm-Bataillon Oberost	aufgestellt am in eingesetzt in aufgelöst am	2/
Baltische Landeswehr **(Baltische Kavallerie-Abteilung Engelhardt)**	aufgestellt im Dezember 1918 in Riga eingesetzt im Baltikum aufgelöst am	2/5

Bataillon Reiss (s. Freikorps Reibnitz)	aufgestellt am in eingesetzt in aufgelöst am	2/
Bataillon Rohde (auch Rode), Detachement Graf Keller	aufgestellt am in eingesetzt im Baltikum 1919 aufgelöst am	2/6
Bataillon von Oppen	aufgestellt am in eingesetzt in aufgelöst am	1/
Batterie Löwe	aufgestellt am in eingesetzt im Baltikum aufgelöst am	2/
Bayerische Freiwilligen Abteilung Schadt	aufgestellt am in eingesetzt in aufgelöst am	2/
Bayerisches Freiwilligen Detachement Bogendörfer	aufgestellt am 26.4.1919 in eingesetzt in aufgelöst am 6.6.1919	2/
Berliner Selbstschutz	aufgestellt am in eingesetzt in aufgelöst am	2/
Brigade Kurland	aufgestellt am in eingesetzt im Baltikum aufgelöst am	2/

Brigade Schaulen	aufgestellt am in eingesetzt im Baltikum aufgelöst am	2/
Brigade Südlitauen	aufgestellt am in eingesetzt in Litauen aufgelöst am	2/
Brigade Taysen (im Garde-Kavallerie-Schützen-Korps)	aufgestellt am in eingesetzt in aufgelöst am	2/
Danziger Einwohnerwehr	aufgestellt am in eingesetzt in aufgelöst am	4/
Detachement Bahmann	aufgestellt am in eingesetzt in aufgelöst am	2/
Detachement Billerbeck	aufgestellt am in eingesetzt in Berlin, März 1919 aufgelöst am	2/
Detachement Czersk	aufgestellt am in eingesetzt in aufgelöst am	2/
Detachement Denk	aufgestellt am in Regensburg eingesetzt in München, April 1919 aufgelöst am	2/

Detachement Fischer	aufgestellt am in eingesetzt in aufgelöst am	2/8
Detachement Gerstenberg (Freiwilligen-Division Gerstenberg)	aufgestellt am in eingesetzt in Bremen, Bremerhaven, Cuxhaven Februar 1919 aufgelöst am	2/4
Detachement Glasser	aufgestellt am in Erlangen eingesetzt in Augsburg aufgelöst am	2/
Detachement Graeter (Württembergisches Freiwilligen-Detachement Graeter)	aufgestellt am 16.4.1919 in Ulm eingesetzt in Ulm aufgelöst am	2/4
Detachement Graf Stillfried	aufgestellt am in eingesetzt in aufgelöst am	1/
Detachement Grote	aufgestellt am in eingesetzt in Berlin aufgelöst am	2/
Detachement Heinzmann (Bayerische Freiwilligen Abteilung Heinzmann)	aufgestellt am 13.4.1919 in Ingolstadt eingesetzt in Bayern aufgelöst am	2/
Detachement Heuck	aufgestellt im Dezember 1918 in eingesetzt in Berlin Januar 1919 aufgelöst am	2/

Detachement Hutschenreuther	aufgestellt am 27.4.1919 in Straubing eingesetzt in München aufgelöst am	2/
Detachement Lierau **(Grenzschutz-Bataillon Lierau)**	aufgestellt am in eingesetzt in Oberschlesien aufgelöst am	2/4
Detachement Oberschlesien	aufgestellt am in eingesetzt im Aufstandsgebiet Ruhrrevier März/April 1920 aufgelöst am	2/
Detachement Pönsgen **(bei der Eisernen Division, Freiwilligen-** **Bataillon Poensgen der Eisernen Division)**	aufgestellt am in eingesetzt in aufgelöst am	2/4
Detachement Probstmayr	aufgestellt am 13.4.1919 in Donauwörth eingesetzt in Augsburg, München aufgelöst am	2/
Detachement Rommel	aufgestellt am in Friedrichshafen eingesetzt in Ulm 1919 aufgelöst am	2/
Detachement Schaaf	aufgestellt am 19.4.1919 in Schwabmünden eingesetzt in Augsburg und München 1919 aufgelöst am	2/
Detachement Schad	aufgestellt am 18.4.1919 in Ingolstadt eingesetzt in München aufgelöst am	2/

Detachement Sierau	aufgestellt am in eingesetzt in aufgelöst am	6/
Detachement Stillfried **(im Freikorps Hülsen)**	aufgestellt im Januar 1919 in Werder eingesetzt in Berlin aufgelöst am	2/
Detachement Tüllmann	aufgestellt im Januar 1919 in eingesetzt in Stettin aufgelöst am	2/
Detachement Voithenleitner **(Bayerische Abteilung Voithenleitner)**	aufgestellt am 27.4.1919 in eingesetzt in München aufgelöst am	2/
Detachement von Hülsen	aufgestellt am in eingesetzt in aufgelöst am	
Detachement von Oven	aufgestellt am in eingesetzt im Aufstandsgebiet Ruhrrevier März/April 1920 aufgelöst am	2/
Detachement von Oven **(im Freikorps Hülsen)**	aufgestellt im Januar 1919 in eingesetzt in Berlin, Mitteldeutschland aufgelöst am	2/
Detachement von Schauroth	aufgestellt am 28.12.1918 in Potsdam eingesetzt im Baltikum aufgelöst am 30.3.1920	2/

Detachement von Seutter (aus Freikorps Haas, Württembergisches Freiwilligen-Detachement Seutter)	aufgestellt am 25.4.1919 in eingesetzt in aufgelöst am	2/4
Detachement Wildemann	aufgestellt am in eingesetzt in aufgelöst am	2/
Deutsche Legion	aufgestellt am 25.8.1919 in Mitau eingesetzt im Baltikum aufgelöst am 18.12.1919 2/	
Deutsche Schutzdivision	aufgestellt am in eingesetzt in Berlin, Januar-März 1919 aufgelöst am	2/
Division von Heuduck a	aufgestellt am in eingesetzt in aufgelöst am	2/
Divisions-Kraftfahrtruppe	unter dem Oberkommando der Division Lettow eingesetzt im Januar 1919 in Berlin	2/
Divisons-Nachrichten-Kommandeur von Lettow	unter dem Oberkommando der Division Lettow eingesetzt im Januar 1919 in Berlin 2/	2/
Düna-Freikorps	aufgestellt am 29.11.1918 in Dünaburg eingesetzt im Kurland 1918/19 aufgelöst am 18.1.1919 2/	2/

Einwohner- und Bürgerwehr Bremen	aufgestellt am	6/
	in	
	eingesetzt in	
	aufgelöst am	
Einwohnerwehr Bann I	aufgestellt am	6/
(Stuttgart-Cannstadt)	in	
	eingesetzt in	
	aufgelöst am	
Einwohnerwehr Bottrop	aufgestellt am	6/
	in	
	eingesetzt in	
	aufgelöst am	
Einwohnerwehr Dresden	aufgestellt am	10/
	in	
	eingesetzt in	
	aufgelöst am	
Einwohnerwehr Dortmund	aufgestellt am	6/
	in	
	eingesetzt in	
	aufgelöst am	
Einwohnerwehr Duisburg	aufgestellt am	6/
	in	
	eingesetzt in	
	aufgelöst am	
Einwohnerwehr Erfurt	aufgestellt am	6/
	in	
	eingesetzt in	
	aufgelöst am	
Einwohnerwehr Essen	aufgestellt am	6/
	in	
	eingesetzt in	
	aufgelöst am	

Einwohnerwehr Gau Passau	aufgestellt am in eingesetzt in aufgelöst am	4/
Einwohnerwehr Gladbeck	aufgestellt am in eingesetzt in aufgelöst am	6/
Einwohnerwehr Groß-Hamburg	aufgestellt am in eingesetzt in aufgelöst am	4/
Einwohnerwehr Halle/Saale	aufgestellt am in eingesetzt in aufgelöst am	2/4
Einwohnerwehr Inn-Gau	aufgestellt am in eingesetzt in aufgelöst am	4/
Einwohnerwehr Königsberg	aufgestellt am in eingesetzt in aufgelöst am	10/
Einwohnerwehr Magdeburg/Elbe, Regiment Magdeburg	aufgestellt am in eingesetzt in aufgelöst am	4/6/10
Einwohnerwehr München	aufgestellt am in eingesetzt in aufgelöst am	4/

Einwohnerwehr Neukölln	aufgestellt am in eingesetzt in aufgelöst am	6/
Einwohnerwehr Osterfeld i.W.	aufgestellt am in eingesetzt in aufgelöst am	6/
Einwohnerwehr Recklinghausen	aufgestellt am in eingesetzt in aufgelöst am	6/
Einwohnerwehr Wesel	aufgestellt am in eingesetzt in aufgelöst am	6/
Einwohnerwehr Würmgau	aufgestellt am in eingesetzt in aufgelöst am	4/
Eisenbahnbau-Kompanie Soller	unter dem Oberkommando der Division Lettow eingesetzt im Januar 1919 in Berlin	2/
Eiserne Division (Freiwilligen-Bataillon Balla)	aufgestellt am 18.1.1919 in Wainoden, Baltikum eingesetzt im Baltikum aufgelöst am	2/4/9
Eiserne Eskadron	unter dem Oberkommando der Division Lettow eingesetzt im Januar 1919 in Berlin	2/

Eiserne Schar Berthold (Fränkisches Bauern-Detachement)	aufgestellt am 29.04.1919 in Bayreuth eingesetzt in Bayreuth, München, Baltikum aufgelöst am 9.9.1919	2/3
Eskadron Krossa	unter dem Oberkommando der Division Lettow eingesetzt im Januar 1919 in Berlin	2/
Essener Einwohnerwehr	aufgestellt am in eingesetzt im Ruhrkampf 1920 aufgelöst am	2/
Fernsprech-Abteilung GKSK	unter dem Oberkommando der Division Lettow eingesetzt im Januar 1919 in Berlin	2/
Festungs-Freikorps Thorn	aufgestellt im März 1919 in Thorn eingesetzt im Grenzschutz Ost aufgelöst am	2/6
Flak-Abteilung von Lettow	unter dem Oberkommando der Division Lettow eingesetzt im Januar 1919 in Berlin	2/
Flieger-Kompanie-Heintz	unter dem Oberkommando der Division Lettow eingesetzt im Januar 1919 in Berlin	2/
Freikorps Aibling	aufgestellt am 1.5.1919 in Tuntenhausen eingesetzt in München aufgelöst am	2/
Freikorps Anhalt	aufgestellt am in eingesetzt in aufgelöst am	2/

Freikorps Bahrenfeld	aufgestellt am in Hamburg eingesetzt in Hamburg Juli 1919 aufgelöst am	2/
Freikorps Bamberg	aufgestellt am 21.4.1919 in Bamberg eingesetzt in Bamberg und Donauwörth 1919 aufgelöst am 23.5.1919	2/
Freikorps Bayreuth	aufgestellt am 19.4.1919 in Bayreuth eingesetzt in München und Südbayern 1919 aufgelöst am 12.6.1919	2/
Freikorps Bergmann	aufgestellt am in eingesetzt im aufgelöst am	2/
Freikorps Bielefeld	aufgestellt am 18.3.1919 in Bielefeld eingesetzt in aufgelöst am	9/
Freikorps Bodensee	aufgestellt am 14.4.1919 in Lindau eingesetzt in aufgelöst am 23.6.1919	2/
Freikorps Brüssow	aufgestellt im Januar 1919 in Berlin eingesetzt im Grenzschutz Ost aufgelöst am 27.4.1919	2/
Freikorps Caspari	aufgestellt am in eingesetzt in Bremen aufgelöst am 11.7.1919	2/

Freikorps Chiemgau	aufgestellt am 2.5.1919 in Rosenheim eingesetzt in aufgelöst am	2/
Freikorps Cunio (s. Freikorps Hindenburg)	aufgestellt am in eingesetzt in aufgelöst am	2/
Freikorps Dohna (Möwe)	aufgestellt am 1.3.1919 in Neuhammer bei Sagan eingesetzt im Grenzschutz Ost im Mai 1919 aufgelöst am 9.8.1919	2/6
Freikorps Düsseldorf	aufgestellt am 1.3.1919 in Düsseldorf eingesetzt in Düsseldorf und Friedrichsfelde (März bis Juni), Lünen und Dortmund (Juni bis Juli), aufgelöst am 10.9.1919	2/
Freikorps Ebersberg-Grafing	aufgestellt im April 1919 in Ebersberg-Grafing eingesetzt in München aufgelöst am	2/
Freikorps Eulenburg	aufgestellt am 15.2.1919 in Potsdam eingesetzt im Baltikum, Grenzschutz Oberschlesien aufgelöst am 3.7.1919	2/
Freikorps Faupel (Freikorps Görlitz oder Schlesische Jäger-Brigade)	aufgestellt im Januar 1919 in eingesetzt in Görlitz, Magdeburg, Dresden, München, Ruhrkampf 1920 aufgelöst am	2/

Freikorps Feldmarschall von Hindenburg	aufgestellt am 8.3.1919 in Kolberg eingesetzt in Kolberg, Pommern aufgelöst am 21.10.1919	2/6/8
Freikorps Gabcke (Gabke)	aufgestellt am 7.2.1919 in eingesetzt in Paderborn, Bielefeld, Düsseldorf, Industriegebiet, Aufstandsgebiet Ruhrrevier März/April 1920 aufgelöst am 21.9.1920 2/6/8	
Freikorps Gentner (Freiwilligen-Abteilung Gentner)	aufgestellt im Januar 1919 in eingesetzt in aufgelöst am	2/6
Freikorps Godin (1. Zeitfreiwilligen-Bataillon Godin, Schützenbrigade Epp)	aufgestellt am in eingesetzt im Ruhrkampf 1920 aufgelöst am	2/
Freikorps Görlitz (s. Freikorps Faupel)	aufgestellt am in eingesetzt in aufgelöst am	2/
Freikorps Goslarer Jäger	aufgestellt am in eingesetzt in Mitteldeutschland 1919, Ruhrkampf 1920 aufgelöst am	2/
Freikorps Göttingen	aufgestellt am in eingesetzt im Aufstandsgebiet Ruhrrevier März/April 1920 aufgelöst am	2/

Freikorps Hagelsberg (Danziger Studenten-Bataillon, Danziger Grenzschutz-Detachement Hagelsberg, auch Hagelberg)	aufgestellt am in eingesetzt in aufgelöst am	2/4/6
Freikorps Halle (im Freiwilligen Landesjägerkorps)	aufgestellt am 4.3.1919 in Halle eingesetzt in Mitteldeutschland, Hamburg aufgelöst am 31.7.1919	2/8
Freikorps Hasse	aufgestellt am 25.12.1918 in eingesetzt in Marburg, Werder, Berlin, Grenzschutz Oberschlesien aufgelöst am 6.2.1920 2/6	
Freikorps Hessen-Nassau (Bataillon Oranien-Nassau)	aufgestellt am 6.3.1919 in Fulda eingesetzt in Hanau aufgelöst am 1.5.1919	2/6
Freikorps Hilger	aufgestellt am 28.4.1919 in Schwanenhof (Amberg) eingesetzt in Bayern aufgelöst am 16.7.1919	2/
Freikorps Himburg (Freikorps Lyck)	aufgestellt im Januar 1919 in Lyck/Ostpreußen eingesetzt im Grenzschutz Ost- preußen aufgelöst am 7.7.1919	2/
Freikorps Hindenburg (Freikorps Cunio)	aufgestellt im Januar 1919 in Ostpreußen eingesetzt in Grenzschutz Ost- preußen aufgelöst am 15.8.1919	2/6

Freikorps Hübner	aufgestellt am in eingesetzt in München 1919 aufgelöst am	2/
Freikorps Hünicken (Freiwilligen-Regiment Hünicken) aus Detachement Fischer	aufgestellt am 16.3.1919 in eingesetzt im Grenzschutz Ost, Litauen aufgelöst am 1.7.1919	2/4/6/8
Freikorps Keim	aufgestellt am in eingesetzt in aufgelöst am	2/
Freikorps Kessel	aufgestellt am in eingesetzt in aufgelöst am	2/
Freikorps Königsberg	aufgestellt am in eingesetzt in aufgelöst am	2/
Freikorps Krauss	aufgestellt am in eingesetzt im Ruhrkampf aufgelöst am	2/
Freikorps Krose	aufgestellt am in eingesetzt in aufgelöst am	4/
Freikorps Kühme	aufgestellt am in eingesetzt in Oberschlesien 1919 aufgelöst am	2/6

Freikorps Künzel (Detachement Künzel, auch Küntzel)	aufgestellt am 28.12.1918 in Berlin eingesetzt in Berlin, Königs Wusterhausen aufgelöst am 19.9.1919	2/6
Freikorps Landsberg	aufgestellt am 15.4.1919 in eingesetzt in München, Starnberg, Rosenheim aufgelöst am 27.5.1919	2/6/7
Freikorps Libau	aufgestellt am in eingesetzt im Aufstandsgebiet Ruhrrevier März/April 1920 aufgelöst am	2/
Freikorps Lichtschlag	aufgestellt am 14.12.1918 in Westfalen eingesetzt in Westdeutschland aufgelöst am 9.9.1919	2/6
Freikorps Liftl (im Freikorps Landsberg)	aufgestellt am 19.4.1919 in Landsberg (Lech) eingesetzt in aufgelöst am	2/6
Freikorps Löschebrand (Freiwilligen Offiziers-Abteilung)	aufgestellt am 8.1.1919 in Zossen eingesetzt in Berlin aufgelöst am 22.4.1919	2/6
Freikorps Lützow	aufgestellt am 18.1.1919 in Berlin eingesetzt in Berlin, Braunschweig, München, Ruhrkampf aufgelöst am 30.12.1919	2/

Freikorps Ly	aufgestellt am in eingesetzt in aufgelöst am	6/
Freikorps Lyck (s. Freikorps Heimburg)	aufgestellt am in eingesetzt in aufgelöst am	2/
Freikorps Meisel	aufgestellt am in eingesetzt in aufgelöst am	2/
Freikorps Michaelis	aufgestellt am in eingesetzt im Erzgebirge aufgelöst am	2/
Freikorps Münsterland (Korps Münsterland)	aufgestellt am in eingesetzt im Ruhrkampf aufgelöst am	2/
Freikorps Neufville (Garde-Landesschützen, 1. Garde-Landesschützen-Abteilung)	aufgestellt im Dezember 1918 in eingesetzt in Mitteldeutschland aufgelöst am	2/4
Freikorps Niederrhein	aufgestellt am in eingesetzt im Ruhrkampf aufgelöst am	2/
Freikorps Niedersachsen	aufgestellt Anfang 1919 in Hannover eingesetzt in Braunschweig, während des Kapp-Putschs in Mühlheim/Ruhr aufgelöst am	2/

Freikorps Oberland	aufgestellt am 12.4.1919 in Eichstädt und Ingolstadt eingesetzt in München 1919, Oberschlesien 1921 aufgelöst am 31.10.1919	2/6
Freikorps Oldenburg	aufgestellt am in eingesetzt im Ruhrkampf aufgelöst am	2/
Freikorps Osterroht	aufgestellt am 11.2.1919 in Prenzlau eingesetzt in der Uckermark aufgelöst am 1.5.1919	2/6
Freikorps Passau	aufgestellt am 21.4.1919 in Passau eingesetzt in München aufgelöst am	2/
Freikorps Paulssen	aufgestellt am 10.12.1918 in eingesetzt im Grenzschutz Ost/C.S.R. aufgelöst am 1.1.1920	2/
Freikorps Petsch (Lyck)	aufgestellt am 1.1.1919 in Fritzlar eingesetzt im Grenzschutz Ost aufgelöst am 15.8.1919	2/
Freikorps Potsdam	aufgestellt am 15.1.1919 in Potsdam eingesetzt in aufgelöst am 30.3.1919	2/6
Freikorps Regensburg (Volkswehr-Regiment Regensburg)	aufgestellt am 23.4.1919 in Regensburg eingesetzt in München, im Grenzschutz CSR, Regensburg aufgelöst am 5.7.1919	2/6

Freikorps Reibnitz (Später Bataillon Reiss)	aufgestellt am in eingesetzt in aufgelöst am	2/
Freikorps Reim (im Freikorps Landsberg)	aufgestellt am in eingesetzt in aufgelöst am	6/
Freikorps Rieckhoff	aufgestellt 1919 in eingesetzt im Baltikum aufgelöst in Göttingen	2/6/8
Freikorps (Sturmabteilung) Rossbach	aufgestellt am 21.11.1918 in Kulmsee/Westpreußen eingesetzt im Grenzschutz Westpreußen 1918/19, Baltikum 1919, Ruhrkampf, Oberschlesien 1921 offiziell aufgelöst am 28.1.1920	2/6
Freikorps Schever	aufgestellt am in eingesetzt im Baltikum aufgelöst am	2/
Freikorps Schlesien (9. Infanterie-Division) und Grenzschutz Schlesien	aufgestellt am in eingesetzt in aufgelöst am	4/
Freikorps Schleswig-Holstein	aufgestellt am 12.2.1919 in Rendsburg eingesetzt in Berlin und Hamburg aufgelöst am 1.8.1919	2/
Freikorps Schulz	aufgestellt am 26.2.1919 in Burgsteinfurt eingesetzt im Industrierevier März-April 1920 aufgelöst am	2/6

Freikorps Schwaben	aufgestellt am 20.4.1919 in Memmingen eingesetzt in München und Kempten aufgelöst am 21.11.1919	2/6
Freikorps Schwarze Jäger (Schwarze Brigade, auch Schwarze Jägerbrigade)	aufgestellt am 11.3.1919 in Wilhelmshaven eingesetzt unter dem Oberkommando der Division Lettow Januar 1919 in Berlin und Hamburg aufgelöst am 31.7.1919	2/6/8
Freikorps Severin	aufgestellt am 18.3.1919 in Minden/Westfalen eingesetzt im Aufstandsgebiet Ruhrrevier März/April 1920 und im Industriegebiet aufgelöst am 15.6.1920	2/6/8
Freikorps Stever	aufgestellt am 1.2.1919 in Wünsdorf eingesetzt im Kurland, Baltikum aufgelöst am 10.1.1920 in Jüterbog	2/6
Freikorps Tilsit	aufgestellt am in eingesetzt in aufgelöst am	4/
Freikorps von Aulock	aufgestellt am 10.12.1918 in Oelde (Hannover) eingesetzt in Oberschlesien 1919, Ruhrkampf 1920 aufgelöst am	2/
Freikorps von Brandis	aufgestellt am 1.1.1919 in Neuruppin eingesetzt im Grenzschutz Ost/Baltikum aufgelöst am 23.1.1920 in Jüterbog	2/

Freikorps von Brause	aufgestellt am 8.4.1919 in Allenstein eingesetzt in und um Allenstein aufgelöst im Juni 1919	2/6
Freikorps von Diebitsch (Freiwilligen-Bataillon 52)	aufgestellt am 1.4.1919 in eingesetzt in Litauen 1919 aufgelöst am 18.12.1919 in Thorn	2/4/6
Freikorps von Epp (Bayerisches Schützenkorps, Bayerische Schützenbrigade Epp)	aufgestellt am 11.2.1919 in Ohrdruf eingesetzt in München 1919, Ruhrkampf 1920 aufgelöst am	2/
Freikorps von Hülsen	aufgestellt am 26.12.1918 in eingesetzt in Berlin aufgelöst am 15.5.1919	2/4/6
Freikorps von Kleweitz (Klewitz)	aufgestellt am 22.4.1919 in Berlin eingesetzt in Berlin, Sachsen, Grenzschutz Oberschlesien aufgelöst am 6.10.1919	2/4
Freikorps von Petersdorff	aufgestellt am in eingesetzt im Baltikum aufgelöst am	2/9/10
Freikorps Waldler-Bataillon Cham	aufgestellt im April 1919 in Cham eingesetzt in München aufgelöst am	2/

Freikorps Wasserburg	aufgestellt am 21.4.1919 in Wasserburg/Inn eingesetzt in München und Rosenheim aufgelöst am	2/
Freikorps Weckbecker (im Freikorps Landsberg)	aufgestellt am in Weilheim eingesetzt in aufgelöst am	2/6
Freikorps Weickhmann (auch Weikhmann)	aufgestellt am in eingesetzt in aufgelöst am	2/4/
Freikorps Weilheim	aufgestellt am in eingesetzt in aufgelöst am	2/
Freikorps Werdenfels	aufgestellt am 21.4.1919 in Garmisch-Partenkirchen eingesetzt in München aufgelöst am	2/
Freikorps Wesel	aufgestellt 1919 in Wesel eingesetzt in Westdeutschland 1919 aufgelöst am	2/6
Freikorps Westfälische Jäger (Westfälisches Jägerfreikorps)	aufgestellt am in eingesetzt in aufgelöst am	2/
Freikorps Wismann	aufgestellt am in eingesetzt in aufgelöst am	2/

Freikorps Wolf (zur Gruppe Hierl)	aufgestellt am 14.7.1919 in eingesetzt in Süddeutschland 1919 aufgelöst am 1.8.1919	2/6
Freikorps Würzburg	aufgestellt am 20.4.1919 in Würzburg eingesetzt in Würzburg und München aufgelöst am 30.6.1919	2/6
Freikorps-Garde-Schützen	aufgestellt am 10.1.1919 in Berlin eingesetzt im Baltikum aufgelöst am 30.3.1920	2/
Freischar Dömming (auch Dömning)	aufgestellt am in eingesetzt in Oberschlesien 1921 aufgelöst am	10/
Freischar Lautenbacher (auch Lauterbacher)	aufgestellt am in eingesetzt in München aufgelöst am	2/4
Freischar Thümmel (Deutsche Freischar)	aufgestellt am 1.3.1919 in Zossen eingesetzt in Nord-Litauen, Baltikum, Berlin aufgelöst am 7.5.1919	2/6
Freischützenkorps Meyn (bei der Garde-Kavallerie-Schützendivision)	aufgestellt am 22.12.1918 in eingesetzt in Berlin, Mitteldeutschland, beim Kapp-Putsch in Weimar aufgelöst am 6.4.1920	2/6
Freischützen-Regiment Berlin	aufgestellt am in eingesetzt in Berlin aufgelöst am	2/4

Freiwillgen Eskadron Götting	aufgestellt am in eingesetzt im Baltikum aufgelöst am	2/
Freiwillige Haff- und Flußbootflottille	aufgestellt am 5.2.1919 in eingesetzt in Ostpreußen aufgelöst am	10/
Freiwillige (sächsische) Artillerie Abteilung 18	aufgestellt am in eingesetzt im Baltikum aufgelöst am	2/
Freiwillige 2. Flieger Division	aufgestellt am in eingesetzt im Baltikum aufgelöst am	2/
Freiwillige Kürassiere 4	aufgestellt am in eingesetzt in Berlin aufgelöst am	2/
Freiwillige Russische Westarmee (Freiwillige Deutsch-Russische Westarmee)	aufgestellt am in eingesetzt im Baltikum aufgelöst am	2/
Freiwillige Wachabteilung Bahrenfeld	aufgestellt am in eingesetzt in aufgelöst am	4/
Freiwilligen 1./ Jäger zu Pferde 4.	aufgestellt am in eingesetzt in Berlin aufgelöst am	2/

Freiwilligen 1./Pionier Bataillon 7	aufgestellt am	2/
	in	
	eingesetzt im Baltikum	
	aufgelöst am	
Freiwilligen 1./Pionier Bataillon 9	aufgestellt am	2/
	in	
	eingesetzt in Berlin	
	aufgelöst am	
Freiwilligen 2. Garde Fußartillerie Regiment	aufgestellt am	2/
	in	
	eingesetzt im Baltikum	
	aufgelöst am	
Freiwilligen 7. Jäger-Bataillon	aufgestellt am	2/
	in Sayda/Erzgebirge	
	eingesetzt in	
	aufgelöst am	
Freiwilligen Abteilung Blanckenburg	aufgestellt am	10/
	in	
	eingesetzt im Baltikum	
	aufgelöst am	
Freiwilligen Abteilung von Jena (Freiwilligen-Detachement Jena)	aufgestellt am	2/
	in	
	eingesetzt im Baltikum	
	aufgelöst am	
Freiwilligen Artillerie Abteilung 12	aufgestellt am	2/
	in	
	eingesetzt im Baltikum	
	aufgelöst am	
Freiwilligen Artillerie Abteilung Martin im Freikorps Würzburg	aufgestellt am	2/
	in	
	eingesetzt in	
	aufgelöst am	

Freiwilligen Bataillon 1	aufgestellt am in eingesetzt im Grenzschutz Ost/Baltikum aufgelöst am	2/
Freiwilligen Bataillon 22	aufgestellt am in eingesetzt im Grenzschutz Ost/Baltikum aufgelöst am 2/	2/
Freiwilligen Bataillon 40	aufgestellt am in eingesetzt im Grenzschutz Ost/Baltikum aufgelöst am	
Freiwilligen Bataillon 41	aufgestellt am in eingesetzt im Grenzschutz Ost/Baltikum aufgelöst am	2/
Freiwilligen Bataillon 42	aufgestellt am in eingesetzt im Grenzschutz Ost/Baltikum aufgelöst am	2/
Freiwilligen Bataillon 44	aufgestellt am in eingesetzt im Grenzschutz Ost/Baltikum aufgelöst am	2/
Freiwilligen Bataillon 47	aufgestellt am in eingesetzt im Grenzschutz Ost/Baltikum aufgelöst am	2/

Freiwilligen Bataillon 50	aufgestellt am in eingesetzt im Grenzschutz Ost/Baltikum aufgelöst am	2/
Freiwilligen Bataillon 51	aufgestellt am in eingesetzt im Grenzschutz Ost/Baltikum aufgelöst am	2/
Freiwilligen Bataillon Altenburg	aufgestellt am 11.2.1919 in Altenburg eingesetzt in Salzwedel im April 1919 aufgelöst im Juni 1919	2/
Freiwilligen Bataillon Böhmerland	aufgestellt am in eingesetzt in aufgelöst am	10/
Freiwilligen Bataillon Bülow	aufgestellt am in eingesetzt im Baltikum aufgelöst am	2/
Freiwilligen Bataillon Grauding	aufgestellt am in eingesetzt in aufgelöst am	2/
Freiwilligen Bataillon Gravenstein	aufgestellt am in eingesetzt im Baltikum aufgelöst am	2/
Freiwilligen Bataillon Haselmeyer	aufgestellt am in eingesetzt im Ruhrkampf aufgelöst am	2/

Freiwilligen Bataillon Henke	aufgestellt am in eingesetzt in aufgelöst am	2/
Freiwilligen Bataillon I./141	aufgestellt am in eingesetzt im Grenzschutz Ost/Baltikum aufgelöst am	2/
Freiwilligen Bataillon Preußen	aufgestellt am in eingesetzt in aufgelöst am 9.12.1919	2/
Freiwilligen Bataillon Reichenbach	aufgestellt am in eingesetzt in aufgelöst am	2/
Freiwilligen Bataillon Schneider	aufgestellt am in eingesetzt im Baltikum aufgelöst am	2/
Freiwilligen Bataillon Tönniges (Studenten-Bataillon Marburg)	aufgestellt am in eingesetzt in aufgelöst am	2/
Freiwilligen Bataillon von Liebermann	aufgestellt am in eingesetzt im Baltikum aufgelöst am	2/
Freiwilligen Bataillon von Schoenberg	aufgestellt am in Litauen 1919 eingesetzt in aufgelöst am	10/

Freiwilligen Bataillon von Unruh	aufgestellt am in eingesetzt in aufgelöst am	2/
Freiwilligen Batterie 39	aufgestellt am in eingesetzt im Grenzschutz Ost/Baltikum aufgelöst am	2/
Freiwilligen Batterie 40	aufgestellt am in eingesetzt im Grenzschutz Ost/Baltikum aufgelöst am	2/
Freiwilligen Batterie 42	aufgestellt am in eingesetzt im Grenzschutz Ost/Baltikum aufgelöst am	2/
Freiwilligen Batterie 44	aufgestellt am in eingesetzt im Grenzschutz Ost/Baltikum aufgelöst am	2/
Freiwilligen Batterie 45	aufgestellt am in eingesetzt im Grenzschutz Ost/Baltikum aufgelöst am	2/
Freiwilligen Batterie Kauffholz	aufgestellt am in eingesetzt im Baltikum aufgelöst am	10/

Freiwilligen Batterie Schmidt	aufgestellt am in eingesetzt in aufgelöst am	2/
Freiwilligen Batterie Schröder	aufgestellt am in eingesetzt im Baltikum aufgelöst am	2/
Freiwilligen Batterie von Rohr	aufgestellt am in eingesetzt in Berlin aufgelöst am	10/
Freiwilligen Batterie Waldmann	aufgestellt am in eingesetzt im Baltikum aufgelöst am	2/
Freiwilligen Batterie Zenetti	aufgestellt im April 1919 in eingesetzt in München und Bayern aufgelöst am	2/
Freiwilligen Brigade Grodno	aufgestellt am in eingesetzt im Baltikum aufgelöst am	2/
Freiwilligen Brigade Reinhardt	aufgestellt am in eingesetzt in aufgelöst am	2/
Freiwilligen Detachement Hettfeld	aufgestellt am in eingesetzt in aufgelöst am	2/

Freiwilligen Detachement Hierl (Freikorps Amberg)	aufgestellt am in eingesetzt in Augsburg 1919 aufgelöst am	2/
Freiwilligen Detachement Michael	aufgestellt am in eingesetzt im Baltikum aufgelöst am	2/
Freiwilligen Detachement von Randow	aufgestellt am 5.1.1919 in Schaulen eingesetzt im Baltikum aufgelöst am 1.6.1919	2/
Freiwilligen Detachement von Tschirdewitz	aufgestellt am in eingesetzt im Baltikum aufgelöst am	2/
Freiwilligen Detachement Wertheim	aufgestellt am in eingesetzt in aufgelöst am	2/
Freiwilligen Eisenbahner-Bataillon Bromberg	aufgestellt am in eingesetzt in aufgelöst am	2/
Freiwilligen Ersatz Abteilung Moser (im Freikorps Würzburg)	aufgestellt am in eingesetzt in aufgelöst am	2/
Freiwilligen Eskadron 1	aufgestellt am in eingesetzt im Baltikum aufgelöst am	2/

Freiwilligen Eskadron 12	aufgestellt am in eingesetzt im Baltikum aufgelöst am	2/
Freiwilligen Eskadron 13	aufgestellt am in eingesetzt im Baltikum aufgelöst am	2/
Freiwilligen Eskadron 14	aufgestellt am in eingesetzt im Baltikum aufgelöst am	2/
Freiwilligen Eskadron 2. Garde-Dragoner	aufgestellt am in eingesetzt im Baltikum aufgelöst am	2/
Freiwilligen Eskadron 50	aufgestellt am in eingesetzt im Baltikum aufgelöst am	2/
Freiwilligen Eskadron 59	aufgestellt am in eingesetzt im Baltikum aufgelöst am	2/
Freiwilligen Eskadron des Braunschweiger Husaren-Regiment 17	aufgestellt am 31.1.1919 in Uelzen eingesetzt in Bremen, Braunschweig, Berlin aufgelöst am	2/
Freiwilligen Eskadron Jäger zu Pferde 8.	aufgestellt am in eingesetzt im Baltikum aufgelöst am	2/

Freiwilligen Eskadron Ulanen 16	aufgestellt am in eingesetzt im Baltikum aufgelöst am	2/
Freiwilligen Feldartillerie Regiment 10	aufgestellt am in eingesetzt im Grenzschutz Ost aufgelöst am	2/
Freiwilligen Feldartillerie Regiment 31	aufgestellt am in eingesetzt in Berlin aufgelöst am	2/
Freiwilligen Feldartillerie Regiment 40	aufgestellt am in eingesetzt im Baltikum aufgelöst am	2/
Freiwilligen Feldartillerie Regiment 43	aufgestellt am in eingesetzt im Baltikum aufgelöst am	2/
Freiwilligen Feldartillerie Regiment 60	aufgestellt am in eingesetzt in Berlin aufgelöst am	2/
Freiwilligen Feldartillerie Regiment 86	aufgestellt am in eingesetzt im Baltikum aufgelöst am	2/
Freiwilligen Feldartillerie-Regiment Nr. 15 (Regiment Osiander)	unter dem Oberkommando der Division Lettow eingesetzt im Januar 1919 in Berlin	2/

Freiwilligen Feld-Luftschiffer-Abteilung 29	aufgestellt am in eingesetzt in aufgelöst am	2/
Freiwilligen Flieger Abteilung 211	aufgestellt am in eingesetzt im Grenzschutz Ost aufgelöst am	2/
Freiwilligen Flieger Abteilung 401	aufgestellt am in eingesetzt im Grenzschutz Ost aufgelöst am	2/
Freiwilligen Flieger Abteilung 408	aufgestellt am in eingesetzt im Baltikum aufgelöst am	2/
Freiwilligen Flieger Abteilung 409	aufgestellt am in eingesetzt im Baltikum aufgelöst am	2/
Freiwilligen Flieger Abteilung 413	aufgestellt am in eingesetzt im Baltikum aufgelöst am	2/
Freiwilligen Flieger Abteilung 415	aufgestellt am in eingesetzt in aufgelöst am	2/
Freiwilligen Flieger Abteilung 419	aufgestellt am in eingesetzt in Berlin, Bremen aufgelöst am	2/

Freiwilligen Flieger Abteilung 420	aufgestellt am in eingesetzt in Berlin, Bremen aufgelöst am	2/
Freiwilligen Flieger Abteilung 421	aufgestellt am in eingesetzt in Berlin, Bremen aufgelöst am	2/
Freiwilligen Flieger Abteilung 422	aufgestellt am in eingesetzt in Hamburg aufgelöst am	2/
Freiwilligen Flieger Abteilung 423	aufgestellt am in eingesetzt in Mitteldeutschland aufgelöst am	2/
Freiwilligen Flieger Abteilung 424	aufgestellt am in eingesetzt im Baltikum aufgelöst am	2/
Freiwilligen Flieger Abteilung 425	aufgestellt am in eingesetzt im Baltikum aufgelöst am	2/
Freiwilligen Flieger Abteilung 426	aufgestellt am in eingesetzt im Baltikum aufgelöst am	2/
Freiwilligen Flieger Abteilung 427	aufgestellt am in eingesetzt im Baltikum aufgelöst am	2/

Freiwilligen Flieger Abteilung 429	aufgestellt am in eingesetzt im Baltikum aufgelöst am	2/
Freiwilligen Flieger Abteilung 430	aufgestellt am in eingesetzt in aufgelöst am	2/
Freiwilligen Flieger Abteilung 433	aufgestellt am in eingesetzt im Baltikum aufgelöst am	2/
Freiwilligen Füsilier Regiment Nr. 34	aufgestellt am in eingesetzt in aufgelöst am	2/
Freiwilligen Füsilier Regiment Nr. 90	aufgestellt am in eingesetzt in Berlin aufgelöst am	2/
Freiwilligen Füsilier Regiment Nummer Nr. 39	aufgestellt am in eingesetzt in Berlin und München 1919 aufgelöst am	2/
Freiwilligen Füsilier-Bataillon Bartsch (Füsilier-Regiment Nr.35)	aufgestellt am in eingesetzt im Grenzschutz Ost/Baltikum aufgelöst am	2/6
Freiwilligen Fußartillerie Bataillon 88	aufgestellt am in eingesetzt in München aufgelöst am	2/

Freiwilligen Fußartillerie Regiment 11	aufgestellt am in Thorn eingesetzt im Grenzschutz Ost aufgelöst am	2/
Freiwilligen Fußartillerie Regiment 54	aufgestellt am in eingesetzt im Baltikum aufgelöst am	2/
Freiwilligen Garde du Corps	aufgestellt am in eingesetzt in aufgelöst am	2/
Freiwilligen Garde-Ulanen-Regiment	aufgestellt am in eingesetzt in München aufgelöst am	2/
Freiwilligen Grenadier **Bataillon des Garde Corps**	aufgestellt am in eingesetzt in aufgelöst am	2/
Freiwilligen Grenadier Regiment Nr. 2	aufgestellt am in eingesetzt in aufgelöst am	2/
Freiwilligen Grenadier Regiment Nr. 6	aufgestellt am in eingesetzt in aufgelöst am	2/
Freiwilligen Grenadier Regiment Nr. 7	aufgestellt am in eingesetzt in aufgelöst am	2/

Freiwilligen Grenadier Regiment Nr. 9	aufgestellt am in eingesetzt in aufgelöst am	2/
Freiwilligen Grenadier Regiment Nr. 11	aufgestellt am in eingesetzt in aufgelöst am	2/
Freiwilligen Grenadier Regiment Nr. 12	aufgestellt im Februar 1919 in eingesetzt im Baltikum aufgelöst am	2/
Freiwilligen Grenadier Regiment Nr. 14	aufgestellt am in eingesetzt im Baltikum aufgelöst am	2/
Freiwilligen Grenadier Regiment Nr. 15	aufgestellt am in eingesetzt im Baltikum aufgelöst am	2/
Freiwilligen Grenadier Regiment Nr. 109	aufgestellt am in eingesetzt in aufgelöst am	2/
Freiwilligen Grenzjägerkorps Körner	aufgestellt am in eingesetzt in Westpreußen Januar 1919 aufgelöst am	2/
Freiwilligen Infanterie Bataillon Scheuring (im Freikorps Würzburg)	aufgestellt am in eingesetzt in aufgelöst am	2/

Freiwilligen Infanterie Regiment Nr. 23	aufgestellt am in eingesetzt in Schlesien aufgelöst am	2/
Freiwilligen Infanterie Regiment Nr. 24 (Freiwilligen Regiment von Brandis)	aufgestellt am in eingesetzt in aufgelöst am	2/
Freiwilligen Infanterie Regiment Nr. 38	aufgestellt am in eingesetzt in aufgelöst am	2/
Freiwilligen Infanterie Regiment Nr. 52	aufgestellt am in eingesetzt in aufgelöst am	2/
Freiwilligen Infanterie Regiment Nr. 47	aufgestellt am in eingesetzt in aufgelöst am	2/
Freiwilligen Infanterie Regiment Nr. 50	aufgestellt am in eingesetzt in aufgelöst am	2/
Freiwilligen Infanterie Regiment Nr. 51	aufgestellt am in eingesetzt in aufgelöst am	2/
Freiwilligen Infanterie Regiment Nr. 59	aufgestellt am in eingesetzt im Baltikum aufgelöst am	2/

Freiwilligen Infanterie Regiment Nr. 61	aufgestellt am in eingesetzt in aufgelöst am	2/
Freiwilligen Infanterie Regiment Nr. 70	aufgestellt am in eingesetzt in aufgelöst am	2/
Freiwilligen Infanterie Regiment Nr. 75 (Bremen)	aufgestellt am in eingesetzt in aufgelöst am	2/
Freiwilligen Infanterie Regiment Nr. 85	aufgestellt am in eingesetzt in aufgelöst am	2/
Freiwilligen Infanterie Regiment Nr. 152	aufgestellt am in eingesetzt in aufgelöst am	2/
Freiwilligen Infanterie Regiment Nr. 154	aufgestellt am in eingesetzt in aufgelöst am	2/
Freiwilligen Infanterie Regiment Nr. 162	aufgestellt am in eingesetzt in aufgelöst am	2/
Freiwilligen Infanterie Regiment Nr. 163	aufgestellt am in eingesetzt in aufgelöst am	2/

Freiwilligen Infanterie Regiment Nr. 166	aufgestellt am in eingesetzt in Berlin aufgelöst am	2/
Freiwilligen Infanterie Regiment Nr. 174	aufgestellt am in eingesetzt in Berlin aufgelöst am	2/
Freiwilligen Infanterie Regiment Nr. 341	aufgestellt am in eingesetzt im Baltikum aufgelöst am	2/
Freiwilligen Infanterie Regiment Nr. 395	aufgestellt am in eingesetzt im Grenzschutz Schlesien aufgelöst am	2/
Freiwilligen Insel-Bataillon Borkum	aufgestellt am in eingesetzt in aufgelöst am	2/
Freiwilligen Jagdstaffel 416	aufgestellt am in eingesetzt im Baltikum aufgelöst am	2/
Freiwilligen Jäger Bataillon von Schill (Freischar Schill Grenzschutz-Jäger-Bataillon)	aufgestellt am in eingesetzt in aufgelöst am	2/
Freiwilligen Kampf-Kraftwagen-Abteilung 1	aufgestellt am in eingesetzt in München aufgelöst am	2/

Freiwilligen Kampfwagen-Abteilung 103	aufgestellt am in eingesetzt in aufgelöst am	2/
Freiwilligen Kampfwagen-Abteilung Körting	aufgestellt am in eingesetzt in Berlin aufgelöst am	2/
Freiwilligen Kompanie Bräbander	aufgestellt am in eingesetzt in Gotha aufgelöst am	10/
Freiwilligen Kompanie der Obersten Heeresleitung (später Freikorps Generalfeldmarschall von Hindenburg)	aufgestellt am in eingesetzt in aufgelöst am	2/
Freiwilligen Kompanie Elisabeth	aufgestellt am in eingesetzt in aufgelöst am	2/
Freiwilligen Kompanie Nord-Kurland	aufgestellt am in eingesetzt in aufgelöst am	2/
Freiwilligen Marine-Division Ost (Bromberg)	aufgestellt am in eingesetzt in aufgelöst am	2/6/
Freiwilligen Maschinengewehr Abteilung 3	aufgestellt am in eingesetzt im Baltikum aufgelöst am	2/

Freiwilligen Maschinengewehr Kompanie 52	aufgestellt am in eingesetzt im Baltikum aufgelöst am	2/
Freiwilligen Maschinengewehr-Kompanie Niehoff	aufgestellt im Oktober 1923 in Celle eingesetzt in aufgelöst November 1923	2/
Freiwilligen Panzerzug 2	aufgestellt am in eingesetzt in München aufgelöst am	2/
Freiwilligen Panzerzug 3 (später 54)	aufgestellt am in eingesetzt in aufgelöst am	2/
Freiwilligen Panzerzug 4	aufgestellt am in eingesetzt in aufgelöst am	2/
Freiwilligen Panzerzug 5	aufgestellt am in eingesetzt im Baltikum aufgelöst am	2/
Freiwilligen Panzerzug 6	aufgestellt am in eingesetzt in aufgelöst am	2/
Freiwilligen Panzerzug 7	aufgestellt am in eingesetzt im Baltikum aufgelöst am	2/

Freiwilligen Panzerzug 21	aufgestellt am in eingesetzt in Mitteldeutschland, Grenzschutz Ost aufgelöst am	2/
Freiwilligen Panzerzug 22 (Grenzschutz Panzerzug 22)	aufgestellt am in eingesetzt in München, Baltikum aufgelöst am	2/4
Freiwilligen Panzerzug 23	aufgestellt am in eingesetzt im Grenzschutz Ost aufgelöst am	2/
Freiwilligen Panzerzug 25	aufgestellt am in eingesetzt in Mitteldeutschland aufgelöst am	2/
Freiwilligen Panzerzug 29	aufgestellt am in eingesetzt in Mitteldeutschland aufgelöst am	2/
Freiwilligen Panzerzug 30	aufgestellt am in eingesetzt in aufgelöst am	2/
Freiwilligen Panzerzug 32	aufgestellt am in eingesetzt in aufgelöst am	2/
Freiwilligen Panzerzug 39	aufgestellt am in eingesetzt in Hamburg aufgelöst am	2/

Freiwilligen Panzerzug 44	aufgestellt am in eingesetzt in aufgelöst am	2/
Freiwilligen Panzerzug 46	aufgestellt am in eingesetzt in aufgelöst am	2/
Freiwilligen Panzerzug 47	aufgestellt am in eingesetzt in aufgelöst am	2/
Freiwilligen Panzerzug 50	aufgestellt am in eingesetzt in aufgelöst am	2/
Freiwilligen Panzerzug 51	aufgestellt am in eingesetzt in aufgelöst am	2/
Freiwilligen Panzerzug 54 (vorher 3)	aufgestellt am in eingesetzt in aufgelöst am	2/
Freiwilligen Panzerzug Siewert	aufgestellt am in eingesetzt im Baltikum aufgelöst am	2/
Freiwilligen Pionier Bataillon 15	aufgestellt am in eingesetzt in aufgelöst am	2/

Freiwilligen Pionier Bataillon 412	aufgestellt am in eingesetzt in Berlin aufgelöst am	2/
Freiwilligen Pionier Kompanie 28	aufgestellt am in eingesetzt im Baltikum aufgelöst am	2/
Freiwilligen Pionier Kompanie 50	aufgestellt am in eingesetzt im Baltikum aufgelöst am	2/
Freiwilligen Pionier Kompanie 424	aufgestellt am in eingesetzt im Baltikum aufgelöst am	2/
Freiwilligen Pionier-Kompanie Böttcher	aufgestellt am in eingesetzt in aufgelöst am	2/
Freiwilligen Radfahr-Abteilung Nr. 8	aufgestellt am in eingesetzt in aufgelöst am	2/
Freiwilligen Radfahr-Kompanie des Jäger Bataillon 7	aufgestellt am in eingesetzt im Baltikum aufgelöst am	2/
Freiwilligen Regiment Förster	aufgestellt am in eingesetzt in aufgelöst am	2/

Freiwilligen Regiment Haupt **(s. Freikorps Hasse)**	aufgestellt am in eingesetzt in aufgelöst am	2/
Freiwilligen Regiment Jäger zu Pferde 2.	aufgestellt am in eingesetzt in Berlin aufgelöst am	
Freiwilligen Regiment Jäger zu Pferde 6.	aufgestellt am in eingesetzt in Berlin aufgelöst am	2/
Freiwilligen Regiment Kettner **(s. Freiwilligen Infanterie Regiment 212)**	aufgestellt am in eingesetzt im Baltikum aufgelöst am	
Freiwilligen Regiment Klüfer	aufgestellt am in eingesetzt in aufgelöst am	2/
Freiwilligen Regiment Kühlwein	aufgestellt am in eingesetzt in aufgelöst am	2/
Freiwilligen Regiment Nr. 1	aufgestellt am in eingesetzt in aufgelöst am	2/
Freiwilligen Regiment Nr. 22	aufgestellt am in eingesetzt in aufgelöst am	2/

Freiwilligen Regiment Preußen	aufgestellt im Februar 1919 in eingesetzt im Baltikum aufgelöst am	2/
Freiwilligen Regiment Reinhard	aufgestellt am in eingesetzt in Berlin 1919 aufgelöst am	2/
Freiwilligen Regiment Rosen	aufgestellt am in eingesetzt in aufgelöst am	2/
Freiwilligen Regiment Schelle (im Freikorps Schleswig-Holstein)	aufgestellt am in eingesetzt in aufgelöst am	2/
Freiwilligen Regiment Seyfert (s. Freikorps Schleswig-Holstein)	aufgestellt am in eingesetzt in aufgelöst am	2/
Freiwilligen Regiment Sudetenland	aufgestellt am in eingesetzt im Grenzschutz Schlesien aufgelöst am	2/
Freiwilligen Regiment von der Hagen	aufgestellt am in eingesetzt in aufgelöst am	2/
Freiwilligen Reserve Feldartillerie Regiment 45	aufgestellt am in eingesetzt in aufgelöst am	2/

Freiwilligen Reserve Infanterie Regiment Nr. 24	aufgestellt am in eingesetzt in aufgelöst am	2/
Freiwilligen Reserve Infanterie Regiment Nr. 210	aufgestellt am in eingesetzt im Baltikum aufgelöst am	2/
Freiwilligen Reserve Infanterie Regiment Nr. 211	aufgestellt am in eingesetzt im Baltikum aufgelöst am	2/
Freiwilligen Reserve Infanterie Regiment Nr. 212	aufgestellt am in eingesetzt im Baltikum aufgelöst am	2/
Freiwilligen Reserve Kavallerie Abteilung 45	aufgestellt am in eingesetzt im Baltikum aufgelöst am	2/
Freiwilligen Reserve Pionier Kompanie 45	aufgestellt am in eingesetzt im Baltikum aufgelöst am	2/
Freiwilligen Schlachtstaffel 417	aufgestellt am in eingesetzt im Baltikum aufgelöst am	2/
Freiwilligen Schützenkorps Negenborn (Freikorps Negenborn)	aufgestellt am in eingesetzt im Grenzschutz Ost bei Allenstein 1919 aufgelöst am	2/6/8

Freiwilligen Sturmabteilung Schlichtingsheim	aufgestellt am in eingesetzt in aufgelöst am	2/
Freiwilligen Sturm-Lehr-Regiment	aufgestellt am in eingesetzt in aufgelöst am	2/
Freiwilligen Ulanen 14	aufgestellt am in eingesetzt in Braunschweig aufgelöst am	2/
Freiwilligen Ulanen-Eskadron Leoprechting	aufgestellt am in eingesetzt in aufgelöst am	2/4
Freiwilligen Ulanen-Regiment 5	aufgestellt am in eingesetzt in Berlin und München aufgelöst am	2/
Freiwilligen Verband der 117. Infanterie Division	aufgestellt am in eingesetzt im Grenzschutz Oberschlesien aufgelöst am	2/
Freiwilligen Verband der 169. Landwehr Infanterie Brigade	aufgestellt am in eingesetzt im Baltikum Januar 1919, Westpreußen aufgelöst am	2/

Freiwilligen Verband der 231. Infanterie Division (s. Freikorps Hülsen)	aufgestellt am in eingesetzt in aufgelöst am	2/
Freiwilligen Verband der 40. (sächsischen) Infanterie Division (s. Freikorps Michaelis)	aufgestellt am in eingesetzt in aufgelöst am	2/
Freiwilligen Verband der 46. (sächsischen) Landwehr Brigade	aufgestellt am in eingesetzt im Baltikum aufgelöst am	2/
Freiwilligen Verband der 46. (sächsischen) Landwehr Division	aufgestellt am in eingesetzt im Baltikum aufgelöst am	2/
Freiwilligen Verband Dragoner 8	aufgestellt am in eingesetzt in Berlin, Braunschweig, München aufgelöst am	2/
Freiwilligen Verband Dragoner 16	aufgestellt am in Braunschweig eingesetzt in aufgelöst am	2/
Freiwilligen Verband Dragoner 19	aufgestellt am in eingesetzt in Braunschweig aufgelöst am	2/
Freiwilligen Verband Dragoner Regiment 2	aufgestellt am in eingesetzt im Baltikum aufgelöst am	2/

Freiwilligen Verband Eisenbahn-Bataillon 4	aufgestellt am in eingesetzt in aufgelöst am	2/
Freiwilligen Verband Husaren 11	aufgestellt am in eingesetzt in Berlin, München aufgelöst am	2/
Freiwilligen Verband Husaren 12	aufgestellt am in eingesetzt in aufgelöst am	2/
Freiwilligen Verband Husaren 15	aufgestellt am in eingesetzt in aufgelöst am	2/
Freiwilligen Verband Husaren-Regiment 8	aufgestellt am in eingesetzt in Berlin, München aufgelöst am	2/
Freiwilligen-Bataillon Graf Kanitz (Eiserne Division)	aufgestellt am in eingesetzt in aufgelöst am	4/
Freiwilligen-Bataillon Hauptmann	aufgestellt am in eingesetzt in aufgelöst am	4/
Freiwilligen-Bataillon Knie der Eisernen Division	aufgestellt am in eingesetzt in aufgelöst am	4/

Freiwilligen-Bataillon Malmede (der Baltischen Landeswehr)	aufgestellt am in eingesetzt in aufgelöst am	4/
Freiwilligen-Bataillon Oranien-Nassau (s. Freikorps Hessen-Nassau)	aufgestellt am in eingesetzt in aufgelöst am	2/
Freiwilligenbataillon von Maltzahn	aufgestellt am in eingesetzt in aufgelöst am	2/
Freiwilligen-Batterie von Bock und Polach	aufgestellt am in eingesetzt in aufgelöst am	4/
Freiwilligen-Brigade Gronder	aufgestellt am in eingesetzt in aufgelöst am	4/
Freiwilligen-Jäger-Bataillon von Hiller (Freikorps von Hiller)	aufgestellt am in eingesetzt in aufgelöst am	2/4
Freiwilligen-Kompanie Östreicher	aufgestellt am in eingesetzt in aufgelöst am	4/
Freiwilligenkorps Thüringen (Freikorps Thüringen)	aufgestellt im Januar 1919 in Erfurt eingesetzt in Thüringen aufgelöst am 30.4.1920	2/6

Freiwilligenkorps Wilhelmshaven (Freiwillige Soldatenwehr Wilhelmshaven)	aufgestellt am in eingesetzt in aufgelöst am	2/
Freiwilligen-Lehr-Infanterie-Regiment	aufgestellt am in eingesetzt in Berlin, Braunschweig, München aufgelöst am	2/
Freiwilligen-Pionier-Bataillon 3	aufgestellt am in eingesetzt in aufgelöst am	2/
Freiwilligen-Regiment Libau	aufgestellt am in eingesetzt in aufgelöst am	2/
Freiwilligen-Regiment von Leonhard	aufgestellt am in eingesetzt in aufgelöst am	2/
Freiwilligen-Sturmabteilung Schlichtungsheim	aufgestellt am in eingesetzt in aufgelöst am	6/
Freiwilligenverband der 2. Infanterie Division	aufgestellt am in eingesetzt in aufgelöst am	2/
Freiwilligenverband der 11. Infanterie Division (Schlesische)	aufgestellt am in eingesetzt in aufgelöst am	2/

Freiwilligenverband der 12. Infanterie Division (Schlesische)	aufgestellt am in eingesetzt in aufgelöst am	2/
Freiwilligenverband der 17. Infanterie Division (Schlesische)	aufgestellt am in eingesetzt in Berlin, Januar 1919 aufgelöst am	2/
Freiwilligenverband der 4. Landwehr Division	aufgestellt am in eingesetzt im Baltikum aufgelöst am	2/
Freiwilliger Ballonzug 102	aufgestellt am in eingesetzt im Baltikum aufgelöst am	2/
Freiwilliger Ballonzug 107	aufgestellt am in eingesetzt in aufgelöst am	2/
Freiwilliger Ballonzug 108	aufgestellt am in eingesetzt im Baltikum aufgelöst am	2/
Freiwilliger Ballonzug Gareis	aufgestellt am in eingesetzt in aufgelöst am	2/
Freiwilliges 1. Garde Regiment	aufgestellt am in eingesetzt in aufgelöst am	2/

Freiwilliges Jägerkorps Erlangen (Freikorps Engelhardt, Jägerkorps Erlangen)	aufgestellt am 28.4.1919 in Erlangen eingesetzt in Süddeutschland aufgelöst am 16.6.1919	2/6/8
Freiwilliges Jägerkorps Gerth (Ostpreußisches Jägerkorps Gerth, Gerth'sche Jäger)	aufgestellt am 4.1.1919 in Allenstein eingesetzt in Königsberg, Grenzschutz Ostpreußen aufgelöst am 20.6.1919	2/4/10
Freiwilliges Jägerkorps Goldingen (Berding)	aufgestellt im November 1918 in Goldingen (Kurland) eingesetzt im Baltikum aufgelöst im März 1920	2/
Freiwilliges Jägerkorps Graf Yorck von Wartenburg	aufgestellt am 27.1.1919 in Berlin eingesetzt im Baltikum Mai und Juni 1919, danach Grenzschutz bei Thorn, Stettin aufgelöst am 20.10.1919	2/6
Freiwilliges Landesjägerkorps (Freikorps Landesjäger)	aufgestellt am 6.12.1918 in Paderborn eingesetzt in Berlin und Mitteldeutschland aufgelöst am 2.5.1919	2/3/6/8
Funker-Abteilung GKSK	unter dem Oberkommando der Division Lettow eingesetzt im Januar 1919 in Berlin	2/
Garde Kürassier Regiment	aufgestellt am in eingesetzt in Berlin aufgelöst am	2/

Garde Maschinengewehr Abteilung	aufgestellt am in eingesetzt in Berlin aufgelöst am	2/
Garde-Kavallerie-Schützen-Division	aufgestellt Ende 1918 in eingesetzt in Berlin, München aufgelöst am	2/
General-Kommando Lüttwitz	aufgestellt am in eingesetzt in aufgelöst am	2/
Grenadier Regiment Nr. 89	aufgestellt am in eingesetzt in Berlin aufgelöst am	2/
Grenadier Reserve Regiment Nummer Nr. 64	aufgestellt am in eingesetzt in aufgelöst am	2/
Grenzschutz-Bataillon 2	aufgestellt am in Bromberg eingesetzt in aufgelöst am	2/
Grenzschutz-Bataillon 3 (Bromberg)	aufgestellt am in Bromberg eingesetzt in aufgelöst am	2/4
Grenzschutz-Bataillon 4	aufgestellt am in eingesetzt in aufgelöst am	2/

Grenzschutz-Bataillon 5	aufgestellt am	2/
	in	
	eingesetzt in	
	aufgelöst am	
Grenzschutz-Bataillon 6	aufgestellt am	2/
	in Konstanz	
	eingesetzt in	
	aufgelöst am	
Grenzschutz-Bataillon Tirschtiegel	aufgestellt am	10/
(Volkswehr)	in	
	eingesetzt im	
	Grenzschutz Ost 1919	
	aufgelöst am	
Grenzschutz-Detachement Eckardt	aufgestellt am	10/
	in	
	eingesetzt im	
	Grenzschutz Ost	
	aufgelöst am	
Grenzschutz Danzig	aufgestellt am	2/
	in Bromberg	
	eingesetzt in	
	aufgelöst am	
Grenzschutz Germania	aufgestellt am	4/
(Schleswig-Holstein)	in	
	eingesetzt in	
	aufgelöst am	
Grenzschutz Wandervogel-Hundertschaft	aufgestellt am	2/6
(Freikorps ohne Uniform)	in Schweidnitz	
	eingesetzt in	
	aufgelöst am	
Grenzschutzfliegerstaffel Gleiwitz	aufgestellt am	2/
	in	
	eingesetzt in Oberschlesien	
	aufgelöst am	

Grenzschutztruppen-Fliegerstaffel 5	aufgestellt am in eingesetzt in aufgelöst am	2/
Gruppe Draudt	aufgestellt am in eingesetzt im Baltikum aufgelöst am	2/
Gruppe von Plehwe (Freikorps Plehwe)	aufgestellt am in eingesetzt im Baltikum aufgelöst am	2/10
Hanauer Bürgerwehr	aufgestellt am in eingesetzt in aufgelöst am	4/
Hessisches Freikorps	aufgestellt am in eingesetzt in aufgelöst am	2/
Hessisch-Thüringisch-Waldecksches Freikorps	aufgestellt am 18.1.1919 in Ohrdruf eingesetzt in Weimar, München, Südbayern, Grenzschutz Süd in Oberschlesien aufgelöst am 10.10.1919	2/
Husaren-Regiment 5 (Stolper Husaren)	aufgestellt am in eingesetzt in aufgelöst am	4/
Husaren-Regiment 11	aufgestellt am in eingesetzt in aufgelöst am	4/

Infanterie Kommando Nordlitauen	aufgestellt am in eingesetzt in aufgelöst am	2/
Infanterie Regiment von Borcke Nr. 21 (Freikorps von Borke)	aufgestellt am in eingesetzt im Baltikum aufgelöst am	2/10
Jagdstaffel Löwe	unter dem Oberkommando der Division Lettow eingesetzt im Januar 1919 in Berlin	2/
Jäger-Bataillon der Eisernen Division	aufgestellt am in eingesetzt in aufgelöst am	4/
Jäger-Bataillon von Kirchheim	aufgestellt am in eingesetzt in Westpreußen 1919 aufgelöst am	2/
Jäger-Freikorps 7	aufgestellt am in eingesetzt in aufgelöst am	4/
Jägerkorps Berding (Jägerkorps Goldingen)	aufgestellt am in eingesetzt im aufgelöst am	2/
Kampfgeschwader Sachsenberg	aufgestellt am 1919 in eingesetzt im Baltikum aufgelöst im Dezember 1919	2/

Kampfzug Hierl
(Teil des Gruppenstab Hierl)

aufgestellt am 2/6
in Bamberg
eingesetzt in Augsburg 1919
aufgelöst am

Kavallerie Abteilung Drachenfels

aufgestellt am 2/
in
eingesetzt im Baltikum
aufgelöst am

Kavallerie Abteilung von Königsegg

aufgestellt am 2/
in
eingesetzt in
aufgelöst am

Kavallerie Schützen-Kommando 11

aufgestellt am 2/
in
eingesetzt in Berlin, Braunschweig, München
aufgelöst am

Kavallerie Schützen-Kommando 14

aufgestellt am 2/
in
eingesetzt in Berlin, München
aufgelöst am

Kavallerie Schützen-Kommando 38

aufgestellt am 2/
in
eingesetzt in Berlin
aufgelöst am

Kurländische Abteilung des
1. Garde-Feldartillerie-Regiment

aufgestellt am 2/
in
eingesetzt im Baltikum
aufgelöst am

Küstenwehrabteilung Friedrichsort

aufgestellt am 2/
in
eingesetzt in
aufgelöst am

Landesschützen-Divison Haas	aufgestellt am in eingesetzt in aufgelöst am	6/
Landesschützenkorps (Freikorps Landesschützen)	aufgestellt am in eingesetzt in Berlin 1919, Bremen Februar 1919 aufgelöst am6	2/6
Leibgarde-Husaren-Regiment	aufgestellt am in eingesetzt in München aufgelöst am	2/
Leichte Kürassier Regiment 1	aufgestellt am in eingesetzt in Berlin aufgelöst am	2/
Leichter Panzerkraftwagen-Zug	unter dem Oberkommando der Division Lettow eingesetzt im Januar 1919 in Berlin	2/
Marburger Studentenfreikorps	aufgestellt am in eingesetzt in aufgelöst am	2/
Maschinengewehr- Abteilung Khaynach	aufgestellt am in eingesetzt im Baltikum, Grenzschutz Westpreußen aufgelöst im Oktober 1920	2/

Maschinengewehr-Abteilung Graf Plettenberg	aufgestellt am in eingesetzt im Ruhrkampf aufgelöst am	2/
Maschinengewehr-Scharfschützen-Abteilung 26	aufgestellt am in eingesetzt in München aufgelöst am	2/
Maschinengewehr-Scharfschützen-Abteilung Lutz	aufgestellt im Februar 1919 in Berlin eingesetzt im Baltikum aufgelöst am 15.3.1920	2/6
Maschinengewehr-Scharfschützen-Abteilung von Liliencron	aufgestellt am in eingesetzt in Westpreußen aufgelöst am	2/
Maschinengewehr-Scharfschützen-Abteilung von Medem (Freikorps von Medem)	aufgestellt am in eingesetzt im Baltikum aufgelöst am	2/
Maschinengewehr-Scharfschützenkorps Prey	aufgestellt am in eingesetzt in Berlin 1919 aufgelöst am	2/
MG-Abteilung von Elterlein	unter dem Oberkommando der Division Lettow eingesetzt im Januar 1919 in Berlin	2/
MG-Scharfschützen-Korps Prey	unter dem Oberkommando der Division Lettow eingesetzt im Januar 1919 in Berlin	2/

MG-Sturmdetachement Heuschkel	Unter dem Oberkommando der Division Lettow eingesetzt im Januar 1919 in Berlin	2/
Minenwerfer-Detachement Heuschkel	aufgestellt am in eingesetzt in Berlin aufgelöst am	2/
Minenwerfer-Kompanie 385	aufgestellt am in eingesetzt in Berlin aufgelöst am	2/
Minenwerfer-Kompanie von Lettow	unter dem Oberkommando der Division Lettow eingesetzt im Januar 1919 in Berlin	2/
Münsterländische Orgesch (später Westfalenbund)	aufgestellt am in eingesetzt in aufgelöst am	6/
Oberschlesisches Freiwilligenkorps	aufgestellt 1918 in eingesetzt im Grenzschutz Oberschlesien 1918/19 aufgelöst am	2/
Oberschlesisches Landjägerkorps	aufgestellt am in eingesetzt in aufgelöst am	4/
Ostpreußisches Freiwilligenkorps (Freikorps Ostpreußen, Ostpreußisches Jäger-Korps Gieseler, Ostpreußisches Freiwilligen Korps)	aufgestellt im Januar 1919 in eingesetzt im Grenzschutz Ost aufgelöst am	2/

Panzerzug Lüttwitz	aufgestellt am in eingesetzt in aufgelöst am	2/
Pionier-Abteilung von Lettow	Unter dem Oberkommando der Division Lettow eingesetzt im Januar 1919 in Berlin	2/
Pommersches Grenzschutz-Bataillon 1 **(Freikorps von der Decken)**	aufgestellt am in eingesetzt in aufgelöst am	2/
Radfahrer-Kompanie Redlich	Unter dem Oberkommando der Division Lettow eingesetzt im Januar 1919 in Berlin	2/
Radfahrer-Kompanie von Koeller	Unter dem Oberkommando der Division Lettow eingesetzt im Januar 1919 in Berlin	2/
Regiment Finsterer	aufgestellt am in eingesetzt im Aufstandsgebiet Ruhrrevier März/April 1920 aufgelöst am	2/
Regiment Leupold	aufgestellt am in eingesetzt im Aufstandsgebiet Ruhrrevier März/April 1920 aufgelöst am	2/
Regiment Lüttwitz	aufgestellt am in eingesetzt in aufgelöst am	2/

Regiment Rohrbeck	aufgestellt am in eingesetzt in aufgelöst am	2/
Reitende Abteilung von Scharnhorst	aufgestellt am in eingesetzt in aufgelöst am	4/
Republikanische Schutztruppe München	aufgestellt am in eingesetzt in München aufgelöst am	2/
Reserve-Jäger-Bataillon 11 (Freiwilligen Reserve-Jäger-Bataillon 11 Schlesien)	aufgestellt am in eingesetzt in Berlin 1919 aufgelöst am4	2/
Rheinische Sicherheitspolizei	aufgestellt am in eingesetzt im Aufstandsgebiet Ruhrrevier März/April 1920 aufgelöst am	2/
Rigasche Landeswehr	aufgestellt im November 1918 in Riga eingesetzt in aufgelöst am	5/
Ruhrkampf Einzelgänger	aufgestellt am in eingesetzt in aufgelöst am	6/
Ruhrkampf-Organisation Abwehrgruppe Pfalz	aufgestellt am in eingesetzt in aufgelöst am	6/

Ruhrkampf-Organisation der Eisenbahner	aufgestellt am in eingesetzt in aufgelöst am	6/
Ruhrkampf-Organisation Rau (auch Rauh)	aufgestellt am in eingesetzt in aufgelöst am	4/6/
Ruhrkampf-Organisation Selbstschutz Aachen	aufgestellt am in eingesetzt in aufgelöst am	6/
Ruhrkampf-Organisation Separatisten-Abwehr-Organisation	aufgestellt am in eingesetzt in aufgelöst am	6/
Ruhrkampf-Organisation Spartakus-Abwehr im Ruhrgebiet (Einzelgänger)	aufgestellt am in eingesetzt in aufgelöst am	6/
Sächsische Freiwilligen Batterie 18	aufgestellt am in eingesetzt im Grenzschutz Ost/Baltikum aufgelöst am	2/
Sächsische Freiwilligen Batterie 19	aufgestellt am in eingesetzt im Grenzschutz Ost/Baltikum aufgelöst am	2/
Sächsische Freiwilligen Batterie 20	aufgestellt am in eingesetzt im Grenzschutz Ost/Baltikum aufgelöst am	2/

Sächsische Freiwilligen Batterie 21	aufgestellt am in eingesetzt im Grenzschutz Ost/Baltikum aufgelöst am	2/
Sächsische Freiwilligen Pionier Kompanie	aufgestellt am in eingesetzt im Baltikum aufgelöst am	2/
Sächsische Grenzjäger	aufgestellt am in eingesetzt in Leipzig März 1920 aufgelöst am	2/
Sächsisches Freiwilligen Bataillon 18	aufgestellt am in eingesetzt im Grenzschutz Ost/Baltikum aufgelöst am	2/
Sächsisches Freiwilligen Bataillon 18a	aufgestellt am in eingesetzt im Grenzschutz Ost/Baltikum aufgelöst am	2/
Sächsisches Freiwilligen Bataillon 19	aufgestellt am in eingesetzt im Grenzschutz Ost/Baltikum aufgelöst am	2/
Sächsisches Freiwilligen Bataillon 20	aufgestellt am in eingesetzt im Grenzschutz Ost/Baltikum aufgelöst am	2/

Sächsisches Freiwilligen Bataillon 21	aufgestellt am in eingesetzt im Grenzschutz Ost/Baltikum aufgelöst am	2/
Sächsisches Freiwilligen Eskadron 18	aufgestellt am in eingesetzt im Baltikum aufgelöst am	2/
Sächsisches Freiwilligen Grenadier Regiment Nr. 18	aufgestellt am in eingesetzt im Baltikum aufgelöst am	2/
Sanitätskompanie von Lettow	Unter dem Oberkommando der Division Lettow eingesetzt im Januar 1919 in Berlin	2/
Schutzregiment Groß-Berlin	aufgestellt am in eingesetzt in aufgelöst am	2/
Schutztruppe Bug (Brigade Olita)	aufgestellt am in eingesetzt in aufgelöst am	2/
Schutztruppen-Batterie 1	Unter dem Oberkommando der Division Lettow eingesetzt im Januar 1919 in Berlin	2/
Schutztruppen-Pionier-Abteilung 1	Unter dem Oberkommando der Division Lettow eingesetzt im Januar 1919 in Berlin	2/

Schutztruppen-Regiment 1	aufgestellt am 21.3.1919 in Michendorf unter dem Oberkommando der Division Lettow eingesetzt im Januar 1919 in Berlin aufgelöst am 15.8.1919	2/
Schutztruppen-Regiment von Lettow (Freiwilligen Division von Lettow-Vorbeck)	aufgestellt im März 1919 in Jüterbog eingesetzt in Norddeutschland (Hamburg) aufgelöst am	2/4
Schwere Feldhaubitz-Abteilung von Lettow	unter dem Oberkommando der Division Lettow eingesetzt im Januar 1919 in Berlin	2/
Selbstschutz Braunschweig	aufgestellt am in eingesetzt in aufgelöst am	4/
Selbstschutz –Kompanie Schlageter	aufgestellt am in eingesetzt in aufgelöst am	6/
Selbstschutz Kreis Kreuzburg	aufgestellt am in eingesetzt in aufgelöst am	4/
Selbstschutz Oberschlesien	aufgestellt am in eingesetzt in aufgelöst am	6/
Selbstschutz-Abteilung Koppe	aufgestellt am in eingesetzt in aufgelöst am	4/

Selbstschutz-Bataillon Bergerhoff (Schwarze Schar)	aufgestellt im Mai 1921 in Neiße eingesetzt in Oberschlesien im Mai 1921 aufgelöst im November 1921	2/
Selbstschutz-Bataillon Bethusy-Huc	aufgestellt am in eingesetzt in Oberschlesien 1921 aufgelöst am	10/
Selbstschutz-Bataillon Beuthen	aufgestellt am in eingesetzt in Oberschlesien im Mai 1921 aufgelöst am	2/
Selbstschutz-Bataillon Eberhardt	aufgestellt am in eingesetzt in Oberschlesien im Mai 1921 aufgelöst am	2/
Selbstschutz-Bataillon Einwohnerwehr Kreuzberg	aufgestellt am in eingesetzt in Oberschlesien im Mai 1921 aufgelöst am	2/
Selbstschutz-Bataillon Generalfeldmarschall von Hindenburg	aufgestellt Ende Mai 1921 im Gebiet um Konstadt eingesetzt in Oberschlesien im Mai 1921 aufgelöst 1921	2/
Selbstschutz-Bataillon Gleiwitz	aufgestellt am in eingesetzt in Oberschlesien im Mai 1921 aufgelöst am	2/

Selbstschutz-Bataillon Gogolin (von Frobel)	aufgestellt am in eingesetzt in Oberschlesien im Mai 1921 aufgelöst am	2/10
Selbstschutz-Bataillon Graf Schweinitz	aufgestellt am 10.5.1921 in Brieg eingesetzt in Oberschlesien im Mai 1921 aufgelöst am 4.7.1919	2/
Selbstschutz-Bataillon Graf Strachwitz	aufgestellt am in eingesetzt in Oberschlesien im Mai 1921 aufgelöst am	2/
Selbstschutz-Bataillon Guttentag	aufgestellt am in eingesetzt in Oberschlesien im Mai 1921 aufgelöst am	2/
Selbstschutz-Bataillon Hassfurther	aufgestellt am in eingesetzt in Oberschlesien im Mai 1921 aufgelöst am	2/
Selbstschutz-Bataillon Heinz (auch Sturm-Regiment)	aufgestellt am in eingesetzt in Oberschlesien im Mai 1921 aufgelöst am	2/6
Selbstschutz-Bataillon Heydebreck	aufgestellt am in eingesetzt in Oberschlesien im Mai 1921 aufgelöst am	2/

Selbstschutz-Bataillon Keith (Immiolczyk)	aufgestellt am in eingesetzt in Oberschlesien im Mai 1921 aufgelöst am	2/4
Selbstschutz-Bataillon Kosch	aufgestellt am in eingesetzt in Oberschlesien im Mai 1921 aufgelöst am	2/
Selbstschutz-Bataillon Küntzel (Freiwilligen-Detachement Küntzel)	aufgestellt am in eingesetzt in Oberschlesien im Mai 1921 aufgelöst am	2/4
Selbstschutz-Bataillon Loën	aufgestellt am in eingesetzt in Oberschlesien im Mai 1921 aufgelöst am	2/
Selbstschutz-Bataillon Lublinitz	aufgestellt am 31.12.1919 in Lublinitz eingesetzt in Oberschlesien im Mai 1921 aufgelöst am 6.7.1919	2/
Selbstschutz-Bataillon Marienburg (Lensch)	aufgestellt am in eingesetzt in Oberschlesien im Mai 1921 aufgelöst am	2/10
Selbstschutz-Bataillon May (auch Mey)	aufgestellt am in eingesetzt in Oberschlesien im Mai 1921 aufgelöst am	2/6

Selbstschutz-Bataillon Oberland I-III	aufgestellt am in eingesetzt in Oberschlesien im Mai 1921 aufgelöst am	2/
Selbstschutz-Bataillon Oderschutz	aufgestellt am in eingesetzt in Oberschlesien im Mai 1921 aufgelöst am	2/
Selbstschutz-Bataillon Petter	aufgestellt am in eingesetzt in aufgelöst am	6/
Selbstschutz-Bataillon Pitschen	aufgestellt am in eingesetzt in Oberschlesien im Mai 1921 aufgelöst am	2/
Selbstschutz-Bataillon Ratibor Stadt (Abteilung Kosch)	aufgestellt am in eingesetzt in aufgelöst am	6/
Selbstschutz-Bataillon Reibnitz	aufgestellt am in eingesetzt in Oberschlesien im Mai 1921 aufgelöst am	2/
Selbstschutz-Bataillon Rosenberg	aufgestellt am in eingesetzt in Oberschlesien im Mai 1921 aufgelöst am	2/

Selbstschutz-Bataillon Schmidt	aufgestellt am in eingesetzt in aufgelöst am	6/
Selbstschutz-Bataillon Stadt Hindenburg	aufgestellt am in eingesetzt in aufgelöst am	6/
Selbstschutz-Bataillon von der Decken	aufgestellt am in eingesetzt in Oberschlesien im Mai 1921 aufgelöst am	2/
Selbstschutz-Bataillon von Hautcharmay	aufgestellt am in eingesetzt in aufgelöst am	6/
Selbstschutz-Bataillon von Holtz	aufgestellt am in eingesetzt in Oberschlesien 1921 aufgelöst am	10/
Selbstschutz-Bataillon von Mauritz	aufgestellt am in eingesetzt in aufgelöst am	6/
Selbstschutz-Bataillon von Watzdorf	aufgestellt am in eingesetzt in aufgelöst am	4/
Selbstschutz-Bataillon Wasserkante	aufgestellt am in eingesetzt in Oberschlesien im Mai 1921 aufgelöst am	2/

Selbstschutz-Bataillon Wendorf	aufgestellt am in eingesetzt in Oberschlesien 1921 aufgelöst am	10/
Selbstschutz-Bataillon Werner-Ehrenfeucht	aufgestellt am in eingesetzt in Oberschlesien im Mai 1921 aufgelöst am	2/10
Selbstschutz-Bataillon Winkler	aufgestellt am in eingesetzt in Oberschlesien im Mai 1921 aufgelöst am	2/
Selbstschutz-Bataillon Wolf (Hessisches)	aufgestellt am in eingesetzt in Oberschlesien im Mai 1921 aufgelöst am	2/
Selbstschutz-Batterie Riedel (auch Kompanie)	aufgestellt am in eingesetzt in aufgelöst am	10/
Selbstschutz-Detachement Martin (auch Regiment)	aufgestellt am in eingesetzt in aufgelöst am	4/6
Selbstschutz-Detachement von Chappuis	aufgestellt am in eingesetzt in Oberschlesien aufgelöst am	10/
Selbstschutzkompanie Hoehne	aufgestellt am in eingesetzt in Oberschlesien 1921 aufgelöst am	10/

Selbstschutzkompanie Horstmann	aufgestellt am in eingesetzt in Oberschlesien 1921 aufgelöst am	10/
Selbstschutz-Regiment Oberglogau	aufgestellt am in eingesetzt in aufgelöst am	4/
Selbstschutz-Regiment Schlesien (Rossbach)	aufgestellt am in eingesetzt in aufgelöst am	6/
Selbstschutz-Sturm-Kompanie von Eicken (3. Bataillon Freikorps Oberland)	aufgestellt am in eingesetzt in aufgelöst am	6/
Selbstschutz-Sturm-Regiment Motz	aufgestellt am in eingesetzt in aufgelöst am	6/
Sicherheitsabteilung I	aufgestellt am in Cannstadt eingesetzt in aufgelöst am	2/
Sicherheitsabteilung II	aufgestellt am in Ludwigsburg eingesetzt in aufgelöst am	2/
Sicherheitsbataillon Hilpert	aufgestellt am 8.2.1919 in eingesetzt in Nürnberg aufgelöst am 27.6.1919	2/

Sicherheits-Bataillon Stang	aufgestellt am 24.4.1919 in Nürnberg eingesetzt in aufgelöst am	2/
Sicherheits-Kompanie Besch	aufgestellt am in Ingolstadt eingesetzt in München, Mai 1919 aufgelöst am	2/
Sicherheits-Regiment 1, I. Bataillon	aufgestellt am in Stuttgart eingesetzt in aufgelöst am	2/
Sicherheits-Regiment 2, I. Bataillon	aufgestellt am in Ludwigsburg eingesetzt in aufgelöst am	2/
Sicherheits-Regiment 3, I. Bataillon	aufgestellt am in Ulm eingesetzt in aufgelöst am	2/
Sportverein Olympia (Nachfolgeorganisation für Schutzregiment Berlin)	aufgestellt am in eingesetzt in aufgelöst am	4/
Stab Freiherr von Willisen	aufgestellt am in eingesetzt in aufgelöst am	6/
Stadtwehr Münster in Westfalen	aufgestellt am in eingesetzt in aufgelöst am	2/

Staffelstab Division von Lettow	unter dem Oberkommando der Division Lettow eingesetzt im Januar 1919 in Berlin	2/
Staffelstab GKSK	unter dem Oberkommando der Division Lettow eingesetzt im Januar 1919 in Berlin	2/
Stoßtrupp Becker	aufgestellt während des Kapp-Putschs in Celle eingesetzt im aufgelöst nach Kapp-Putsch	2/
Strafabteilung Plehn	aufgestellt am in eingesetzt im Baltikum aufgelöst am	2/
Studenten-Bataillon Hohenheim	aufgestellt am in eingesetzt in Schwaben 1918/19 aufgelöst am	10/
Studentenkompanie Göttingen	aufgestellt am in eingesetzt in aufgelöst am	2/
Sturmabteilung Courbière	aufgestellt am in eingesetzt im Grenzschutz Ost aufgelöst am	2/
Sturmabteilung Schmidt (Sturmbataillon Schmidt)	unter dem Oberkommando der Division Lettow eingesetzt im Januar 1919 in Berlin	2/4

Sturmbataillon Arnauld de la Perière in der III. Marinebrigade (auch Marine-Sturmbataillon)	aufgestellt am in eingesetzt im Ruhrgebiet 1920 aufgelöst am	3/10
Sturmkompanie von Killinger	aufgestellt am in eingesetzt in Oberschlesien 1921 aufgelöst am	10/
Sturm-Lehr-Regiment	unter dem Oberkommando der Division Lettow eingesetzt im Januar 1919 in Berlin	2/
Stuttgarter Reserve- und Sicherheitskompanie Boldt	aufgestellt am in eingesetzt in aufgelöst am	2/
Stuttgarter Studenten-Bataillon Wildermut	aufgestellt am in eingesetzt in aufgelöst am	2/
Thüringisches Freiwilligen Bataillon 45	aufgestellt am in eingesetzt im Grenzschutz Ost/Baltikum aufgelöst am	2/
Treubund Westfalen	aufgestellt am in eingesetzt in aufgelöst am	6/
Tübinger Studenten-Bataillon	aufgestellt am in eingesetzt in aufgelöst am	2/

Unteroffiziers-Bataillon Suppe	aufgestellt am in eingesetzt in Berlin 1919 aufgelöst am	10/
Volkswehrbataillon Breslau	aufgestellt am in eingesetzt in aufgelöst am	9/
Wehrregiment München	aufgestellt am in eingesetzt in aufgelöst am	2/
Westfälisches Freikorps Pfeffer (Freiwilligen Bataillon Münster)	aufgestellt am 6.1.1919 in eingesetzt in Münster, Mannheim, Schlockau, Libau und Mitau, Industriegebiet, Grenzschutz Holland aufgelöst am 6.11.1919	2/6
Westfälisches Freikorps Hacketau	aufgestellt im Frühjahr 1919 in eingesetzt in Recklinghausen, Wulfen, Düsseldorf, Paderborn aufgelöst am	2/6
Württembergisches Freiwilligen Regiment Graeter	aufgestellt am in eingesetzt in aufgelöst am	2/
Württembergisches Freiwilligen Regiment Seutter	aufgestellt am in eingesetzt in aufgelöst am	2/

Württembergische Freiwilligen Abteilung Haas (Württembergisches Freiwilligen-Detachement Haas, Freikorps Haas)	aufgestellt am 21.2.1919 in eingesetzt in Bayern aufgelöst am 24.6.1919	2/4/6/8
Zeitfreiwilligen Abteilung Sprösser	aufgestellt am in eingesetzt in aufgelöst am	2/
Zeitfreiwilligen Bataillon (Korps) Remscheid	aufgestellt im Winter 1919/20 in Remscheid eingesetzt im Ruhrgebiet 1920 aufgelöst im März 1920	2/
Zeitfreiwilligen Bataillon Braunschweig	aufgestellt am in eingesetzt in aufgelöst am	2/
Zeitfreiwilligen Bataillon Elberfeld	aufgestellt am in eingesetzt in Remscheid 1920 aufgelöst am	10/
Zeitfreiwilligen Bataillon Greifswald (Greifswalder Zeitfreiwillige)	aufgestellt am in eingesetzt in Stettin März 1920 aufgelöst am	2/4
Zeitfreiwilligen Bataillon Halle	aufgestellt am in eingesetzt in aufgelöst am	2/
Zeitfreiwilligen Bataillon Oberhausen	aufgestellt am in eingesetzt in aufgelöst am	2/

Zeitfreiwilligen- Kompanie Homm	aufgestellt am in eingesetzt in aufgelöst am	2/
Zeitfreiwilligen-Korps Hamburg	aufgestellt am in eingesetzt in Norddeutschland aufgelöst am	2/
Zeitfreiwilligen-Regiment Hannover	aufgestellt am in eingesetzt in aufgelöst am	2/
Zeitfreiwilligen-Jäger- Regiment Braunschweig	aufgestellt am in eingesetzt in aufgelöst am	4/
Zeitfreiwilligen-Kompanie Hamm (im Freikorps Epp)	aufgestellt am in eingesetzt in aufgelöst am	4/
Zeitfreiwilligen-Korps Groß-Hamburg	aufgestellt am in eingesetzt in aufgelöst am	4/
Zeitfreiwilligen-Regiment Chemnitz	aufgestellt am in eingesetzt in Leipzig, März 1920 aufgelöst am	2/
Zeitfreiwilligen-Regiment Göttingen	aufgestellt am in eingesetzt in aufgelöst am	4/

Zeitfreiwilligen-Regiment Leipzig	aufgestellt am in eingesetzt in Sachsen aufgelöst am	2/
Zeitfreiwilligen-Regiment Pommern	aufgestellt am in eingesetzt in aufgelöst am	4/
Zus. 2. Infanterie Brigade	aufgestellt am in eingesetzt im Baltikum aufgelöst am	2/

Quellen:

1) Hans Zappe, Die Soldatenstadt Potsdam.
2) Helmut Reuther, in Feldgrau - Mitteilungsblätter einer Arbeitsgemeinschaft, 1953-71.
3) Robert Thoms, Invalidenfriedhof Berlin.
4) Lothar Hartung, Spezialkatalog Deutsche Freikorps.
5) Gedenkbuch der Baltischen Landeswehr.
6) Edgar von Schmidt-Pauli, Geschichte der Freikorps 1918-1924.
7) Landsberg am Lech, Landsberger Geschichtsblätter 1932-36.
8) Der Schulungsbrief, Aus der Geschichte der Bewegung, 10/1936.
9) Wehrfront, ab dem 1.10.1936 mit einer abschnittsweisen Veröffentlichung zur Gliederung der deutschen Freikorps.
10) Ernst von Salomon, Das Buch vom deutschen Freikorpskämpfer.

Musterung der MarinebrigadeEhrhardt in Berlin

Kurzbiographien berühmter Freikorpsführer

Arnauld de la Perière, Lothar von, geboren 1886 in Posen, verunglückt 1941 in Paris, Vizeadmiral, erfolgreichster U-Boot-Kommandant des I. WK, 1916 Orden "Pour le mérite", 1918-20 Führer des Sturmbataillon Arnauld de la Perière in der III. Marinebrigade, Kämpfe im Ruhrgebiet 1920, Offizier in Reichs- und Kriegsmarine.

Awaloff-Bermondt, Pawel, geboren 1880 in Sibirien, gestorben 1973, russischer General, im I. WK in der russischen Südarmee, kämpfte mit russischen, deutschen und eigenen Truppen in Kurland 1918/20 gegen Bolschewisten, lebte dann in Deutschland.

Berthold, Rudolf, geboren 1891 in Ditterswind/Franken, ermordet 1920 in Harburg/Elbe, im I. WK Jagdfliegeroffizier, 44 Abschüsse, 1916 Orden "Pour le mérite", gründete im April 1919 das Freikorps "Fränkisches Bauerndetachement-Eiserne Schar Berthold", zog mit diesem ins Baltikum, nach Rückkehr in die Heimat Belagerung seiner Truppe in Harburg, von kommunistischen Arbeitern erschlagen.

Bischoff, Josef, geboren 1872, gestorben 1948, Major, im I. WK Kommandeur des Infanterie-Regiment 461, gründete im Januar 1919 das Freikorps "Eiserne Division" und kämpfte mit diesem im Baltikum.

Brandis, Cordt von, geboren 1888 in Einbeckhausen am Deister, gestorben 1972, erstürmte im I. WK am 25.02.1916 das franz. Fort Douaumont, 1916 Orden "Pour le mérite", gründete im Januar 1919 das "Freikorps von Brandis", zog mit diesem ins Baltikum, Landwirt.

Buchrucker, Bruno Ernst, geboren 1878, gestorben 1966 Bad Godesberg, Major, führte das 1. Bataillon des "Freikorps Eulenburg", verließ 1920 die Reichswehr und baute in Norddeutschland die "Orgesch" auf, war Kommandeur der "Schwarzen Reichswehr", führte mit ihr den Küstriner Putsch September 1923 durch, seit 1926 Mitglied der NSDAP.

Ehrhardt,Georg Hellmuth Hermann, geboren 1881 in Diersburg/Baden, gestorben 1971 in Brunn am Walde/Niederösterreich, Korvettenkapitän, im I. WK Torpedobootsführer, gründete im März 1919 das Freikorps "2. Marine-Brigade", das sich später "Marine-Brigade Ehrhardt" nannte. Es kämpfte gegen bolschewistische Unruhen im Reich (z.B. München Mai 1919), übernahm die Besetzung Berlins während des Kapp-Putsches 1920, E. danach teilweise im Exil, führte die zum Teil geheimen Nachfolgeorganisationen seiner Brigade (O.C., Wiking etc.), unterstützte den Aufbau der SA Hitlers 1921, seit 1934 in Österreich, bis zu seinem Tode nicht mehr politisch aktiv.

Epp, Franz Xaver Ritter von, geboren 1868 in München, gestorben 1946 in München, General der Infanterie, SA-Obergruppenführer, im I. WK Führer des bayerischen Infanterie-Leibregiment, Orden "Pour le mérite" 1918, gründete 1919 das "Freikorps Epp", mit diesem wesentlich beteiligt an der Niederschlagung der bolschewistischen Münchner Räterepublik Mai 1919 und des Ruhraufstandes, seit 1928 Mitglied der NSDAP, von 1928 bis 1945 Mitglied des Reichstages, seit 1933 Reichstatthalter für Bayern.

Escherich, Georg, geboren 1870 in Schwandorf, gestorben 1941 in München, Förster, führte 1920-21 die bürgerliche Wehrorganisation "Orgesch" (Organisation Escherich), die sich 1919 aus bayerischen Einwohnerwehren gebildet hatte, sie war zeitweilig Sammelbecken ehem. Freikorpsmänner, hatte bei ihrem Verbot 1921 ca. 1 Million Mitglieder in Deutschland und Österreich.

Fletcher, Alfred, Geburts- und Todesjahr nicht ermittelt, Major, Oberbefehlshaber der baltischen Landeswehr.

Goltz, Rüdiger Graf von der, geboren 1865 in Züllichau, gestorben 1946 in Kinsegg/Bernbeuren, Generalmajor, führte seit 1918 die Ostsee-Division in Finnland gegen die russischen Bolschewisten, seit Januar 1919 Oberbefehlshaber der deutschen Truppen im Baltikum, mußte auf Drängen der Entente im August 1919 den Oberbefehl abgeben, ab 1920 politisch und jugenderzieherisch tätig, ab 1934 Führer des Reichsverbandes Deutscher Offiziere.

Hauenstein, Heinz (eigentlich Karl Guido Oskar Hauenstein), geboren 1899, Todesjahr nicht ermittelt, Führer der "Sturmabteilung Heinz" im Baltikum und der "Spezialpolizei" in Oberschlesien während der polnischen Aufstände, gründete 1926 die "Unabhängige Nationalsozialistische Partei Deutschlands - UNS", da ihm die NSDAP nicht radikal genug war, die UNS wurde 1927 aufgelöst (1500 Mitglieder), H. war zeitweise Herausgeber der "OS-Korrespondenz" und der Freikorps-Zeitschrift "Reiter gen Osten", engagierte sich für den freiwilligen Arbeitsdienst.

Heinz, Friedrich Wilhelm, geboren 1899 in Frankfurt/M., gestorben 1968 in Bad Nauheim, Leutnant, Mitglied der Marinebrigade Ehrhardt, engagiert in zahlreichen Verbänden, beteiligt beim Aufbau der NSDAP und SA außerhalb Bayerns, im II. WK Oberst der Wehrmacht, zeitweise wegen Widerstandsteilnahme inhaftiert, 1949 Leiter des Nachrichtendienstes im Bundeskanzleramt.

Heydebreck, Hans Peter von, geboren 1889 in Köslin, 1934 ermordet, Oberleutnant, im I. WK schwer verwundet, gründete das "Freikorps Heydebreck", kämpfte bei der Abwehr des dritten polnischen Aufstandes, seit 1923 Mitglied der NSDAP, baute die SA in Schlesien auf, seit 1924 Mitglied des Reichstages.

Hierl, Konstantin, geboren 1875 in Parsberg, gestorben 1955 in Heidelberg, Generalstabsoffizier, gründete 1919 in Augsburg das Freikorps "Amberg-Hierl", mit diesem Kampf um München, seit 1927 Mitglied der NSDAP, seit 1930 im Arbeitsdienst tätig, im Dritten Reich Reichsarbeitsdienstführer.

Hofmann, Heinrich von, geboren 1863, gestorben 1921, Generalleutnant, 1918/19 Kommandeur der Garde-Kavallerie-Schützen-Division.

Horadam, Ernst, geboren 1883, gestorben 1956, im I. WK Hauptmann im 2. Infanterie-Regiment "Kronprinz", seit Juni 1919 Führer des Freikorps "Oberland", mit diesem Kämpfe in Oberschlesien 1921 (Erstürmung des Annaberges), politisch tätig im Bund "Oberland", aktiv im Widerstand gegen französische Ruhrbesetzung 1923, nach 1933 hoher SA-Führer, im II. WK aktiver Teilnehmer.

Hoefer, Karl, geboren 1864, gestorben 1939, Generalleutnant, im I. WK Kommandeur der 117. Infanterie-Division, schwer verwundet, Orden "Pour le mérite" 1916, seit 1919 Führer des "Selbstschutz Oberschlesien" (S.S.O.-S.), seit 1936 SS-Mitglied im Dienstgrad eines SS-Oberführers.

Hülsen, Bernhard von, geboren 1863, gestorben im April 1950, Generalleutnant, im I. WK Kommandeur des 5. Garde-Regiment zu Fuß, Gründer und Führer des Freikorps "Hülsen", mir diesem im Einsatz gegen den Märzaufstand 1919 in Berlin, bei der Abwehr des dritten polnischen Aufstandes Führer der Gruppe Süd im S.S.O.-S., damit militärisch verantwortlich für den Sturm auf den Annaberg, Kommandeur der Reichswehrbrigade 3.

Killinger, Manfred von, geboren 1886 in Lindigt/Sachsen, Freitod 1944 in Bukarest, Kapitänleutnant, im I. WK Torpedobootskommandant, Führer der "Offiziers-Sturmkompanie" in der "Marine-Brigade Ehrhardt", bei Abwehr des dritten polnischen Aufstandes Führer der "Sturmabteilung Koppe", seit 1927 Mitglied der NSDAP, 1932-1944 Mitglied des Reichstages, 1933-1935 Ministerpräsident von Sachsen, 1941-1944 Gesandter in Bukarest.

Lichtschlag, Otto, geboren 1885 in Wesel, gestorben 1961 in Andernach, im I. WK Generalstabsoffizier, gründete 1919 das "Westfälische Freikorps Lichtschlag", war mit diesem wesentlich an der Niederschlagung der kommunistischen Unruhen an Rhein und Ruhr 1919/1920 beteiligt.

Loewenfeld, Wilfried von, geboren 1879, gestorben 1946, Korvettenkapitän, 1919/20 Kommandeur der 3. Marinebrigade, später Konteradmiral.

Manteuffel, Hans von, geboren 1894 in Libau, gefallen 1919 im Baltikum, Führer des Stoßtrupps der Baltischen Landeswehr.

Manteuffel-Szoege, Georg Heinrich Karl von, geboren 1889, gestorben 1962, 1918/19 Führer der Baltischen Landeswehr.

Maercker, Georg Ludwig Rudolph, geboren 1865 in Baldenburg/Kr. Marienwerder, gestorben 1924 in Dresden, Generalmajor, im I. WK Kommandant des X. Armeekorps, Orden "Pour le mérite" 1917, Eichenlaub dazu 1918, gründete im Dezember 1918 das Freikorps "Freiwilliges Landesjägerkorps", besetzte im Januar 1919 Berlin, schützte in Weimar die Nationalversammlung, schlug zahlreiche Aufstände im Reich nieder (u.a. in Halle), wurde im November 1919 Befehlshaber im Wehrkreis IV, sein Freikorps wurde in die Reichswehr eingegliedert, nach Kapp-Putsch in Ruhestand versetzt.

Oestreicher, Ludwig (Lulu), geboren 1886, Todesjahr nicht ermittelt, Leutnant, 1918 Gründer und Führer des Freikorps "Pionierkompanie Oestreicher", mit diesem Übertritt 1919 zum "Freikorps Oberland", dort Kommandeur des 1. Bataillon, 1925 aus Bund "Oberland" ausgetreten, da Oestreicher einen Angriff auf Danzig plante, gründete Bund "Alt-Oberland", der sich 1926 auflöste.

Oven, Ernst Friedrich Otto von, geboren 1859, gestorben 1945, Generalleutnant, im I. WK Befehlshaber im XXI. Armeekorps, Orden "Pour le mérite" 1918, Oberbefehlshaber der Reichstruppen zur Niederschlagung der Münchner Räterepublik im April/Mai 1919, bestehend aus zwei Gardedivisionen und preußischen, bayerischen und württembergischen Freikorps, wurde 1920 Befehlshaber im Wehrkreis III, nach Kapp-Putsch in Ruhestand versetzt.

Pabst, Waldemar, geboren 1881, gestorben 1970, im I. WK 1. Generalstabsoffizier der Gardekavallerie-Schützendivision, wandelt diese Weihnachten 1918 in ein Freikorps um, unternahm am 21. Juli 1919 einen eigenen Putsch-Versuch in Berlin, Teilnahme am Kapp-Putsch, Flucht nach Österreich, dort Aufbau von Bürgerwehren, 1931 Rückkehr nach Deutschland, 1943 Exil in der Schweiz, bis zu seinem Tode militärisch (Rüstung) und politisch aktiv.

Pfeffer von Salomon, Franz, geboren 1888 in Düsseldorf, Todesjahr nicht ermittelt, Hauptmann, Gründer und Führer des "Freikorps von Pfeffer", Teilnahme am Ruhrkampf, seit 1924 in NSDAP, 1926-30 Oberster SA-Führer, 1932-41 MdR, 1944 verhaftet, bei Kriegsende 1945 Kommandeur einer Volkssturmdivision.

Reinhard, Wilhelm, geboren 1869 in Lutau/Pommern, gestorben 1955, Oberst, 1919 Freikorpsführer in Berlin, NSDAP-Mitglied, SS-Obergruppenführer, General der Infanterie, Bundesführer des Deutschen Reichskriegerbundes.

Römer, Josef (Beppo), geboren 1892 in München, 1944 in Berlin hingerichtet wegen Hochverrat, Hauptmann, Stabschef des "Freikorps Oberland", wesentlich an der Erstürmung des Annaberges beteiligt, seit 1923 kommunistische Aktivitäten.

Roßbach, Gerhard, geboren 1893 in Kehrberg/Pommern, gestorben 1967 in Hamburg, Leutnant, gründete 1918 das Freikorps "Freiwillige Sturmabteilung Roßbach", mit diesem im Grenzschutz Ost, ab Oktober 1919 im Baltikum, im Kapp-Putsch in Norddeutschland gegen Unruhen tätig, 1921 Wiedergründung in Schlesien gegen dritten polnischen Aufstand, Teilnahme am Hitler-Putsch 1923, seit 1926 in der Jugendbewegung und musikalisch tätig, Versicherungskaufmann.

Schlageter, Albert Leo, geboren 1894 in Schönau/Schwarzwald, hingerichtet 1923 auf der Golzheimer Heide bei Düsseldorf, Leutnant, führte im Baltikum eine Batterie im "Freikorps von Medem" und eine eigene Truppe in Oberschlesien beim dritten Polenaufstand, seit 1922 Mitglied der NSDAP, aktiv im Widerstand gegen französische Ruhrbesetzung, fiel Verrat zum Opfer, von Franzosen am 8. Mai 1923 zum Tode verurteilt und am 26. Mai hingerichtet.

Selchow, Werner Heinrich Bogislav von, geboren 1877 in Köslin, gestorben 1943 in Berlin, Fregattenkapitän, 1920 Führer des Marburger Studentenkorps (Stukoma), mit diesem an der Niederschlagung von kommunistischen Unruhen in Thüringen beteiligt, vom Sommer 1920 bis Ende 1922 Führer der "Orgesch" in Westdeutschland, Dichter.

Siewert, Paul, geboren 1870, gefallen 1919 in Zoden/Baltikum, Kapitän zur See, Führer der Deutschen Legion, übernahm am 24. August 1919 den Oberbefehl über die deutschen Truppen im Baltikum, nachdem General v.d. Goltz diesen auf Druck der Reichsregierung abgegeben hatte.

Stennes, Walter, geboren 1895 in Fürstenberg/Westfalen, Todesjahr nicht ermittelt, gründete am 1. Januar 1919 das "Freikorps Hacketau", Führer in Berliner Geheimpolizei, 1923 Führer in der "Schwarzen Reichswehr", Teilnahme am Buchrucker-Putsch, 1928 Chef der Berliner SA, führte 1928 SA-Putsch (sog. Stennes-Revolte) durch, 1933-49 Militärberater Chiang Kai-sheks in China.

Stephani, Friedrich Franz Adolf von, geboren 1876 in Bielefeld, gestorben 1939, Major, 1919 Freikorpsführer in Berlin, Kommandeur des Regiments Potsdam, später Führer des Stahlhelm-Bund, Führer der SA-Reserve I, Reichstagsabgeordneter.

Stever, Ernst, geboren 1878, Todesjahr nicht ermittelt, Korvettenkapitän, gründete am 1. Februar 1919 in Wünsdorf das zirka 1000 Mann starke "Freikorps Stever", kämpfte mit diesem in der "Deutschen Legion" im Baltikum, das Freikorps wurde am 10. Januar 1920 in der Heimat aufgelöst.

Volck, Herbert, geboren 1894 in Dorpat/Baltikum, gestorben 1945, floh 1916 aus russischer Kriegsgefangenschaft in Asien, gründete nach eigenem Bekunden das erste Freikorps ("Lüneburg-Volck"), aktiv in der Landvolkbewegung, wegen Bombenanschlägen 1930 verhaftet.

Wagener, Otto, geboren 1888 in Durlach, gestorben 1971 in Bayern, zeitweise Kommandeur des Freikorps "Deutsche Legion" im Baltikum, baute den Selbstschutz in Oberschlesien mit auf, 1929/30 Stabschef der SA, 1932 im Stabe Hitlers, 1933 Mitglied des Reichstages.

Watter, Oskar von, geboren 1861 in Ludwigsburg, gestorben 1939 in Berlin, Generalleutnant, im I. WK Kommandeur der 54. Infanterie-Division, Orden "Pour le mérite" 1917, schlug auf eigene Verantwortung mit Reichswehrtruppen und Freikorps die "Rote Rhein-Ruhr-Armee" (ca. 80.000 Mann) vom 3.-8. April 1920.

Kampfwagen der Freikorps

Schwerer Minenwerfer auf dem Alexanderplatz in Berlin

Die Ausrüstung der deutschen Freikorps

Bewaffnung, Uniformen, Fahnen und Auszeichnungen

Bewaffnung

Die Literatur zur Ausrüstung und Ausstattung der Freikorps ist besonders gering. Das einzig wirkliche Buch zu diesem Thema ist der Sammlerkatalog von Lothar Hartung über die Auszeichnungen und Effekten. In der allgemeinen, zeitgenössischen Literatur findet diese Thematik geringe Beachtung, so daß man heute diese und vor allem Fotos auswerten muß. Anhand der Arbeit von Helmut Reuther[212] kann man behaupten, die Freikorps der Jahre 1918/19 haben über alle modernen Waffen der deutschen Weltkriegstruppen verfügt. Ausgenommen größerer Marineeinheiten. Sie verfügten über ganze Fliegereinheiten, Ballontruppen, Panzerzüge und auch Panzerwagen, schwere Artillerie und sogar Minensuchboote (Freikorps Caspari in Bremen), Flammenwerferzüge, Nachrichteneinheiten und berittene Truppen.

Die Ausrüstung der Kämpfer in Oberschlesien 1921 bestand nur noch aus Resten der der Demilitarisierung entgangenen Waffen. Wobei es sich im wesentlichen nur noch um Gewehre und Faustfeuerwaffen handelte[213]. In den erfolgreichen Kämpfen wurden jedoch polnische Waffen erbeutet und so klaffende Lücken in der Ausrüstung ausgebessert.

Mit der Auflösung der Freikorps und des Selbstschutzes gingen alle Waffen in den Bestand der Reichswehr über und wurden dann den Bestimmungen des Versailler Vertrages entsprechend behandelt[214].

Uniformen

Es erscheint logisch und die erhaltenen Fotos belegen es, daß die Freikorps die alten Uniformen des Weltkrieges anbehielten. Mit der Auflösung des deutschen Millionenheeres wurden riesige Mengen Uniform- und Ausrüstungsgegenstände frei, die auch zur Einkleidung und Bewaffnung der bisher ungedienten Freikorpsmänner zur Verfügung standen. So zeigen die Bilder der Berliner Märzkämpfe die Regierungstruppen in der Kampfuniform des I. Weltkrieges mit langem Mantel und Stahlhelm. Letzterer wurde oft mit einem Totenkopf, Hakenkreuz oder ähnlich martialischen Symbolen versehen.

---

212 Freikorps und Grenzschutzformationen 1918-24 in Feldgrau

213 Gelegentlich wird auch leichte Feldartillerie erwähnt, die versteckt wurde und dann nach Oberschlesien geschmuggelt wurde. Insgesamt spricht die Literatur jedoch von einer "abenteuerlichen" Ausrüstung der Freiwilligen in Oberschlesien.

214 Die Schwarze Reichswehr, auf die wir hier nicht näher eingehen, versteckte später große Mengen Waffen, um sie vor der Zerstörung zu bewaren.

Freikorps Oberland im Oberschlesischen Selbstschutz

Die Schilderungen der Kämpfe im dritten polnischen Aufstand 1921 beschreiben jedoch eine andere "Uniform". Über 2 Jahre nach Kriegsende ist die einheitliche Ausrüstung der nach Schlesien eilenden Freiwilligen nicht mehr möglich. Jeder Kämpfer trug, was er von daheim mitbrachte. Die Selbstschutzkämpfer waren wohl der wildeste Haufen, den die deutsche Militärgeschichte je gesehen hat.

Nahezu alle Verbände führten neben der Fahne ein Erkennungszeichen an der Uniform, in der Form eines Ärmel- oder Kragenabzeichens in Form des Verbandsabzeichens. Nachgewiesen ist auch eine große Zahl verschiedener Armbinden, die Träger von Zivilkleidung als Soldaten auszeichnete. Diese Armbinden waren oft mit dem Namen des Freikorps beschriftet und mit einem Stempel authentifiziert.

Fahnen

Die Fahne spielt in der militärischen Tradition eine besondere Rolle. Fahnen als Feldzeichen der Truppen waren schon im Altertum mit verschiedenen Sinnbildern gebräuchlich.

Die Fahnen und Standarten der Freiwilligen-Formationen waren in ihrer Verschiedenheit und Gestaltung geprägt von den Symbolen der Zeit. Auf den Tüchern fanden sich Kaiserkrone, preußischer Adler, Totenkopf, Hakenkreuz und vor allem landsmännische Zeichen. Es läßt sich in der Retrospektive leider oft nicht mehr feststellen, ob es sich bei einigen Fahnen um tatsächlich geführte Feldzeichen handelt, oder um nachträglich gefertigte Traditionszeichen[215]. Häufigste Fahne war jedoch die Reichskriegsfahne und die alte Reichsfahne schwarz-weiß-rot.

Am 9. November 1933, dem 10. Jahrestag des fehlgeschlagenen Hitlerputsches, traten, im Rahmen der Gleichschaltung aller Organisationen und deren Einschwörung auf den Nationalsozialismus, auf dem Müncher Königsplatz die ehemaligen Freikorps an. Sie übergaben dem nationalsozialistischen Staat ihre alten Fahnen (2x Oberland, 2x Roßbach, 1x Pfeffer, 1x Kühme, 1x Lauterbacher, 1x Heydebreck, 1x Heinz, 1x Brüssow, 1x Petersdorff). Diese Fahnen wurden dann in der Fahnenhalle des Braunen Hauses aufgestellt. 1945 wurden sie bei einem Bombenangriff auf München, dem auch das Braune Haus zum Opfer fiel, zerstört[216].

Freikorpsfahne auf dem Frontkämpfertag in Berlin 1921

215 Zu den Fahnen der Freikorps: Wolfgang Joly: Fahnen und Standarten deutscher Freiwilligen-Formationen 1918-1923, eine leider nicht veröffentlichte, sehr umfangreiche Arbeit.

216 Bund Oberland: Für das stolze Edelweiss und Dr. Ottfried Neubecker: Die Fahnen der Bewegung im Braunen Haus in München in Uniformen-Markt 1937; Joly berichtet, die Fahne der Eisernen Schar Berthold wurde dem ermordeten Führer Rudolf Berthold mit in sein Grab auf dem Berliner Invalidenfriedhof gegeben. Wehrfront 11/1938 berichtet, daß in Wien ein letzter Appell des Freikorps Oberland stattfand, bei dem die 3 historischen Sturmfahnen an die SA übergeben wurden.

Auszeichnung

Nach Salomon[217] gab es 3 staatliche Auszeichnungen für die Teilnehmer an den deutschen Nachkriegskämpfen: 1.) Das Baltenkreuz, 1919 gestiftet, für die Teilnahme an den Kämpfen im Baltikum. 2.) Das Schlesische Bewährungsabzeichen (Schlesischen Adler, in zwei Stufen) für die Teilnahme an der Niederringung der drei polnischen Aufstände in Oberschlesien[218] und 3.) Das Kärntenkreuz für den Einsatz in den Abwehrkämpfen in Österreich. Die Tragegenehmigung für den Schlesischen Adler und das Baltenkreuz wurde auch nach dem II. Weltkrieg in der Bundesrepublik Deutschland erneuert[219]. Damit folgte die Bundesrepublik dem Ordensgesetz vom 1.7.1937, welches alle nichtstaatlichen Abzeichen verbot und nur den Schlesischen Adler und das Baltenkreuz ausnahm.

Nahezu alle größeren Freikorps und ihre Nachfolgeorganisationen verliehen Bewährungs, Ehren- und Erinnerungsabzeichen sowie Ehrenkreuze und Verdienstmedaillen, Das Freiwillige Landesjägerkorps und das Freikorps von Diebitsch verliehen sogar eine Medaille für gute Pferdepflege[220].

Die Urkunde für Freikorpskämpfer[221]

Nach der Machtergreifung der Nationalsozialisten im Jahre 1933 wurde von verschiedenen Seiten der Wunsch an die Reichsregierung getragen, die ehemaligen Freikorpskämpfer zu ehren. Die Stiftung eines Ordens oder Ehrenzeichens wurde abgelehnt[222]. Statt dessen wurde im Auftrag des Reichs- und Preußischen Minister des Innern eine Urkunde ausgegeben. Diese recht schlichte Ehrung ist wohl auf Hitlers grundsätzliche Ablehnung des Freikorpsgedankens zurückzuführen[223]. Außerdem waren zum Zeitpunkt der Verleihung schon zahlreiche Freikorpsführer im Rahmen des "Röhm-Putsches" hingerichtet, ins Ausland geflohen oder inhaftiert.

---

217 Das Buch vom deutschen Freikorpskämpfer

218 Gestiftet am 16.6.1919 vom Generalkommando VI (Breslau) für die Angehörigen der unterstellten Grenzschutzformationen. 1. Stufe für sechsmonatige, 2. Stufe für dreimonatige Einsatzzeit. aus: Deutsches Soldatenjahrbuch 1969.

219 Ordensgesetz § 6.1.1

220 Angaben aus: Lothar Hartung: Spezialkatalog Deutsche Freikorps 1918-1921

221 Angaben aus: Wehrfront vom 1. Februar 1937 und vom 19. August 1938.

222 Wie wichtig und wie unwahrscheinlich die Verleihung eines Ordens war, geht aus folgender Mitteilung in Wehrfront 19 vom 1.10.1936 hervor: "Betr.: Orden für Freikorpskämpfer. Der Hauptschriftleiter der "Wehrfront" (Rudolf Claassen, d.Autor.) hat auf Grund einer großen Zahl von Zuschriften am 21. September an die Präsidialkanzlei ein Gesuch gerichtet, den Freikorpskämpfern das Ehrenkreuz zu verleihen. Der Herr Staatssekretär und Chef der Präsidialkanzlei hat unter dem 22. September mitgeteilt, daß dieses Gesuch an den Herrn Reichs- und Preussischen Minister des Innern weitergeleitet wurde und daß von dort Mitteilung erfolgen wird. Die Freikorpskämpfer werden gebeten, diese Entscheidung abzuwarten und von Zuschriften an die Schriftleitung in der Angelegenheit "Abzeichen bzw. Orden für Freikorpskämpfer" abzusehen. Von der Entscheidung werden wir Mitteilung machen. Wie diese auch ausfallen möge, um Orden haben Freikorpskämpfer bestimmt nicht gekämpft, sondern um die Existenz des Deutschen Reiches. Alle Freikorpsmänner werden sich jederzeit, ob mit oder ohne Orden, für den Bestand des Dritten Reiches und für unseren Führer einsetzen."

223 Hitler z.B. in "Mein Kampf":"Damals fanden sich zum ersten Male zahlreiche junge Deutsche bereit, im Dienste der "Ruhe und Ordnung", wie sie meinten, noch einmal den Soldatenrock zuzuknöpfen, Karabiner und Gewehr über die Schulter zu nehmen, um mit angezogenem Stahlhelm den Destrukteuren der Heimat entgegenzutreten. Als freiwillige Soldaten schlossen sie sich in freie Korps zusammen und begannen, während sie die Revolution grimmig haßten, dieselbe Revolution zu beschützen und dadurch praktisch zu festigen."

Der Antrag auf die Urkunde war an den Bundesführer des Deutschen Reichskriegerbundes, SS-Gruppenführer und Oberst a.D. Reinhard in Berlin zu richten. Dessen Faksimileunterschrift zeichnete auch die Urkunde. Anfang 1937 wurde in der Presse aufgerufen, den Antrag auf diese Urkunde zu stellen. Der Nachweis für die Mitgliedschaft in einem Freikorps mußte anhand von Militärpaß, Kriegsrangliste, Kriegsstammrollenauszug, Dienstleistungszeugnis o.ä. erbracht werden. Konnten diese Dokumente nicht vorgelegt werden, wurde vom Zentralnachweisamt für Kriegsverluste und Kriegsgräber in Berlin eine Militär-Dienstzeitbescheinigung erstellt, die als Nachweis gelten konnte, denn dort lagen die Stammrollen der meisten Freiwilligenformationen vor. Konnte kein schriftlicher Nachweis erbracht werden, genügte auch die eidesstattliche Erklärung mehrerer einwandfreier Zeugen.

Es gingen etwa 100 000 Anträge auf diese Urkunde ein. Die Ausstellung war am 31. Juli 1938 endgültig abgeschlossen. Spätere Anträge wurden nicht mehr berücksichtigt.

Die Urkunde hatte eine Größe 39 x 28,5 cm (Höhe x Breite) und zeigte das Hermannsdenkmal im Teutoburger Wald. Jede Urkunde war numeriert und enthielt die Faksimileunterschrift des Bundesführer des Deutschen Reichskriegerbundes (Kyffhäuserbund) e.V., SS-Gruppenführer, Oberst a.D.Wilhelm Reinhard.

Urkunde

Auf Grund der mir von dem Reichs-und Preußischen Minister des Innern erteilten Vollmacht beurkunde ich hiermit, daß der Unteroffizier
Franz Paprocki in Berlin Friedenau
an den Kämpfen des Freikorps
„Baltische Landeswehr"
teilgenommen hat.
Es wird ihm hiermit Dank und Anerkennung des Reichs ausgesprochen, daß er freiwillig unter Einsatz von Leib und Leben das Deutsche Reich in schwerer Zeit verteidigt und geschützt hat.

Berlin, den 1. Juli 1937
Der Bundesführer
des Deutschen Reichskriegerbundes (Kyffhäuserbund) E. V.

SS-Gruppenführer, Oberst a. D.

Deutscher Reichskriegerbund (Kyffhäuserbund) e.V.

Urkunde Nr. 78144

Die Urkunde für den Freikorpskämpfer

Die Freikorps-Denkmäler

Alter Holzschnitt Annaberg-Denkmal

Die Denkmäler für die Freikorps in Deutschland

Einführung

Annaberg/Oberschlesien

Berlin

Beuthen/ Oberschlesien

Dorsten

Halle/Saale

Burg Horst

Leipzig

München

Remscheid

Reval

Saaleck

Schliersee

Schlageter-Denkmäler

Einführung

Wieviele Soldaten auf Seiten der Freikorps fielen, ist unbekannt. Hans Roden weist 1066 Gefallene namentlich mit Dienstgrad nach[224]. Da in der Auflistung jedoch die Gefallenen des Baltikumfeldzuges nicht genannt sind, ist diese Zahl nicht vollständig[225].

Gegen den Widerstand der extremen Linken in Deutschland gelang es den Kameradschaften der ehemaligen Freikorps, Denkmäler für ihre gefallenen Kameraden in ganz Deutschland zu errichten. Einige Denkmäler wurden auch von den lokalen Bürgerschaften zum Dank an die Freikorps für die Befreiung von Bolschewismus und Anarchie errichtet. Erst im III. Reich begann jedoch eine intensivere Würdigung der Freikorps. Es wurden Wettbewerbe ausgeschrieben und unter Teilnahme der alten Soldaten und politischer Führung künstlerisch wertvolle Denkmale eingeweiht[226].

Nach dem Ende des II. Weltkrieges wurden zahlreiche Denkmäler abgeräumt und zerstört. Lediglich kleinere und verstecktere Denkmäler blieben erhalten. Bei den Ehrenmalen in den von Polen und Russen besetzten Ostteilen Deutschlands kann man mit Sicherheit von einer totalen Zerstörung ausgehen. Aber auch im Westen wurde geschliffen[227].

In diesem Kapitel werden die wichtigsten Denkmäler vorgestellt, ein Anspruch auf Vollständigkeit wird nicht erhoben.

---

224 Hans Roden: Deutsche Soldaten, er weist bei der Auflistung jedoch darauf hin, daß die Liste keinen Anspruch auf Vollständigkeit erhebt. Interessant ist die Zahl von 93 gefallenen Offizieren, darunter ein General.

225 Deshalb kann auch die Zahl von 1153 Gefallenen aus dem Brockhaus 1938 nicht stimmen. In einem Brief des Voksbundes Deutsche Kriegsgräberfürsorge an den Autor vom 12.05.1997, weist der Volksbund auch darauf hin, daß Freikorpsgräber nicht unter das Kriegsgräbergesetz fallen.

226 Vergleiche: Deutschland über Alles – Ehrenmale des Weltkrieges von Siegfried Scharfe, 1938

227 S. bsw. die totale Abräumung des Eisen-Kreuzes für Schlageter auf der Golzheimer Heide.

Das Freikorps-Ehrenmal auf dem Annaberg in Oberschlesien[228]

Am 22. Mai 1938 wurde auf der höchsten Erhebung Oberschlesiens, dem Annaberg, in einer Feierstunde das Freikorps-Ehrenmal eingeweiht. Auftraggeber für dieses Ehrenmal war der Volksbund Deutsche Kriegsgräberfürsorge. Zur Einweihung waren etwa 25.000 Personen erschienen, darunter zahlreiche ehemalige Freikorpsmänner und -führer. Dr. Eulen, der Präsident des Volksbundes, der schlesische Oberpräsident und NSDAP-Gauleiter Wagner, General der Infanterie Busch und die Generäle a.D. Hoefer und von Hülsen legten im Inneren des Denkmales Kränze nieder. Das Denkmal war allen gefallenen Freikorps-, Grenz- und Selbstschutzkämpfern Deutschlands geweiht und befand sich auf einer 35 m hohen Felskuppe über der am selben Tag eingeweihten Feierstätte der Provinz Schlesien. Das Datum der Einweihung war der 17. Jahrestag der Erstürmung des Annaberges durch Freikorpskämpfer im dritten polnischen Aufstand. Im Auftrage des Volksbundes wurden an diesem Tage in ganz Deutschland an den Gräbern und Denkmälern für die gefallenen Freikorpskämpfer Kränze niedergelegt.

Schon am 1. April 1938[229] wurden in Annengrund, Bergstadt, Gogolin, Groß Stein, Groß Strehlitz, Kaltwasser, Niederkirch, Oberwitz, Petersgrätz, Sankt Annaberg, Sprentschütz und Stubendorf die Gebeine von 50 Freikorpskämpfern geborgen und in einem feierlichen Zug, begleitet von SA-Männern, Trägern des Schlesischen Adlers, zum Annaberg gebracht. Dort wurden sie auf der Terrasse der Jugendherberge zu einem letzten Appell aufgebahrt. Die ganze Nacht stand eine Ehrenwache an den Särgen. Im Morgengrauen des 2. April wurden die 50 Särge durch ein Ehrenspalier zum Ehrenmal geführt.

Das Ehrenmal bestand aus schlesischem Kalkstein und hatte die Form eines Rondells, das von 10 pfeilerartigen Vorsprüngen gestützt und gegliedert war. Nur 5 m ragte der Bau über den Felsen heraus. Die Kuppel über der Gruft war 3 m tief in den Felsen hineinverlegt. Um den Felsen nicht zu zerstören, verzichtete man auf Sprengungen, man arbeitete sich in mühevoller Handarbeit in den Felsen hinein. Er barg die sterblichen Überreste von 51 am Annaberg gefallenen Freikorpssoldaten. Ein im Innern des Denkmals umlaufendes Mosaikband nannte ihre Namen. In der Mitte stand eine überlebensgroße Porphyrplastik, die einen sich aufreckenden Kämpfer darstellte. Diese Figur wurde vom Münchner Künstler Schmoll gen. Eisenwerth geschaffen. Die Kuppel des Ehrenmales war mit einem 300 Quadratmeter großen Mamormosaik geschmückt. Auch die Innenwände waren mit aufwendigen und wertvollen Mosaiken verkleidet. An den Wänden des Treppenganges zur Gruft befanden sich 24 Wappenschilder mit den Abzeichen der Freikorps-, Grenz- und Selbstschutzformationen. Die Gesamtleitung für den Bau des Denkmals hatte der Architekt Robert Tischler, die Bauzeit betrug zwei Jahre. Zugänglich war das Monument nur durch das Kuhtal, in dem sich die Feierstätte[230] befand. Die Besucher sollten zu den Gefallenen hinaufgehen. Es war ein würdiges und sicher beeindruckendes Ehrenmal.

In seiner Nähe wurde, ebenfalls 1938, eine Jugendherberge errichtet. Das Freikorps-Ehrenmal wurde von den Polen, die Schlesien nach dem Zweiten Weltkrieg besetzten, zerstört, die sterblichen Reste der Freikorpsmänner wurden vermutlich in der Umgebung verscharrt[231]. Jugendherberge und Feierstätte sind heute verfallen.

---

228 Angaben aus: Wehrfront vom 3. Juni 1938 und Kriegsgräberfürsorge-Mitteilungen und Berichte vom Volksbund Deutsche Kriegsgräber e.V. des 18. Jahrganges 1938

229 Kriegsgräberfürsorge Heft 5/1938, in Heft 8/1938 wird der 2. April genannt.

230 Feierstätte der Schlesier ("Thingplatz") erbaut vom 1934-38 von Franz Böhmer und Georg Petrich. Freilichttheater für 50.000 Menschen. Von den Archtiekten stammt auch die Jugendherberge am Annaberg mit 172 Schlafplätzen, eingeweiht von Baldur von Schirach am 17.10.1937. aus: M.G. Davidson, Kunst in Deutschland 1933-45

231 Aus einem Brief des Voksbundes Deutsche Kriegsgräberfürsorge an den Autor vom 12.05.1997. Demnach gibt es keine offizielle Dokumentation über die letzte Ruhestätte der 51 Freikorpsmänner. Bei einer Sprengung des Ehrenmales könnte man jedoch davon ausgehen, daß große Teile im Innern des Berges erhalten sind.

Ehemalige Hamburger Freikorpskämpfer fahren in Sonderbussen

zur Einweihung des Annaberg-Denkmals

Die Gräber Rudolf Bertholds und Robert von Klübers auf dem Berliner Invalidenfriedhof[232]

Am 2. März 1919 wurde in Halle an der Saale Oberstleutnant Robert von Klüber ermordet. Der Pour le mérite-Träger wurde bei einer Erkundung für das Landesjägerkorps erkannt und äußerst brutal behandelt und schließlich getötet. Nachdem Maerckers Truppen die Ordnung wiederhergestellt hatten, wurde am 11. März 1919 sein Leichnam feierlich nach Berlin überführt. Auf seinem erhaltenen Grabstein steht : "Ich habe einen guten Kampf gekämpft".

Am 15. Februar 1920 wurde in Harburg an der Elbe der Führer des Freikorps Eiserne Schar Berthold, Pour le mérite-Träger Hauptmann Rudolf Berthold, nach einem Gefecht mit kommunistischen Arbeitern ermordet. Sein Leichnam wurde nach Berlin überführt und auf dem Invalidenfriedhof am 24. März 1920, seinem 29. Geburtstag, beigesetzt. Wolfgang Joly berichtet, die Fahne der Eisernen Schar Berthold wurde Berthold mit in sein Grab gegeben. Die heute nicht mehr erhaltene Grabplatte enthielt folgenden Text:

---

232 Robert Thoms, Invalidenfriedhof Berlin – Seine Geschichte in den Biographien dort Beerdigter, Hamburg, 1999. Auch Lothar von Arnauld de la Perière ruht auf dem Berliner Invalidenfriedhof.

"Hier ruht der Fliegerheld Kgl.Pr. Hauptmann Rudolf Berthold, Inf.-Rgt. Graf Tauentzien von Wittenberg Nr.20, Führer des Jagdgeschwaders II und der Eisernen Schar Berthold, Kämpfer für Deutschlands Ehre, Sieger in 44 Luftschlachten, geehrt vom Feinde, erschlagen von deutschen Brüdern am 15. März 1920 in Harburg a.d. Elbe, geboren am 24. März 1891."

Das Denkmal für die gefallenen Selbstschutzkämpfer in Beuthen/ Oberschlesien[233]

Am 6. September 1925 weihte die Stadt Beuthen feierlich ein Denkmal zu Ehren der während der Besatzungszeit gefallenen Selbstschutzkämpfer ein. Es stand auf dem Beuthener Wilhelmsplatz und hatte die Form eines übergroßen Sarkophags mit der Aufschrift "Den gefallenen Selbstschutzkämpfern". Auf dem Sarkophag befand sich eine Feuerschale. Mit der Erbeutung Oberschlesiens durch Polen wird das Denkmal zerstört worden sein.

Ehrenmal für die Freikorps Lichtschlag-Loewenfeld in Dorsten[234]

Die Kämpfe im Industriegebiet im Februar 1919 und nach dem Kapp-Putsch 1920 gehören zu den schwersten und verlustreichsten Gefechten der Freikorps in Deutschland. Zahlreiche Arbeiter in den Fabriken und Gruben schloßen sich den kommunistischen Aufständischen an und leisteten heftigen Widerstand gegen den Versuch der Regierungstruppen die Ordnung wiederherzustellen. Um die gefallenen Soldaten dieser Kämpfe zu ehren, wurde in Dorsten, unmittelbar an der Kanalbrücke, ein Gedenkstein errichtet. Der feierlichen Einweihung am 25.06.1934 gingen Feiern der Stadt voraus, an denen zahlreiche Freikorpsmänner teilnahmen. Außerdem erschienen als Ehrengäste die ehemaligen Freikorpsführer General von Watter, Hauptmann Lichtschlag, Hauptmann Littmann, Heinz von Hauenstein, General Kloebe als Vertreter von Vizeadmiral Loewenfeld.

Der Denkmalseinweihung gingen Kranzniederlegungen an den Gräbern der Gefallenen voraus. So zum Beispiel auf dem Friedhof Kirchhellen, wo fast 30 Gefallene des Freikorps Loewenfeld ruhen.

Das Denkmal war ein unbehauener Findling, vor dem eine Tafel mit der Aufschrift: "Den Freikorps Lichtschlag/Loewenfeld, Februar 1919 – März 1920. Unsern Befreiern aus Spartakistengewalt. Mit Adolf Hitler im zweiten Jahr des dritten Reiches 1934. Euch wars verhüllt. Nun ists am Tag. Ihr schlugt den ersten Hammerschlag." Der Entwurf für das Ehrenmal stammte vom Düsseldorfer Architekten Buerbaum, einem gebürtigen Dorstener. Englische Soldaten stießen nach Kriegsende den Stein in den Kanal. 1949 wurde er geborgen und als Denkmal für die Kriegsgefangenen aufgestellt. Er steht bis heute am alten Platz[235].

---

233 Erwin Stein (Hrsg.) Monographien deutscher Städte – Beuthen O/S.

234 Dorstener Volkszeitung vom 23. und 25. Juni 1934

235 Dorsten nach der Stunde Null

Denkmal für die gefallenen Landesjäger auf dem halleschen Gertraudenfriedhof[236]

Den Gefallenen des Landesjägerkorps wurde schon 1921 ein Denkmal errichtet. In Anwesenheit des General Maerker wurde am 5. Mai 1921 auf dem Gertraudenfriedhof in Halle ein Denkmal in der Form eines Kreuzes eingeweiht. Es war aus thüringer Muschelkalk von der halleschen Firma Schulze & Co. hergestellt und zeigte auf einem etwa 7 Meter hohen Kreuz ein Schwert und den Spruch " Niemand hat größere Liebe, denn wer sein Leben lässet für seine Freunde." Am Sockel befanden sich 2 Reliefs, "Bruderkampf" und "Versöhnung" sowie das Relief eines Stahlhelms. Auf der Rückseite standen die Namen der Gefallenen des Freikorps.

Auf Weisung der "Sowjetischen Militäradministration", die besagte, alle "militaristischen und nazistischen" Denkmäler müssen beseitigt werden, wurde auf einer Sitzung des Denkmalausschusses der Stadt Halle am 18. Juli 1946 der Abriß des Landesjägerdenkmals beschlossen. Schon am 26. Juli 1946 wurde Vollzug gemeldet.

Das Ehrenmal für die Ruhrkämpfer auf Burg Horst/Steele[237]

Am 21. März 1934 begann der Reichsarbeitsdienst mit einem Spatenstich General Watters den Bau des Denkmals für die etwa 550 gefallenen Soldaten des Ruhrkampfes auf dem Gelände der Burgruine Horst an der Ruhr. Der Architekt Buschhürer aus Krefeld entwarf die Gedenkstätte aus 24 Pfeilern für die 24 Freikorps, die hier 1920 eingestezt waren. Auf Bronzetafeln wurden die Namen der Gefallenen festgehalten. Am 3. November 1934 weihte Watter das Denkmal in Anwesenheit von General von Kluge, General von Epp, Polizeigeneral Daluege, Hauptmann Lichtschlag, Gauleiter Terboven, sowie zahlreichen ehemaligen Freikorpskämpfern ein. Dieses Denkmal ist erhalten.

Das Denkmal für die Zeitfreiwilligen in Leipzig[238]

Der Leipziger Architekt Wilhelm Lossow zeichnete 1934 ein Denkmal für die Gefallenen des Zeitfreiwilligen-Regiments Leipzig. Es wurde am 31. März 1935 im Park des Völkerschlachtdenkmals enthüllt. Ein 2 Meter hoher Steinblock aus Postaer Sandstein, von einer Schlange umschlungen, trug die Namen der Gefallenen. Außerdem war es mit einem Schwert und dem Leipziger Stadtwappen verziert. Es stand in der Mitte eines Pappelhaines. 1946 wurde es zerstört.

---

236 Brief Stadtarchiv Halle/Saale an den Autor, Saale-Zeitung vom 6.5.21

237 Hattinger Zeitung vom 22.3.1934, Volks-Zeitung vom 5.11.1934,

238 Unterlagen im Stadtarchiv Leipzig Kap. 26 A Nr. 114

Das Freikorpsdenkmal 1919 in München[239]

Erst am 3. Mai 1942 enthüllte die Stadt München ein Denkmal für die Freikorps die 1919 in München die Räterepublik beseitigt hatten. Der Künstler war Ferdinand Liebermann, das Denkmal stand in der Ichostraße. Es zeigte einen nackten Krieger im Kampf mit einer Schlange. Links und rechts des Kämpfers befanden sich jeweils 4 Wappenschilder sowie die Namen von 21 Freikorps. Nach dem Einmarsch amerikanischer Truppen 1945 wurde das Denkmal abgerissen.

Das Denkmal des Zeitfreiwilligen-Korps in Remscheid[240]

Auf dem Westfriedhof Remscheid/Reinshagen befindet sich das am 24. Juni 1923 enthüllte Denkmal für die Gefallenen des Freikorps Lützow, des Freikorps Hacketau und des Zeitfreiwilligen-Korps Remscheid. Es besteht aus drei Säulen, die von einem Relief mit dem Bergischen Löwen gekrönt sind. Am Fuße des Denkmals befindet sich eine Bronzeplatte mit den Namen der Gefallenen. Der Entwurf stammt von Baudirektor Schäfer, unterhalten wird es von der evangelischen Kirche Remscheid.

Der Gedenkstein des Baltenregiments in Reval/Estland[241]

Für das Baltenregiment wurde auf dem Domberg in Reval ein Gedenkstein errichtet. Der dreiteilige Stein enthielt auf dem oberen Teil ein Schwertrelief sowie die Jahreszahlen 1918 und 1920, auf dem mittleren Teil den Schriftzug: "Den Gefallenen des Baltenregiments".

Das Grabmal der Rathenau-Attentäter in Saaleck[242]

Ein besonderes Denkmal war der Stein für die beiden ehemaligen Angehörigen der Marinebrigade Ehrhardt, die Marineoffiziere Erwin Kern und Hermann Fischer. Sie hatten am 24. Juni 1922 den Reichaußenminister Rathenau in Berlin getötet und wurden auf ihrer Flucht am 17. Juli auf der Burg Saaleck gestellt. Kern starb durch eine Polizeikugel, Fischer tötete sich selbst. Die Attentäter wurden auf dem Saalecker Friedhof beigesetzt. Auf der Burg, damals noch in Privatbesitz, wurde am 17. Juli 1933 eine Gedenktafel aufgehängt, die von der ehemaligen Brigade Ehrhardt gestiftet war. Am selben Tag wurde der von Adolf Hitler gestiftete Grabstein enthüllt. Ein quadratischer Steinblock mit dem Spruch von Ernst Moritz Arndt:

---

239 A. Alckens, München in Erz und Stein

240 Hans Funke, Zeugen der Remscheider Geschichte, Stadtbilder in Stein und Bronze

241 Deutsche Geschichte, Das Baltikum 3/4 1993

242 Hans Wilhelm Stein-Saaleck Burg Saaleck, Türme des Schweigens und Ernst von Salomon Der Fragebogen.

"Tu, was du mußt,

Sieg oder stirb,

Und laß Gott die Entscheidung!"

Der Spruch war von Kapitän Ehrhardt ausgewählt worden. Neben Spruch und Namen war an dem Stein das Abzeichen der Brigade Ehrhardt angebracht. Auf dem Stein lag ein bronzener Stahlhelm. Unter der Teilnahme des SS-Reichsführers Heinrich Himmler, dem SA-Stabschef Ernst Roehm und dem Reichsstatthalter von Thüringen Fritz Sauckel, sowie angetretenen Formationen von Brigade Ehrhardt, SA und SS wurde der Grabstein enthüllt[243].

Im Juli 1934 wurde eine weitere Tafel auf der Burg angebracht, deren Text der Besitzer der Burg, der Dichter Hans Wilhelm Stein-Saaleck, entworfen hatte. Sie war allen Gefallenen der Freikorps gewidmet[244] und hatte folgenden Text: "Deutscher, der du die heiligen Fluren der Heimat durchschreitest, wende, hier rastend, gen Ostland den Sinn und gedenke der Männer, die für des Vaterlands Ehre und Freiheit kämpften und starben, trotzend feigem Verrat, verantwortlich Gott und sich selbst nur! Unseren Kämpfern gegen den Bolschewismus zum Schutze der deutschen Ostgrenzen in den Jahren 1918 bis 1920 gefallenen Kameraden zum immerwährenden Gedächtnis! Reichsverband der Baltikumkämpfer, Grenzschutz- und Freikorpskämpfer."

Beide Tafeln sind nicht mehr vorhanden. Der Grabstein stand am alten Platz, seiner Beschriftung beraubt, aber von der Zerstörungswut der Kommunisten verschont. Erst der evangelische Pfarrer der Gemeinde Bad Kösen ließ, in selbstherrlicher Machtvollkommenheit, am 31. Januar 2000 den Stein abräumen. Ausgeführt durch die deutsche Bundeswehr[245]!

Das Oberland-Denkmal in Schliersee[246]

Für die 52 in Oberschlesien Gefallenen des Freikorps Oberland wurde auf dem Weinberg in Schliersee ein Denkmal errichtet. Am 21. November 1921 wurde der Grundstein gelegt. Führer und Angehörige des Freikorps waren angetreten, General von Hülsen hielt die Rede.

Erst am 30. September 1923 konnte das Denkmal enthüllt werden. es handelte sich um einen einfachen Steinquader, auf dem ein Stahlhelm mit dem Edelweiß-Wappen des Freikorps lag. Auf der Vorderseite befand sich die Inschrift: "Oberland seinen 52 in Ober-

---

243 Die Einweihung des Grabmales war gleichzeitig Ehrenappell anläßlich der Übernahme der Ehrhardt-Männer in die SS. Nach Salomon kam es bei der Rede Ehrhardts zum Eklat.

244 Nach Stein-Saaleck 36.000 Gefallene.

245 Dem örtlichen Gottesdiener gefiel es nicht, daß der Stein gelegentlich von Saaleck-Touristen besichtigt wurde. Deshalb bat er die Bundeswehr, den Stein zu zerstören. Eine Pionier-Einheit der Saaleck-Kaserne in Weißenfels brach das Grabmal dann ab. Telefonat des Autors mit dem Pfarrer am 10.02.2000.

246 Für das stolze Edelweiß, Bild- und Textband zur Geschichte des Freikorps und Bund Oberland

schlesien im J. 1921 gefallenen Kameraden", auf der Rückseite: "Sie werden wieder auferstehen". Es war ein Entwurf des Architekten Bolzmacher, ausgeführt vom Münchner Bildhauer Willi Maurer. Zu den Einweihungsfeierlichkeiten waren die Angehörigen des Freikorps Oberland sowie zahlreiche Ehrengäste, darunter die NS-Führer Erich Ludendorff, Hermann Göring und Hermann Esser erschienen. Das Denkmal ist im Mai 1945 vollständig zerstört worden.

Am 21. Mai 1956 wurde aber an der Weinberg-Kapelle in Schliersee eine Gedenktafel eingeweiht, welche die Inschrift: "Freikorps Oberland seiner 52 im Freiheitskampf um Oberschlesien gefallenen Kameraden Sie werden auferstehen" trägt.

Die Albert Leo Schlageter Denkmale in Deutschland[247]

Albert Leo Schlageter galt durch seine Biographie als der Held der Freikorps. Sein tapferes Leben und Sterben standen symbolisch für den Kampf der Freiwilligen[248].

Das Grab Schlageters in Schönau

Von einem beeindruckenden Trauerzug begleitet, wurde der Sarg Schlageters, auf dessen Wunsch in eine schwarz-weiß-rote Flagge gehüllt, in seinen Geburtsort Schönau im Schwarzwald überführt. Auf dem dortigen Friedhof erhielt er ein Grab mit einem Stein, der Name, Geburts- und Todesjahr sowie den Sinnspruch "Deutschland muss leben, auch wenn wir sterben müssen." enthielt. Dieses Grabmal wurde 1985 geschändet (!) und danach vereinfacht rekonstruiert. Unweit des Grabes befand sich auf einer Anhöhe ein weiteres Schlageter-Denkmal.

Das Schlageter Denkmal in Düsseldorf

Bald nach der Hinrichtung gründete sich ein Ausschuß zur Errichtung eines Schlageter-Denkmals e.V., getragen von Persönlichkeiten aller politischen Richtungen. Als Ergebnis von dessen Arbeit wurde am 23. Mai 1931 auf der Golzheimer Heide ein besonders wirkungsvolles Denkmal eingeweiht. Es war ein 27 Meter hohes Eisenkreuz am Rande einer kreisrunden Gedenkstätte, nach einem Entwurf von Prof. Dr. Clemens Holzmeister. Im Innern des Gedenkraumes wurden die Namen der 141 Todesopfer des Ruhrkampfes auf Steintafeln genannt. An der Einweihung nahmen etwa 50.000 Menschen teil, einer der Redner war der ehemalige Reichskanzler Cuno, der seinerzeit zum passiven Widerstand gegen die französiche Besetzung aufgerufen hatte. 1946 wurde das Denkmal auf Beschluß der Düsseldorfer Stadtverordentenversammlung vernichtet. Heute steht dort ein recht grobschlächtiges Denkmal für die Opfer von Krieg und Gefangenschaft, errichtet 1958.

---

247 Wolfram Mallebrein, Albert Leo Schlageter – Ein deutscher Freiheitskämpfer

248 Durch seinen frühen Eintritt in die NSDAP, der allerdings nicht bewiesen ist, wurde Schlageter für die NSDAP-Propaganda das Bindeglied für Freikorps- und Parteigeschichte. Daraus lassen sich auch die zahlreichen Schlageter-Ehrungen im Dritten Reich erklären.

Gedenktafel für Schlageter in Berlin[249]

Anläßlich des 15. Jahrestages des Todes Albert Leo Schlageters wurde an dem Haus in Berlin Friedrichshagen, in dem Schlageter 1922/23 seinen Kampf im Ruhrgebiet vorbereitete, eine Gedenktafel enthüllt. Der Einweihung ging ein nächtlicher Fackelzug vom Märkischen Museum zum Schlageter-Haus am Rolandufer und eine Kranzniederlegung voraus.

Weitere Denkmäler

1924 wurde auf dem Kreuzberg zwischen Vechta und Lohne aus Findlingen ein Denkmal für Schlageter errichtet. Auch auf dem Höllenberg bei Hiddingen im Kreis Rotenburg (Wümme) wurde 1927 vom Höllenbergbund ein Naturstein-Denkmal für Schlageter errichtet. Beide Denkmale sind erhalten.

Der Schlageter-Stein auf dem Höllenberg bei Hiddingen.

249 Aus Wehrfront 11/38

Bibliographie

"A":

Hindenburg-Erzberger-Kapp : Geschichtsbilder.

- Berlin : Dom, 1920. - 49 S.:

"A"

Sieben-Tage-Buch. Kappregierung und Generalstreik 12. - 18. März 1920. - Berlin : Verlag der täglichen Rundschau, 1920. - 49 S.

Adaridi, Karl:

Freischaren und Freikorps. - Berlin : Eisenschmidt, 1925. – 165 S.

Adjutant im Preussischen Kriegsministerium. Juni 1918 bis Oktober 1919. Die Aufzeichnungen des Hauptmanns Gustav Böhm / Hrsg. Heinz Hürten / Georg Meyer, - Stuttgart : DVA, 1977. - 168 S.

Beiträge zur Militär- und Kriegsgeschichte

Albert Leo Schlageter:

Bildwerk über Leben und Sterben Albert Leo Schlageters anläßlich des 10. Todestages. – Düsseldorf, 1933
Mit einem Geleitwort vom preußischen Ministerpräsidenten Hermann Göring

Albert Leo Schlageter:

Seine Verurteilung und Erschießung durch die Franzosen am 26. Mai 1923 [neunzehnhundertdreiundzwanzig]. Dargestellt von den einzigen beteiligten Augenzeugen. - Düsseldorf, 1938. - 102 S.

Verfaßt vom Gefängnispfarrer Fassbender, Gefängniskaplan Roggendorff und Rechtsanwalt Sengstock.

Alter, Junius:

Nationalisten : Deutschlands nationales Führertum der Nachkriegszeit. - Leipzig : Koehler, 1930. - 214 S.

Arbeitereinheit siegt über Militaristen :

Erinnerungen an die Niederschlagung des Kapp-Putsches März 1920 / Hrsg. Institut für Marxismus-Leninismus beim ZK der SED. - Berlin : Dietz, 1960. - 203 S.

Arnold, Alfred:

Detachement Tüllmann. - Oldenburg i. O. : Stalling, 1920. - 154 S.

Aufstand :

Querschnitt durch den revolutionären Nationalismus / Hrsg. Goetz Otto Stoffregen - Berlin : Brunnen, 1931. - 178 S.

Aus den Geburtsstunden der Weimarer Republik.

Das Tagebuch des Obersten Ernst van den Bergh / Hrsg. Wolfram Wette. – Düsseldorf : Droste, 1991. - 263 S.

Quellen zur Militärgeschichte

Awaloff, Paul Michailowitsch:

Im Kampf gegen den Bolschewismus : Erinnerungen vom Oberbefehlshaber der deutsch-russischen Westarmee im Baltikum. - Glückstadt ; Hamburg : Augustin, 1925. - 563 S.

Gleiche Ausgabe in Russisch erschienen.

Axhausen, Günther:

Organisation Escherich : Die Bewegung der nationalen Einheitsfront. - Leipzig : Weicher, 1921. - 80 S.

Balla, Erich:

Landsknechte wurden wir : Abenteuer im Baltikum. - Berlin : Traditionsverlag Kolk & Co., 1932. - 232 S.

Die Baltische Landeswehr im Befreiungskampf gegen den Bolschewismus :

Ein Gedenkbuch / Hrsg. Baltischer Landeswehrverein. - Riga : Löffler, 1929. - 231 S.

Barthel, Max:

Der Putsch. – Berlin : Der Bücherkreis, 1927. - 198 S.

Basedow, Ernst ; Correns, Paul:

Schicksalsstunden : Unvergeßliches aus schweren Tagen in Posen und Westpreußen. - Berlin : Deckers, 1925. - 102 S.

Bauer, Max:

Der 13. [dreizehnte] März 1920 [neunzehnhundertzwanzig]. - München : Riehn, 1920. - 32 S.

Bayer, Hans:

München 1919 [neunzehnhundertneunzehn] : Der Kampf der Roten Armee in Bayern 1919. - Berlin : Ministerium für Nationale Verteidigung der DDR, 1956. - 54 S.

Benoist-Mechin, Jaques:

Vom Kaiserheer zur Reichswehr. - Bd. 1.: Geschichte des deutschen Heeres seit dem Waffenstillstand 1918-1938. Herausgegeben von Carl Henke - Berlin : Reimer, 1939. - 260 S.

2. Auflage 1943

Benoist-Mechin, Jacques:

Das Kaiserreich zerbricht : 1918-1919. - Oldenburg ; Hamburg : Stalling, 1965. - 376 S.

Benoist-Mechin, Jacques:

Jahre der Zwietracht : 1919-1925. - Oldenburg ; Hamburg : Stalling, 1965. - 398 S.

Bergerhoff, Karl:

Die Schwarze Schar in O/S : Ein historischer Abschnitt aus Oberschlesiens Schreckenstagen. - Gleiwitz : Selbstverlag Schwarze Schar, 1932. - 64 S.

Bergengruen, S.:

Teufel in Gottesland. - Berlin : Selle-Eysler, 1931. - 127 S.

Roman

Bernewitz, Elsa:

Die Entrückten. – München – Langen

Bernstein, Richard:

Der Kapp-Putsch und seine Lehren. - Berlin : [s.n.], 1920

Berthold, Lothar ; Neef, Helmut:

Militarismus und Opportunismus gegen die Novemberrevolution. - Frankfurt a. M. ; Berlin : Marxistische Blätter ; Dietz, 1978. - 467 S.

Beyer, Franz:

Der Separatistenputsch in Düsseldorf. – Berlin : Volk und Reich, 1933. – 139 S.

Bielenstein, Walter:

Kampferlebnisse eines Balten im Ringen um Glauben und Heimat. Der Feldgeistliche der deutschen Legion erzählt.

Berlin : Ostwerk, o.A. - 148 S.

Biereye, J.:

Freikorps Thüringen : Einwohnerwehr-Ordnungshilfe Erfurt : Entstehung, Entwicklung und Betätigung insbesondere beim Kapp-Putsch. - Erfurt : Freikorps Thüringen, 1935. - 100 S.

als Manuskript gedruckt

Bildchronik zur Geschichte des Freikorps und Bundes Oberland / Hrsg. Oberland Traditionsgemeinschaft. - München : [o.n.], 1974

Bindrich, Oswald ; Römer, Susanne:

Beppo Römer : Ein Leben zwischen Revolution und Nation. - Berlin : Edition Hentrich, 1991. - 268 S.

Bischoff, Josef:

Die letzte Front : Geschichte der Eisernen Division im Baltikum 1919. - Berlin : Schützen-Verlag, 1933. - 270 S.

Bölcke, Wilhelm:

Deutschlands neue Wehrmacht. - Berlin : [s.n], 1919

Böttcher, Helmut:

Kapp-Lüttwitz-Putsch, Generalstreik und Bürgerkrieg. Die Wahrheit über die Ereignisse in Halle (Saale) und Mitteldeutschland. Dargestellt nach amtlichen Dokumenten. Leipzig : Historisch-politischer Verlag, 1920. - 144 S.

Brammer, Karl:

Fünf Tage Militärdiktatur. Dokumente zur Gegenrevolution. Unter Verwendung amtlichen Materials. - Berlin : Verlag für Politik u. Wirtschaft, 1920. - 77 S.

Brammer, Karl:

Das politische Ergebnis des Rathenau-Prozesses. - Berlin : Verlag für Sozialwissenschaften, 1922. - 62 S.

Brammer, Karl:

Verfassungsgrundlagen und Hochverrat : Beiträge zur Geschichte des neuen Deutschlands. - Berlin : Verlag für Politik u. Wirtschaft, 1922. - 123 S.

Brammer, Karl:

Attentäter, Spitzel und Justitzrat Claas : Der Seeckt-Harden-Prozeß. - Berlin : Verlag für Sozialwissenschaften, 1924. - 32 S.

Brandis, Cordt von:

Baltikumer : Schicksal eines Freikorps. - Berlin : Traditions-Verlag Kolk & Co., 1932. - 283 S.

Brandis, Cordt von:

Vor uns Douaumont : Aus dem Leben eines alten Soldaten. - Leoni/Starnberger See : Druffel, 1966. - 232 S.

Brandler, Heinrich:

Die Aktion gegen den Kapp-Putsch in Westsachsen. - Chemnitz : KPD-Spartakusbund, 1920. - 91 S.

Brandt, Arthur:

Der Tscheka-Prozeß. Denkschrift der Verteidigung. – Berlin : Neuer deutscher Verlag, 1925. - 102 S.:

Brandt, Rolf:

Albert Leo Schlageter. Leben und Sterben eines deutschen Helden. – Hamburg : Hanseatische Verlagsanstalt, 1926. - 103 S.

Brauer, Erwin:

Der Ruhraufstand von 1920 [neunzehnhundertzwanzig]. - Berlin : Internationaler Arbeiter-Verlag, 1930. - 112 S.

Braun, M. J:

Die Lehren des Kapp-Putsches. - Leipzig : Frankes, 1920. - 32 S.

Bronnen, Arnolt:

O.S. - Berlin : Rowohlt, 1929. - 410 S.

Roman

Bronnen, Arnolt:

Roßbach. - Berlin : Rowohlt, 1931. - 176 S.

Bronnen, Arnolt:

Arnolt Bronnen gibt zu Protokoll. - Hamburg : Rowohlt, 1954. - 493 S.

Brzenk, Hans:

Im Kampf wider Kokarde und weißen Adler. Jagdflüge des Leutnant d.R. H. Brzenk. – Berlin : Germanen, 1925. - 139 S.

Buchrucker, Bruno Ernst:

Im Schatten Seeckts : Die Geschichte der Schwarzen Reichswehr. - Leipzig : Kampf, 1928. - 66 S.

Budberg, Nikolai von:

Im Schatten der Toten : Aus baltischer Vergangenheit 1918-1920. - [s.l.] : [s.n], 1958

Buschbecker, K.M.:

...wie unser Gesetz es befahl. – Berlin, 1936. - 399 S.

Roman

Colm, Gerhard:

Beiträge zur Geschichte und Soziologie des Ruhraufstandes vom März - April 1920. - Essen a. d. R. : Baedecker, 1921. - 142 S.

Crassemann, Ferdinand:

Freikorps Maercker : Erlebnisse und Erfahrungen eines Freikorpsoffiziers seit der Revolution. - Hamburg / Leipzig : Alster, 1920. - 70 S.

Curator, Carsten:

Putsche, Staat und wir. - Karlsruhe : Badenia, 1931. - 180 S.

Dähnhardt, Heinz:

Die Bahrenfelder : Geschichte des Zeitfreiwilligenkorps Groß-Hamburg in den Jahren 1919/1920. - Hamburg : Alster, 1925. - 111 S.

Darstellungen aus den Nachkriegskämpfen deutscher Truppen und Freikorps/Hrsg. Reichskriegsministerium : Die Rückführung des Ostheeres. - Berlin : Mittler, 1936. - 194 S.

Band I

Darstellungen aus den Nachkriegskämpfen deutscher Truppen und Freikorps/Hrsg. Reichskriegsministerium : Der Feldzug im Baltikum bis zur zweiten Einnahme von Riga Januar bis Mai 1919 [neunzehnhundertneunzehn]. - Berlin : Mittler, 1937. - 159 S.

Band II

Darstellungen aus den Nachkriegskämpfen deutscher Truppen und Freikorps/Hrsg. Reichskriegsministerium :Die Kämpfe im Baltikum nach der zweiten Einnahme von Riga. Juni bis Dezember 1919 [neunzehnhundertneunzehn]. - Berlin : Mittler, 1938. - 208 S.

Band III

Darstellungen aus den Nachkriegskämpfen deutscher Truppen und Freikorps/Hrsg. Oberkommando der Wehrmacht : Die Niederwerfung der Räteherrschaft in Bayern 1919 [neunzehnhundertneunzehn]. - Berlin : Mittler, 1939. - 222 S.

Band IV

Darstellungen aus den Nachkriegskämpfen deutscher Truppen und Freikorps /Hrsg. Oberkommando des Heeres : Die Kämpfe in Südwestdeutschland 1919-1923 [neunzehnhundertneunzehn-neunzehnhundertdreiundzwanzig]. - Berlin : Mittler, 1939. - 176 S.

Band V

Darstellungen aus den Nachkriegskämpfen deutscher Truppen und Freikorps Oberkommando des Heeres : Die Wirren in der Reichshauptstadt und im nördlichen Deutschland. - Berlin : Mittler, 1940. - 228 S.

Band VI

Dellingshausen, Ed. von:

Im Dienste der Heimat. – Stuttgart : Verlagsanstalt

Denkschrift der 2. Marine-Brigade (Ehrhardt) – Döberitz, o.A. - 63 S.

Denkschrift des Reichsjustizministers zu "Vier Jahre politischer Mord" / Hrsg. Emil Julius Gumbel. - Berlin : Malik, 1924. - 183 S.

Deutschland muß leben. Gesammelte Briefe von Albert Leo Schlageter. / Hrsg. Friedrich Bubendey. – Berlin : Paul Steegemann, 1934. – 78 S.

Distler, H.:

Das deutsche Leid am Rhein. Ein Buch der Anklage gegen die Schandherrschaft des französischen Militarismus – Minden, 1921. - 64 S.

Döbler, Erhard:

Briefe aus der Gefangenschaft während der Bolschewistenzeit. – Riga, 1919

Dohrmann, Hanns:

Chaos. Ein Revolutions-Roman aus dem Baltikum. – Magdeburg : Frundsberg, 1925. - 368 S.

Doose, Günther:

Die separatistischen Bewegungen in Oberschlesien nach dem Ersten Weltkrieg 1918-1922 [neunzehnhundertachtzehn-neunzehnhundertzweiundzwanzig]. – Wiesbaden, 1987

Dorst, Tankred:

Die Münchner Räterepublik : Zeugnisse und Kommentare. - Frankfurt a. M. : Suhrkamp, 1969. - 192 S.

Dreetz, Dieter ; Gessner, Klaus:

Bewaffnete Kämpfe in Deutschland 1918-1923 [neunzehnhundertachtzehn-neunzehnhundertdreiundzwanzig]. - Berlin : Militärverlag der DDR, 1988. - 328 S.

Drizulis, A.; Krastins, J.:

Die roten lettischen Schützen 1917-1920 [neunzehnhundertsiebzehn-neunzehnhundertzwanzig]. - Berlin : Akademie-Verlag, 1985. - 312 S.

aus dem Russischen

Drobnig, Walter:

Der mitteldeutsche Aufstand 1921 [neunzehnhunderteinundzwanzig] : Seine Bekämpfung durch die Polizei. - Lübeck : Deutscher Polizei - Verlag, 1929. - 180 S.

Düwell, W.:

Der Kapp-Putsch und die Märzkämpfe im rheinisch-westfälischen Industriegebiet. - Duisburg : [s.n.], 1920

Dwinger, Edwin Erich:

Der letzte Traum : Eine deutsche Tragödie. - Jena : Diederichs, 1934. - 99 S.

Roman

Dwinger, Edwin Erich:

Die letzten Reiter. - Jena : Diederichs, 1935. - 450 S.

Roman

Dwinger, Edwin Erich:

Auf halbem Wege. - Jena : Diederichs, 1939.- 571 S.

Roman

Efinger, Eugen:

Schlageter. Ein deutsches Heldenleben. - Trossingen : Kiehn, o.A. 42 S. Aus der Reihe "Vom Weltkrieg zur nationalen Erhebung" Heft 1.

Eggers, Kurt:

Annaberg - Ein Spiel. - Dortmund : Volkschaft, 1933. - 31 S.

Eggers, Kurt:

Der Berg der Rebellen. - Leipzig : Schwarzhäupter, 1941. - 272 S.

Roman

Eggers, Kurt:

Von der Freiheit des Kriegers. – Berlin : - Nordland, 1940. - 64 S.

Ehrhardt, Hermann: Abenteuer und Schicksale / Hrsg. Friedrich Freska. - Berlin : Scherl, 1924. - 346 S.

Ehrhardt, Hermann:

Deutschlands Zukunft : Aufgaben und Ziele. - München : Lehmann, 1921. - 38 S.

Ekkehard, Friedrich:

Sturmgeschlecht. Zweimal 9. November. – München : Franz Eher, 1934. - 301 S.

Roman

Eliasberg, George:

Der Ruhrkrieg von 1920 [neunzehnhundertzwanzig]. - Bonn/Bad Godesberg : Neue Gesellschaft, 1974. -304 S.

Emler, Hans-Wolfgang:

Sturmglocken über Oberschlesien. Berlin : F.W. Peters, o.A. - 164 S.

Roman

Engelhardt, Eugen von:

Der Ritt nach Riga : Aus den Kämpfen der Baltischen Landeswehr gegen die Rote Armee 1918 bis 1920. - Berlin : Volk u. Reich, 1938. - 152 S.

Erger, Johannes:

Der Kapp-Lüttwitz-Putsch : Ein Beitrag zur deutschen Innenpolitik 1919/20. - Düsseldorf : Droste, 1967. - 365 S.

Ernst, Josef:

Kapptage im Industriegebiet. - Hagen : Volksstimme, 1921.

Erzberger-Mord : Dokumente menschlicher Verkommenheit. - Bühl/Baden : Unitas, 1921. - 120 S.

Es wächst das Reich : Ein Gedenken für die Gefallenen der deutschen Revolution. – München : Langen Müller, 1939. – 63 S.

Ewers, Hanns Heinz:

Reiter in deutscher Nacht. - Stuttgart : Cotta, 1935. - 489 S.

Roman

Die Femelüge / Hrsg. Felgen, Friedrich. – München : J.F. Lehmanns, 1928. - 181 S.

Femgericht / Hrsg. Friedrich von Felgen. - München : J.F. Lehmanns, 1930. - 186 S.

Die Femgerichte : Die Vergeltungsaktionen der Feme vom nationalen Standpunkt gesehen / Hrsg. Friedrich von Felgen. - München : J.F. Lehmanns, 1932. - 186 S.

Fey, Wolfgang:

März 1920. Kapp-Putsch, bewaffneter Arbeiteraufstand und die Ereignisse in Remscheid. – Remscheid : Stadtarchiv Remscheid, 1994. - 102 S.

Materialien für den Unterricht

Fischer, Kurt:

Die Berliner Abwehrkämpfe 1918/1919 [neunzehnhundertachtzehn/neun-zehnhundert-neunzehn]. - Berlin : Ministerium für Nationale Verteidigung der DDR, 1956. - 47 S.

Frank, Walter:

Franz Ritter von Epp : Der Weg eines deutschen Soldaten. - Hamburg : Hanseatische Verlag-Anstalt, 1934. - 165 S.

Franke, Helmut:

Staat im Staate : Aufzeichnungen eines Militaristen. - Magdeburg : Stahlhelm, 1921. - 251 S.

Franke, Manfred:

Schlageter. Der erste Soldat des Dritten Reiches. Die Entmythologisierung eines Helden. – Köln, 1980

Freitag, Martin:

Albert Leo Schlageter. Ein deutscher Held. – Reutlingen : Enßlin und Laiblin, 1933. - 112 S.

Freksa, Friedrich:

Der rote Föhn. - Leipzig, Zürich : Grethlein und Co., 1925. - 334 S.

Roman

Fröhlich, Paul:

Zehn Jahre Krieg und Bürgerkrieg. - Berlin : Vereinigung int. Verlag-Anstalten, 1924. - 244 S.

Für das stolze Edelweiß : Bild und Textband zur Geschichte von Freikorps Oberland und Bund Oberland / Hrsg. Oberland Bund. - München : Brienna, 1996. - 191 S.

Gäthgens, Eva:

Unter dem roten Grauen. – Braunschweig : Wollermann, 1926

Gebhardt, Cord:

Der Fall des Erzberger-Mörders Heinrich Tillessen. Ein Beitrag zur Justizgeschichte nach 1945. – Tübingen : Mohr, 1995. - 376 S.

Beiträge zur Rechtsgeschichte des 20. Jahrhunderts Band 14

General Oskar Freiherr von Watter : Dem Gedenken eines großen Soldaten von den alten Kameraden der 54. Infanterie Division des Weltkrieges. - Hamburg : Broschek, 1941. - 250 S.

Gengler, Ludwig F.:

Rudolf Berthold. - Berlin : Schlieffen, 1934. - 170 S.

Gerler, Gerd:

Freikorps in Deutschland. - Leipzig : Schmidt & Spring, 1938. - 119 S.

Gerler, Gerd:

Jugend gegen Versailles und Weimar. Streiflichter aus den ersten Nachkriegsjahren. - Berlin : Nationaler Bücher-Dienst, 1937. - 32 S.

Gerstmayer, Hermann:

Baltikumkämpfer. - Langensalza : Beltz, 1934. - 83 S.

Die Geschichte der Studentenkompanie auf dem Hagelsberg zu Danzig. Danzig : Danziger Verlagsgesellschaft Paul Rosenberg, 1929. – 47 S.

Gietinger, Klaus:

Eine Leiche im Landwehrkanal. Die Ermordung der Rosa L. - Berlin : 1900, 1995. - 189 S.

Gilbert, Hubert E.:

Landsknechte : Das Buch des deutschen Offiziers nach dem Kriege. - Hannover : Sponholtz, 1930. - 404 S.

Roman

Glaser, Waldemar:

Stahlkreuz an der Ruhr. Albert Leo Schlageter, Leben und Sterben. – Leipzig : Union DVG, o.A. - 96 S.

Mit einem Vorwort von Obergruppenführer Staatsrat Edmund Heine

Glöckner, Klaus:

Räterepublik Hennigsdorf - Velten oder geeinter Kampf der Arbeiterklasse gegen den Kapp-Putsch?. - Oranienburg : SED-Kreisleitung, 1970. - 66 S.

Glombowski, Friedrich:

Organisation Heinz : Das Schicksal der Kameraden Schlageters nach Akten bearbeitet. - Berlin : Hobbing, 1934. - 240 S.

Godin, Marie Amelie von

Unser Bruder Kain. Ein Buch aus der Münchner Räterepublik. – Berlin : Askanischer Verlag, 1919. - 289 S.

Goltz, Rüdiger Graf von der:

Meine Sendung im Baltikum. – Leipzig : Köhler, 1920. – 312 S.

Goltz, Rüdiger Graf von der:

Tribut-Justiz : Ein Buch um deutsche Freiheit. - Berlin : Brunnen, 1932. - 173 S.

Goltz, Rüdiger Graf von der:

Als politischer General im Osten : Finnland und Baltikum 1918 - 1919. - Leipzig : Koehler, 1936. - 173 S.

Goote, Thor:

Kamerad Berthold, der "unvergleichliche Franke" : Bild eines deutschen Soldaten. - Braunschweig : Westermann, 1937. - 355 S.

Goote, Thor:

Wir tragen das Leben. - Gütersloh : Bertelsmann, 1939. - 322 S.

Roman

Gordon, Harold J.:

Die Reichswehr und die Weimarer Republik 1919-1926. - Frankfurt a. M. : Bernard & Graefe, 1959. - 449 S.

deutsche Übersetzung der amerikan. Originalausgabe

Gottberg, Gerhard von:

Zeitfreiwilligen-Regiment Pommern. - Stettin : Fischer & Schmidt, 1938. - 133 S.

Graitenberg, Benno von:

Männer müssen kämpfen. - Leipzig : Dietsch; 1938. - 311 S.

Grimm, Claus:

Jahre deutscher Entscheidung im Baltikum : 1918/1919. - Essen : Essener Verlag-Anstalt, 1939. - 514 S.

Grimm, Claus:

Vor den Toren Europas 1918-1920 [neunzehnhundertachtzehn-neunzehnhundertzwanzig] : Geschichte der Baltischen Landeswehr. - Hamburg : Velmede, 1963. - 320 S.

Grimm, Friedrich:

Grundsätzliches zu den Femeprozessen. - München : J.F. Lehmanns, 1928.

1. Zeugenaussagen und Verteidigungsrede des Rechtsanwalts Grimm. - 24 S.

2. Urteil und Revisionsrechtfertigung in der Femesache. - 27 S.

Grimm, Friedrich:

Rechtsgutachten in der Strafsache des Oberleutnants a. D. Paul Schulz aus Berlin. - München : J.F. Lehmanns, 1928. - 88 S.

Grimm, Friedrich:

Oberleutnant Schulz : Femeprozesse und Schwarze Reichswehr. - München : J.F. Lehmanns, 1929. - 22 S.

Grimm, Friedrich:

Vom Ruhrkrieg zur Rheinlandräumung. - Hamburg, Berlin, Leipzig : - Hanseatische Verlagsanstalt, 1930. - 245 S.

Grote, Henning Hans von:

Ein Ruf erging. Der Roman Albert Leo Schlageters. – Stuttgart : Deutsche Verlagsanstalt, 1935

Grote, Henning Hans von:

Albert Leo Schlageter. Der deutschen Jugend Vorbild und Losungsruf deutscher Freiheit. – Dortmund : Schaffstein, 1934. - 31 S.

Grünberg, Karl:

Brennende Ruhr. - München : Damnitz, 1982. - 331 S.

Roman

Grünberg, Karl:

Die sozialistische Volkswehr. - Berlin : [s.n], 1919

Gumbel, Emil Julius:

Zwei Jahre Mord. - Berlin : Neues Vaterland, 1921. - 64 S.

Gumbel, Emil Julius:

Vier Jahre politischer Mord. - Berlin : Malik, 1922. - 151 S.

Neuauflage Heidelberg, 1980

Gumbel, Emil Julius:

Verschwörer : Beiträge zur Geschichte und Soziologie der deutschen nationalistischen Geheimbünde seit 1918. - Wien : Malik; 1924. - 224 S.

Neuauflage Heidelberg : Verlag das Wunderhorn, 1979 mit dem Titel: Zur Geschichte und Soziologie der deutschen nationalistischen Geheimbünde 1918 – 1924. Mit 2 Dokumenten zum Fall Gumbel.

Gumbel, Emil Julius:

Weißbuch über die Schwarze Reichswehr. - Berlin : [s.n.], 1925

Gumbel, Emil Julius:

Verräter verfallen der Feme : Opfer, Mörder, Richter 1919-1929. - Berlin : Malik, 1929. - 399 S.

Gumbel, Emil Julius:

Vom Fememord zur Reichskanzlei. - Heidelberg : Schneider, 1962. - 90 S.

Günther, Hans F.:

Ritter, Tod und Teufel. - München : J.F. Lehmanns, 1924. - 162 S.

Ham, Hermann van:

Rheinland-Republik – Rheinlands-Untergang : Die wirtschaftlichen Auswirkungen einer vom Reiche getrennten Rhein-Republik. – Trier : Paulinus Druckerei, 1922. – 79 S.

Hannius, Monika:

Bilder aus der Bolschewikenherrschaft in Riga. – Heilbronn : E. Salzer, 1921

Härten, H.:

Zwischen Novemberrevolution und Kapp-Putsch. - 1977

Hartge, Oswald:

Auf des Lebens großer Waage. Erinnerungen 1895-1939 [achtzehnhundertfünfundneunzig-neunzehnhundertneununddreißig]. - Hannover : Hirschheydt, 1968. - 498 S.

Hammer, Franz:

Freistaat Gotha im Kapp-Putsch : Nach Dokumenten und Erinnerungen alter Mitkämpfer erzählt. - Berlin : Neues Leben, 1955. - 119 S.

Hartmann:

Das 11. [elfte] Sächsische Infanterie-Regiment vom 1. Januar 1921 bis 30. September 1934. - Leipzig : Arnst, 1935. - 116 S.

Hartung, Lothar:

Deutsche Freikorps 1918-1923 [neunzehnhundertachtzehn-neunzehnhundertdreiund-zwanzig] : Spezialkatalog der Abzeichen und Ehrenzeichen.- Langeloh : Hartung, 1995. - 208 S.

Überarbeitete Neuauflage 1998

Haushofer, K.:

Ziele und Wege des Bundes Oberland e.V. - München : [s.n], 1926.

Hayduk, Alfons:

Annabergwacht. - Gleiwitz : Arbeitskreis Annaberg OS., 1938. - 33 S.

Heimsoth, K.G.:

Freikorps greift an! : Militärpolitische Geschichte und Kritik des Angriff-Unternehmens in Oberschlesien 1921. - Berlin : Kampf; 1930. - 89 S.

Heine, Wolfgang:

Wer ist schuld am Bürgerkriege?. - Berlin : [s.n.], 1919

Heinz, Friedrich Wilhelm:

Sprengstoff. - Berlin : Frundsberg, 1930. - 257 S.

Roman

Heinz, Friedrich Wilhelm:

Die Nation greift an : Geschichte und Kritik des soldatischen Nationalismus.- Berlin: Das Reich, 1933. - 232 S.

Heiß, Friedrich:

Deutschland zwischen Tag und Nacht. - Berlin : Volk u. Reich, 1934. - 299 S.

Henke, Karl:

Gerhard Liesner : Um Finnlands Freiheit. - Berlin : Traditions-Verlag Kolk & Co, 1932. - 189 S.

Hennicke, Otto:

Die Rote Ruhrarmee. - Berlin : Ministerium für Nationale Verteidigung der DDR, 1956. - 117 S.

Hermanns, Will:

Stadt in Ketten. Geschichte der Besatzungs- und Separatistenzeit 1918-1929 in und um Aachen. – Aachen : Mayer'sche Buchhandlung, 1933 - 355 S.

Hesterberg, Ernst:

Alle Macht den A.-u.S.-Räten : Kampf um Schlesien. - Breslau : Korn, 1932.- 298 S.

Heuss, Theodor:

Kapp-Lüttwitz - Das Verbrechen gegen die Nation. - Berlin : Engelmann, 1920. - 39 S.

Heydebreck, Peter von:

Wir Wehrwölfe : Erinnerungen eines Freikorps-Führers. - Leipzig : Koehler, 1931. - 207 S.

Hillmayr, Heinrich:

Roter und Weißer Terror in Bayern nach 1918 [neunzehnhundertachtzehn]. - München : Nusser, 1974. - 216 S.

Hinkel, Hans:

Einer unter Hunderttausend : Erinnerungen. – München : Knorr & Hirth, 1938. – 263 S.

Hoefer, Karl:

Oberschlesien in der Aufstandszeit 1918 - 1921 [neunzehnhundertachtzehn-neunzehnhunderteinundzwanzig] : Erinnerungen und Dokumente. - Berlin : Mittler, 1938. - 376 S.

Höffkes, Karl/Sauermann, Uwe:

Albert Leo Schlageter. Freiheit du ruheloser Freund. – Kiel, 1983

Hoegner, Wilhelm:

Die verratene Republik : Geschichte der deutschen Gegenrevolution. - München : Isar, 1958. - 397 S.

Hoffmann, Heinrich:

Ein Jahr bayerische Revolution im Bilde : Photobericht. - München : Hoffmann, [o.J.]

Hofrichter; Robert:

Im Kampfe um unsere Heimat Oberschlesien unter besonderer Berücksichtigung des Kreises Leobschütz. - Leobschütz : Wittke, 1927. - 115 S.

Holitscher, Arthur:

Lebensgeschichte eines Rebellen. - Potsdam : Kiepenheuer, 1928. - 246 S.

Horadam, Ernst:

Der Kampf um den Annaberg. - Berlin : [s.n], 1933.

Hotz, Wilhelm:

Albert Leo Schlageter : Seine Sippe und seine Heimat. - Essen : National-Verlag, 1940. - 111 S.

Hotz, Wilhelm:

Mit Vater Schlageter zur Golzheimer Heide. – Essen : Barmeisters Nationalverlag, o.A. - 80 S.

Hotzel, Curt:

Deutscher Aufstand : Die Revolution des Nachkriegs. - Stuttgart : Kohlhammer, 1934. - 355 S.

Hülsen, Bernhard von:

Der Kampf um Oberschlesien : Oberschlesien und sein Selbstschutz. - Stuttgart : Bergers Literarisches Büro, 1922. - 87 S.

Hülsen, Bernhard von:

Die Kämpfe um den Annaberg am 21.5. bis 7.6.1921. - Berlin : 1933

Jagow, Traugott von:

Antrag auf Wiederaufnahme des Verfahrens. – Gollnow, 1922

Jagow, Traugott von:

Verrückte Welt : Persönliches aus und nach der Kapp-Erhebung. – Kassel, 1937

Jansen, Robert:

Der Berliner Militärputsch und seine politischen Folgen. – Berlin : E. Litfaß, 1920 - 63 S.

Johst, Hanns:

Schlageter : Ein Schauspiel. – München : Müller & Langen, 1933. - 134 S.

Drama

Jünger, Ernst:

Der Kampf um das Reich. - Essen : Rhein u. Ruhr, 1929. - 314 S.

Kahn, S.:

Aufbau und Einsatz der Grenzschutzorgane in Deutschland nach der Novemberrevolution 1918-1919 [neunzehnhundertachtzehn/neunzehnhundertneunzehn]. - Leipzig : [s.n], 1962

Kameradschaft der 3. [dritten] Marine-Brigade: Die 3. Marine-Brigade von Loewenfeld 1919/1920. - Plön : Sönkens, 1963. - 24 S.

Kamnitzer, Heinz und Stenbock-Fermor, Alexander:

Mord an Rathenau : Ein Fernsehfilm. – Berlin : Henschel, 1962. - 68 S.

Einleitung von Arnold Zweig

Kanitz, Graf Friedrich Karl von:

Geschichte des Freiwilligen Bataillons Graf Kanitz. - [s.l.] : [s.n], 1922. - 21 S.

Kanzler, Rudolf:

Bayerns Kampf gegen den Bolschewismus : Geschichte der bayerischen Einwohnerwehren. - München : Park, 1931. - 295 S.

Der Kapp-Putsch in Kiel: Eine Dokumentation zum 60. Jahrestag der Märzereignisse von 1920 / Hrsg. Dirk Dähnhardt und Gerhard Granier, – Kiel : Gesellschaft für Kieler Stadtgeschichte, 1980. - 149 S.

Kapp-Putsch in Wilhelmshaven : Dargestellt nach dem Aktenmaterial der Nordseestation. - Oldenburg : [s.n.], 1920

Karl, J.:

Die Schreckensherrschaft in München und Spartakus im bayerischen Oberland. - München : [s.n], 1919

Karski, Sigmund:

Albert (Wojciech) Korfanty : Eine Biographie. – Dülmen : Laumann, 1990. – 624 S.

2. überarbeitete Neuauflage 1996

Katsch, Hermann:

Der oberschlesische Selbstschutz (O.S.S.S.) im dritten Polenaufstand. - Berlin ; Gleiwitz : Heimatverlag Oberschlesien, 1921. - 101 S.

Kern, Fritz:

Das Kappsche Abenteuer : Eindrücke und Feststellungen. - Leipzig ; Berlin : Koehler , 1920. - 32 S.

Sonderabdruck aus Heft 11/13 des Grenzboten.

Kessel, Hans von:

Handgranaten und rote Fahnen : Tatsachenbericht aus dem Kampf gegen das rote Berlin 1918-1920. - Berlin : Verlag für Kulturpolitik, 1933. - 317 S.

Killinger, Manfred von:

Ernstes und Heiteres aus dem Putschleben. - Berlin : Vormarsch, 1928. - 127 S.

Killinger, Manfred von:

Kampf um Oberschlesien 1921 [neunzehnhunderteinundzwanzig]. - Leipzig : Koehler, 1934. - 126 S.

Klein, Markus Josef:

Ernst von Salomon : Eine politische Biographie. - Limburg a. d. Lahn : San Casciano, 1994. - 400 S.

mit einer vollständigen Bibliographie

Knauf, Erich:

Ça ira! – Berlin : Büchergilde Gutenberg, 1930. - 191 S.

Roman

Knospe, Franz:

Selbst-Schutz Ober-Schlesien. - Berlin : Deutsche Kultur-Wacht, 1933. - 88 S.

spätere Auflage Brandenburgische Verlagsanstalt

Koch, Hansjoachim W.:

Der deutsche Bürgerkrieg : Eine Geschichte der deutschen und österreichischen Freikorps 1918-1923. - Frankfurt a. M. : Ullstein, 1978. - 486 S.

aus dem Englischen

Kögl, Otto:

Revolutionskämpfe im südostbayerischen Raum. - Rosenheim : Komar, 1969. - 307 S.

Könnemann, Erwin:

Einwohnerwehren und Zeitfreiwilligenverbände : Ihre Funktion beim Aufbau eines neuen imperialistischen Militärsystems (November 1918 bis 1920). - Berlin : Deutscher Militärverlag, 1971. - 476 S.

Könnemann, Erwin:

Aktionseinheit kontra Kapp-Putsch : Der Kapp-Putsch im März 1920 und der Kampf der deutschen Arbeiterklasse sowie anderer Werktätiger gegen die Errichtung der Militärdiktatur. - Berlin : Dietz, 1972. - 573 S.

Könnemann, Erwin:

März 1920 [neunzehnhundertzwanzig] : Arbeiterklasse vereitelt Kapp-Putsch. - Berlin : Dietz, 1981. - 246 S.

Körner, Günther:

Einsatz des Selbstschutzes in Oberschlesien 1921 [neunzehnhunderteinundzwanzig]. - Dülmen/Westfalen : Laumann, 1981. - 176 S.

Krüger, Franz:

Diktatur oder Volksherrschaft? : Der Putsch vom 13. März 1920. Sein Verlauf und seine Lehren. - Berlin : Vorwärts, 1920. - 48 S.

Krüger, Gabriele:

Die Brigade Ehrhardt. - Hamburg : Leibniz, 1971. - 176 S.

Krumbach, Josef H.:

Franz Ritter von Epp : Ein Leben für Deutschland. - München : Eher, 1939. -328 S.

Kruppa, Reinhold:

Die Niederlausitz griff zur Waffe : Die Abwehr des Kapp-Putsches in der Niederlausitz. - Berlin : Ministerium für Nationale Verteidigung der DDR, 1957. - 77 S.

Kühme Freikorps: Geschichte des Reichswehr-Jäger-Bataillons Nr. 6 [Sechs] : Freikorps Kühme. - Glogau ; Berlin ; Breslau : Flemming & Wiskott, 1921. - 48 S.

Kutzleb, Hjalmar:

Der Ritt nach Ohrdruf. – Berlin : Erich Schmidt Verlag, 1943. – 94 S.

Erzählung, Feldpostausgabe

Lampel, Peter Martin:

Verratene Jungen. – Frankfurt : Societäts-Verlag, 1929. - 182 S.

Roman

Lamprecht, Kurt:

Regiment Reichstag : Kampf um Berlin Januar 1919. - Hamburg : Fackelreiter, 1931. - 270 S.

Landsberg : Freikorps ; Eine Erinnerung an den Befreiungskampf von München in den ersten Maitagen 1919 ; Gruppe "Lift-Heller". - München : Seyfried, 1919. - 32 S.

Lange, Jürgen:

Die Schlacht bei Pelkum im März 1920 : Legenden und Dokumente. – Essen : Klartext-Verlag, 1994 - 235 S.

Lehmann, Dietrich

Sturm auf den Annaberg. Gütersloh : Bertelsmann-Verlag, 1940.

Leithäuser; Walter:

Die Geschichte des Freikorps von Aulock. - Breslau : Schlesische Druckerei-Genossenschaft, 1922. - 40 S.

Leverkuehn, Paul:

Posten auf ewiger Wache : Aus dem abenteuerreichen Leben des Max von Scheubner-Richter. - Essen : Essener Verlag-Anstalt, 1938. - 222 S.

Levi, Paul:

Der Jorns-Prozeß : Rede des Verteidigers. – Berlin : Internationale Verlagsanstalt, 1929. - 55 S.

Liederbuch des Reichsverbandes der Baltikumkämpfer, Vereinigung ehemaliger Grenzschutz- und Freikorpskämpfer. Hrsg. B. Schmidt. Verlag Der Landsknecht. – 33 S.

Lindau, Rudolf:

Revolutionäre Kämpfe 1918-1919 [neunzehnhundertachtzehn/neunzehnhundertneunzehn] : Aufsätze und Chronik. - Berlin : Dietz, 1960. - 268 S.

Lippert, Wolfgang:

Geschichte der Einwohnerwehr Fürth in Bayern 1919/21 [neunzehnhundertneunzehn/neunzehnhunderteinundzwanzig] : Unter besonderer Berücksichtigung der Organisation der Waffenlager, dem Wirkungs- und Aufgabenkreis der einzelnen Abteilungen. - Fürth : Walbinger, 1921. - 60 S.

Litzmann, Karl:

Das neue deutsche Volksheer. - Berlin : Dom, 1919. - 24 S.

Lohalm, Uwe:

Völkischer Radikalismus. - Hamburg : [s.n.], 1970

Lucas, Erhard:

Märzrevolution im Ruhrgebiet : Vom Generalstreik gegen den Militärputsch zum bewaffneten Arbeiteraufstand März-April 1920. 3 Bände - Frankfurt a.M. : März-Verlag, 1974 – 1983. – 364/239/580 S.

Luetgebrune, Walter:

Wahrheit und Recht für Feme, Schwarze Reichswehr und Oberleutnant Schulz. – München : J.F. Lehmanns, 1928. – 85 S.

Lüttwitz, Walther, Freiherr von:

Im Kampf gegen die November-Revolution. - Berlin : Vorhut; 1934. - 139 S.

Maercker, Georg:

Vom Kaiserheer zur Reichswehr : Ein Beitrag zur Geschichte der deutschen Revolution. - Leipzig : Koehler, 1921. - 382 S.

Mallebrein, Wolfram:

Albert Leo Schlageter : Ein deutscher Freiheitsheld. - Preussisch-Oldendorf : K.W. Schütz, 1990. - 176 S.:

Mann, Rudolf:

Mit Ehrhardt durch Deutschland : Erinnerungen eines Mitkämpfers von der 2. Marinebrigade. - Berlin : Trowitzsch, 1921. - 218 S.

Marinebrigade Ehrhardt : Erinnerungen der Sturmkompanie. - Schleswig : Johannsens Buchdruckerei, 1920

Medem, Walter Eberhard von:

Stürmer von Riga : Geschichte eines Freikorps. – Leipzig, Wien : Schneider, 1935. - 96 S.

Meinl, Susanne:

Nationalsozialisten gegen Hitler : Die nationalrevolutionäre Opposition um Friedrich Wilhelm Heinz. - Berlin : Siedler, 2000. – 446 S.

Mertens, Karl:

Die deutsche Militärpolitik seit 1918 [neunzehnhundertachtzehn]. - Berlin : [s.n.], 1926

Mertens, Karl:

Verschwörer und Fememörder. - Charlottenburg : Weltbühne, 1926. - 114 S.

Meyer, Georg P.:

Bibliographie zur deutschen Revolution 1918/1919 [neunzehnhundertachtzehn/ neunzehnhundertneunzehn]. - Göttingen : Vandenkoek & Ruprecht, 1977. - 187 S.

Meyer, Ihno:

Das Jägerbataillon der Eisernen Division im Kampfe gegen den Bolschewismus. - Leipzig : Hillmann, 1920. - 53 S.

Mohler, Armin:

Die Konservative Revolution in Deutschland 1918-1932 [neunzehnhundertachtzehn/ neunzehnhundertzweiunddreißig]. – Darmstadt : Wissenschaftliche Buchgesellschaft, 1950

überarbeitete Neuauflagen 1972 und 1989, Neuauflagen 1994 und 1999

Morenz, Ludwig:

Revolution und Räteherrschaft in München : Aus der Stadtchronik 1918/1919[neunzehnhundertachtzehn/ neunzehnhundertneunzehn]. - München : Müller, 1968. - 135 S.

Moss, Geoffrey:

Die Niederlage. – Berlin : Pontos, 1926. – 269 S.

Müller, Josef:

Soldat und Vaterland vor 15 [fünfzehn] Jahren : Zur Erinnerung an das erste Württembergische Freiwilligen-Regiment, genannt "Freikorps Haas". - Illertissen : Martinusbuchhandlung, 1934. - 6 S.

Müller, Richard:

Der Bürgerkrieg in Deutschland : Geburtswehen der Republik. - Berlin : Phöbus, 1925. - 244 S.

Neuauflage Berlin, 1974

Müller-Meiningen, Ernst:

Aus Bayerns schwersten Tagen : Erinnerungen und Betrachtungen aus der Revolutionszeit. - Berlin ; Leipzig : Gruyter, 1924. - 338 S.

Der Münchner Geiselmord: Wer trägt die Schuld? – Berlin : Der Firn, o.A. - 27 S.:

Münchner Tragödie : Die Münchner Tragödie ; Entstehung, Verlauf und Zusammenbruch der Räte-Republik München mit Bildern des Landesgerichtsdirektors Stadelmayer und des Staatsanwaltes Hahn. - Berlin : Freiheit, 1919. - 62 S.

Mundt, Dr.:

Das 18. Infanterie-Regiment von 1921 bis 1932. – Detmold, 1932

Munier-Wroblewska, Mia:

Unter dem wechselnden Mond. – Heilbronn : E. Salzer, 1933

Nabor, F.

Ein deutsches Heldenschicksal. – Darmstadt : Hoffmann & Co., 1933. – 200 S.

Nagel, Irmela:

Fememorde und Fememordprozesse in der Weimarer Republik. - Köln : Wien : Böhlau, 1991. - 380 S.

Nickol, Hanns:

Der letzte Kadett. - Stuttgart/Berlin : Deutsche Verlagsanstalt, 1935. - 219S.

Erzählung

Noske, Gustav:

Von Kiel bis Kapp. - Berlin : Verlag für Politik u. Wirtschaft, 1920. - 211 S.

Noske, Gustav:

Erlebtes aus Aufstieg und Niedergang einer Demokratie. - Offenbach : Bollwerk, 1947. - 323 S.

Nusser, Horst:

Konservative Wehrverbände in Bayern, Preußen und Österreich 1918-1933. - München : Nusser, 1973. - 363 S.

Oberland in Oberschlesien : Die deutschen Baumeister / Hrsg. Oberland Bund. - München : [s.n.], 1921. - 31 S.

Oberleutnant Schulz, ein Opfer der Femlüge / Hrsg. Friedrich von Felgen. - München: J.F. Lehmanns, 1932. - 182 S.

Oeckel, Heinz:

Die revolutionäre Volkswehr 1918/19 [neunzehnhundertachtzehn/neunzehnhundertneunzehn] : Die deutsche Arbeiterklasse im Kampf um die revolutionäre Volkswehr November 1918-Mai 1919. - Berlin : Deutscher Militärverlag 1968. - 326 S.

Oehme, Walter:

Damals in der Reichskanzlei : Erinnerungen aus den Jahren 1918/19 [neunzehnhundertachtzehn/neunzehnhundertneunzehn]. – Berlin : Kongress-Verlag, 1958. - 366

Oertzen, Friedrich Wilhelm von:

Im Namen der Geschichte : Politische Prozesse der Nachkriegszeit. – Hamburg : Hanseatische Verlagsanstalt, 1934. - 196 S.

Oertzen, Friedrich Wilhelm von:

Kamerad, reich mir die Hände : Freikorps und Grenzschutz, Baltikum und Heimat. - Berlin : Ullstein, 1933. -281 S.

Oertzen, Friedrich Wilhelm von:

Die deutschen Freikorps 1918-1923 [neunzehnhundertachtzehn-neunzehnhundertdreiundzwanzig]. - München : Bruckmann, 1936. - 510 S.

5. Auflage 1939 überarbeitet mit einem neuen Kapitel über das "Sudetendeutsche Freikorps"

Oertzen, Friedrich Wilhelm von:

Baltenland : Eine Geschichte der deutschen Sendung im Baltenland. - München : Brukkmann, 1939. - 337 S.

Oetinger, Gustav von:

In französischen Kerkern. Erlebnisse als politischer Gefangener im Ruhrgebiet, Rheinland und in Frankreich 1923/1924. - Minden : Köhler, 1925. – 120

Oetinger, Gustav von:

In Ketten vom Ruhrgebiet nach St.-Martin de Ré. Anklagen eines Ruhrgefangenen. - Frankfurt a.M. : Societäts-Verlag, 1940 - 234 S.

Oetinger, Gustav von:

In Ketten vom Ruhrgebiet nach St.-Martin de Ré. Gefangener im Ruhrgebiet, im Rheinland und in Frankreich 1923/1924. - Essen : Hergt, 1925. 270 S.

Pabst, Waldemar:

Memoiren. – eventuell nicht veröffentlicht.

Paust, Otto:

Nation in Not - Berlin : Wilhelm Limpert, 1940. - 444 S.

Roman

Die Pfalz unter französischer Besatzung von 1918-1930 / Hrsg. Zerfass, Günther – Koblenz : Siegfried Bublis, 1996. - 479 S.

Pieper, Werner Karl:

Flammenzeichen an Rhein und Ruhr. – Berlin, 1931

Pinding, Edgar:

Roter Sturm über dem Baltenland : Erlebtes und Erlittenes aus Riga. - Marburg : Spener, 1936. - 86 S.

Pitrof, Daniel Ritter von:

Gegen Spartakus in München und im Allgäu : Erinnerungsblätter des Freikorps Schwaben. Zusammengestellt vom ehem. Führer des Freikorps. - München : Gerber, 1937. - 222 S.

Plaas, Hartmut:

Wir klagen an! : Nationalisten in den Kerkern der Bourgeoisie. - Berlin : Vormarsch, 1928. - 180 S.

Plehwe, Karl von:

Im Kampfe gegen die Bolschewisten : Die Kämpfe des 2. Garde-Reserve-Regiments zum Schutze der Grenze Ostpreußens Januar - November 1919 [neunzehnhundertneunzehn]. - Berlin : Galle, 1926. - 48 S.

Plischke, Kurt:

Reichsbetriebsgemeinschaftsleiter Robert Belding : Eine Lebensgeschichte. – Berlin : Deutsche Kultur-Wacht, 1935. – 56 S.

Pölnitz, Götz Freiherr von:

Emir, das tapfere Leben des Freiherrn Marshall von Bieberstein. - München : Callwey, 1942. - 200 S.

Polzin, Martin:

Kapp-Putsch in Mecklenburg : Junkertum und Landproletariat in der revolutionären Krise nach dem 1. Weltkrieg. - Rostock : Hinstorff, 1966. - 333 S.

Priesack, August:

Albert Leo Schlageter : Sein Leben und Sterben. Bamberg, 1935

Prince, Hans Massow von:

Was war, kommt nicht wieder. - o.A. - 208 S.

als Manuskript in Südafrika gedruckt

Die Prozesse des Geiselmordes im Luitpold-Gymnasium in München vor dem Volksgericht. – München : Glock und Sohn, o.A. - 224 S.

Rakette, Curt ; Hertel, Hugo:

Zeitfreiwilligen-Regiment Leipzig : Ein Gedenkbuch von Mitkämpfern. - Leipzig : Breitkopf & Härtel, 1935. - 86 S.

Rape, Ludger:

Die österreichischen Heimwehren und die bayerische Rechte 1920-1923 [neunzehnhundertzwanzig/neunzehnhundertdreiundzwanzig]. - Wien : [s.n.], 1977

Rasmuss, Hainer:

Die Januarkämpfe 1919 [neunzehnhundertneunzehn] in Berlin. - Berlin : Ministerium für Nationale Verteidigung der DDR, 1956. - 56 S.

Rau, Karl:

Der Wehrgedanke in Deutschland nach dem Weltkriege von 1918-1921 [neunzehnhundertachtzehn/neunzehnhunderteinundzwanzig]. - Würzburg : Mayr, 1936. - 64 S.

Rehbein, Arthur:

Für Deutschland in den Tod : Leben und Sterben Schlageters.. – Berlin : Stollberg, 1928. – 112 S.

Hrsg. in Verbindung mit dem Ausschuß für die Errichtung eines Schlageter-Denkmals.

Reichhardt, Hans J.:

Kapp-Putsch und Generalstreik März 1920 [neunzehnhundertzwanzig] in Berlin : Tage der Torheit, Tage der Not. - Berlin : Nicolai, 1990. - 157 S.

Ausstellungskatalog des Landesarchivs Berlin

Reinhard, Wilhelm:

1918-19 neunzehnhundertachtzehn/neunzehnhundertneunzehn] : Die Wehen der Republik. - Berlin : Brunnen, Willi Bischoff, 1933. -135 S.

Renn, Ludwig:

Nachkrieg. – Berlin : Agis, 1930. - 335 S.

Neuauflage Reclam, Leipzig, 1957

Renteln, Reinhold von:

Sturm im Osten. - München : Eher, 1938. - 128 S.

Revolution und Räterepublik in München 1918/19 / Hrsg. Gerhard Schmolze, – München : DTV, 1978. - 425 S.

Richter, Horst:

Freiwilliger Soltau : Mit der Eisernen Division im Baltikum. - Berlin : Drei Türme, 1933. - 188 S.

Roden, Hans:

Deutsche Soldaten : Vom Frontheer und Freikorps über die Reichswehr zur neuen Wehrmacht. - Berlin : Breitkopf & Härtel, 1935. - 286 S.

Roden, Hans:

Widerstand. - Leipzig : Schmidt & Spring, 1938. - 38 S.

Roegels, Fritz Carl:

Der Marsch auf Berlin : Ein Buch vom Wehrwillen deutscher Jugend. - Berlin : Voegels, 1932. - 191 S.

Rose, A. W.:

Der 4. [vierte] Februar 1919 [neunzehnhundertneunzehn] : Bremens Befreiung ; Ein Grundstein der Errettung Deutschlands. - Bremen : Kommisionsverlag ; Nordwestdeutsche Verlag-Anstalt, 1934. - 155 S.

Rosen, Erwin:

Orgesch. - Berlin : Scherl, 1921. - 120 S.

Roßbach, Gerhard:

Mein Weg durch die Zeit : Erinnerungen und Bekenntnisse. - Weilburg/Lahn : Vereinigte Weilburger Buchdruckereien, 1950. - 240 S.

Rost, Hans Günther von:

Geschichte der Infanterie-Geschütz-Batterie des Freikorps Görlitz : Vom 11. Januar bis zum 8. Dezember 1919. - Görlitz : Hoffmann & Reiber, 1919. - 31 S.

Runkel, Ferdinand:

Die sozialen Aufgaben der Einwohnerwehr. - Berlin : Zentralstelle für Einwohnerwehren, 1919. – 8 S.

Vortrag gehalten in der Konferenz der Vertreter der deutschen Länder über die Frage der Einwohnerwehr am 23.8.1919 in Berlin

Sabrow, Martin:

Der Rathenaumord : Rekonstruktion einer Verschwörung gegen die Republik von Weimar. - München : Oldenbourg, 1994. - 231 S.

Sabrow, Martin:

Die verdrängte Verschwörung : Der Rathenau-Mord und die deutsche Gegenrevolution. – Frankfurt/M. : Fischer Taschenbuch-Verlag, 1999. – 276 S.

Sadowsky, Hans:

Lebenslänglich Zwangsarbeit! Ein Buch vom deutschen Leid. – Leipzig : Hillmann, 1927. - 69 S.

Salomon, Ernst von:

Die Geächteten. - Berlin : Rowohlt, 1930. - 560 S.

Roman

Salomon, Ernst von:

Nahe Geschichte : Ein Überblick. - Berlin : Rowohlt, 1936. - 122 S.

Salomon, Ernst von:

Das Buch vom deutschen Freikorpskämpfer : Im Auftrag der Freikorpszeitschrift "Der Reiter gen Osten". - Berlin : Limpert, 1938. - 496 S.

Neuauflage Struckum : Verlag für ganzheitliche Forschung und Kultur, 1988.

Salomon, Ernst von:

Der Fragebogen. - Reinbek bei Hamburg : Rowohlt, 1961. - 669 S.

Schabert, Oskar:

Baltisches Märtyrerbuch. – Berlin : Furche, 1926.

Schabrod, Karl:

Generalstreik rettet Weimarer Republik : Wie die Arbeiterschaft vor 40 Jahren den Kapp-Putsch zerschlug. - Düsseldorf : Carolus, 1960. -44 S.

Schaede:

Berlin schießt, spielt und tanzt : Briefe aus den Tagen der Zweiten Berliner Revolution und des Generalstreiks. – Berlin : Georg Stilke, 1919. - 62 S.

Schaumlöffel, Karl:

Das Studentenkorps Marburg in Thüringen : Ein Kriegstagebuch im Frieden. - Marburg : Elwertsches Verlag-Haus, 1920. - 101 S.

Scheidemann, Philipp:

Die rechtsradikalen Verschwörer. - Berlin : Verlag für Sozialwissenschaft, 1923. - 28 S.

Schemann, Ludwig:

Wolfgang Kapp und das März-Unternehmen vom Jahre 1920 : Ein Wort der Sühne. – München, Berlin : J.F. Lehmanns, 1937. - 236 S.

Scheringer, Richard:

Das große Los : Unter Soldaten, Bauern und Rebellen – München : Damnitz, 1979. - 419 S.

Schlageter: Bauernsohn und Freiheitsheld : F. Hist-Verlag, 1935. - 93 S.

Schlageter: Sein Prozess und seine Erschießung durch die Franzosen in Düsseldorf. Dargestellt von den einzigen beteiligten Augenzeugen. : Düsseldorf, 1933. - 70 S.:

Schmalix, Adolf:

Gerechtigkeit für Kapitän Ehrhardt. - Leipzig : Vieweg, 1923. - 35 S.

Schmidt, Franz-August:

Die neue Zeit in Bayern – München : Dr. Pfeiffer, 1919. - 66 S.:

Schmidt, Franz-August:

Die Zeit der 2. Revolution in Bayern. – München : Dr. Pfeiffer, 1919. - 71 S.

Schmidt-Pauli, Edgar von:

Geschichte der Freikorps 1918-1924 [neunzehnhundertachtzehn/neunzehnhundertvierundzwanzig] : Nach amtlichen Quellen, Zeitberichten, Tagebüchern und persönlichen Mitteilungen hervorragender Freikorpsführer dargestellt. - Stuttgart : Lutz, 1936. - 371 S.

Schneider, Heinrich:

Geschichte der Einwohnerwehr des Inngaus : 22. April 1919 bis 30. Juni 1920. - Wasserburg a. I. : Selbstverlag, 1928. - 92 S.

Schöpflin, H.:

Albert Leo Schlageter : Ein Gedenkbuch für das deutsche Volk. - Drei-Sonnen-Verlag, 1924. - 44 S.

Schramm, Wilhelm von:

Die Roten Tage : Ein Roman aus der Münchner Rätezeit. – München : Beckstein, Kösel + Pustet, 1933. - 233 S.

Roman

Schreiber, Walther:

Die Märzrevolution in Halle a. d. S. : Meine Tätigkeit als Zivilkommissar in Halle. - [s.l] : [s.n.], 1920

Schricker, Rudolf:

Blut, Erz, Kohle : Der Kampf um Oberschlesien. - Berlin : Zeitgeschichte, 1933. - 238 S.

Schricker, Rudolf:

Rotmord über München. - Berlin : Zeitgeschichte, 1939. - 226 S.

Schultze-Pfaelzer, Gerhard:

Von Spa nach Weimar : Die Geschichte der deutschen Zeitenwende. - Leipzig : Grethlein, 1929. - 386 S.

Schultzendorf, Walther von:

Proletarier und Prätorianer : Bürgerkriegssituationen aus der Frühzeit der Weimarer Republik. - Köln : Markus, 1966. - 210 S.

Schulz:

Ein Freikorps im Industrie-Gebiet. - Mülheim/Ruhr : Selbstverlag, 1920. - 40 S.

Schulze, Hagen:

Freikorps und Republik 1918-1920 [neunzehnhundertachtzehn/neunzehnhundertzwanzig]. - Boppard am Rhein : Boldt, 1969. - 363 S.

Schulze, Heinrich:

Ruhrkampf. - Langensalza, Berlin, Leipzig : Julius Beltz, o.A. - 48 S.

Arbeitshefte für Gegenwartsfragen, Heft 5

Schumann, Wolfgang:

Oberschlesien 1918/19 [neunzehnhundertachtzehn/neunzehnhundertneunzehn] : Vom gemeinsamen Kampf deutscher und polnischer Arbeiter. - Berlin : Rütten & Loening, 1961. - 314 S.

Schunke, Joachim:

Schlacht um Halle : Die Abwehr des Kapp-Putsches in Halle und Umgebung. - Berlin : Ministerium für Nationale Verteidigung der DDR, 1956. - 110 S.

Schuster, Wilhelm:

Ein vergewaltigtes Volk : Der polnische Maiaufstand in Oberschlesien. – Berlin : Heimatverlag Oberschlesien - 300 S.

Schwantes, Günther:

Von Mollwitz bis Annaberg : Eine Wanderung über die Schlachtfelder Schlesiens von Offizieren des 11. (Preuß.) Reiter-Regiments. - Breslau : Korn, 1935. -127 S.

Schweyer, Franz:

Politische Geheimverbände. - Freiburg : Herder, 1925. - 229 S.

Selchow, Bogislav von:

Hundert Tage aus meinem Leben. - Leipzig : Koehler & Amelang, 1936. - 383 S.

Sengstock, Roggendorff:

Albert Leo Schlageter : Seine Verurteilung und Erschießung durch die Franzosen in Düsseldorf am 26. Mai 1923. – Düsseldorf, 1927. - 143 S.

Mit einem Geleitwort von Ex-Reichskanzler Cuno.

Severing, Carl:

1919/1920 neunzehnhundertneunzehn/neunzehnhundertzwanzig] in Wetter- und Watterwinkel : Aufzeichnungen und Erinnerungen. - Bielefeld : Volkswacht, 1927. - 255 S.

Soldan, George:

Zeitgeschichte in Wort und Bild. – München : National-Archiv, 1931. - 512 S.

1932 und 1933 weitere Bände

Sontag, Ernst:

Adalbert (Wojciech) Korfanty : Ein Beitrag zur Geschichte der polnischen Ansprüche auf Oberschlesien. - Kitzingen : [s.n.], 1954

Beiheft zum Jahrbuch der Albertus-Universität Königsberg/Pr.

Spectator:

Die Schreckenstage im rheinisch-westfälischen Industriebezirk Frühjahr 1920 [neunzehnhundertzwanzig]. - Hannover : Czwiertnic, 1920. - 15 S.

Spectator:

Die Geschichte der Berliner Fünftageregierung. – Leipzig, 1920

Spethmann, Hans:

Die rote Armee an Ruhr und Rhein : Aus den Kapptagen 1920. - Berlin : Hobbing, 1930. - 250 S.

Spethmann, Hans:

Zwölf Jahre Ruhrbergbau : Aus seiner Geschichte von Kriegsanfang bis zum Franzosenabmarsch. – Berlin : Reimar Hobbing, 1931. - 392/355/422/394/544 S. - 5 Bände

Stachow, Markus:

Die Vorgänge während des Kapp-Putsches in Braunschweig. - Braunschweig : Oeding, 1930. - 96 S.

Stackelberg-Sutlem, Eduard von:

Ein Leben im baltischen Kampf. – München : J.F. Lehmanns, 1927. - 138 S.

Stadtler, Eduard:

Als Antibolschewist 1918/1919 [neunzehnhundertachtzehn/ neunzehnhundertneunzehn]. - Düsseldorf : Neuer Zeitverlag, 1935. - 194 S.

St. Annaberg : Wahrzeichen deutschen Volkstums im Kampf um Oberschlesien / Hrsg. Anton Belda. – Wolfenbüttel : o.A. – 32 S.

Starhemberg, Ernst Rüdiger:

Memoiren. - Wien ; München : Amalthea, 1972. - 344 S.

Steinacher, Hans:

In Kärntens Freiheitskampf. - Klagenfurt : Johannes Heyn, 1981. - 452 S.

Steinacker, Freiherr von:

Mit der Eisernen Division im Baltenland. - Hamburg : Bubendey & Kober, 1920. - 55 S.

Stein-Saaleck, Hans Wilhelm:

Burg Saaleck : Die Türme des Schweigens. - Eckartsberga/Thüringen : Verlag des Ekkartshauses, 1938. - 80 S.

Stenbock-Fermor, Alexander Graf:

Freiwilliger Stenbock : Bericht aus dem baltischen Befreiungskampf. - Stuttgart : Engelhorn, 1929. - 237 S.

Stenbock-Fermor, Alexander Graf:

Der rote Graf. - Berlin : Verlag der Nationen, 1976. - 512 S.

Stephan, Karl:

Der Todeskampf der Ostmark 1918/19 [neunzehnhundertachtzehn/neunzehnhundertneunzehn] : Die Geschichte eines (III.) Grenzschutzbataillons. - Schneidemühl : Selbstverlag, 1919. - 148 S.

Neuauflage: Lachendorf : Faksimile-Verlag Soyka, 1985

Stiewe, Willy:

Der Krieg nach dem Krieg : Eine Bilderchronik aus Revolution und Inflation. - Berlin : Deutsche Rundschau, 1930. - 108 S.

Stinnesbeck, Bruno:

Geschichte des Oberschlesischen Freiwilligenkorps. - Kattowitz : [s.n.], 1919

(in 40 Exemplaren als Manuskr. herausgegeben)

Stpols, Vilnis:

Die ausländische Intervention in Lettland 1918-1920. - Berlin : Rütten & Loening, 1961. - 248 S.

Stresemann, Gustav:

Die Märzereignisse und die Deutsche Volkspartei. – Berlin : Staatspolitischer Verlag, 1920. - 43 S.

Sturmabteilung Roßbach als Grenzschutz in Westpreußen. Kolberg : Verlag Burmann, 1919. – 143 S.

Taube, Max:

Ursachen und Verlauf des Putsches vom 13. [dreizehnten] März 1920 und seine Lehren für Arbeiterschaft und Bürgertum. - Berlin : Zillessen, 1920. - 31 S.

Taube, Max:

Die Schlagwörter der Straße im März 1920. – Berlin, 1920 - Deutschnationales Rüstzeug, Hrsg. DNVP

Techow, Ernst Werner:

Gemeiner Mörder-?! : Das Rathenau-Attentat. - Leipzig : Schroll, 1934. - 31 S.

Teutonicus [Schroff, H.]:

Braunschweig unter der Herrschaft der roten Fahne : Meinungen, Stimmungen und Tatsachen. - Braunschweig : Goebel, 1919. - 146 S.

Thilo, Johannes:

Die Tat des Leutnant von Bork. - Leipzig : Koehler & Amelang, 1933. - 168 S.

Thomée, Gerhard:

Der Wiederaufstieg des deutschen Heeres 1918-1938. – Berlin : Die Wehrmacht, 1939. – 125 S.

Thoms, Robert:

Bibliographie zur Geschichte der deutschen Freikorps 1918-23 [neunzehnhundertachtzehn/neunzehnhundertdreiundzwanzig]. – Berlin : Projekt + Verlag Dr. Erwin Meißler, 1997. - 56 S.

Sonderheft der Militärgeschichtlichen Blätter

Troeltsch, Ernst:

Spectatorbriefe : Aufsätze über die deutsche Revolution und die Weltpolitik 1918-22. - Tübingen : Mohr, 1924. - 321 S.

Tschoke, G.:

Der Feldzug im Baltikum als Ausgang östlicher Siedlung. – München : Ludendorff's Verlag, 1935. - 21 S.

Uhse, Bodo:

Söldner und Soldat. - Paris, 1936, 326 S.

Neuauflagen: Berlin, Aufbau Verlag, 1956, 293 S., Nachwort von Rolf Recknagel und Frankfurt a. M. : Rödenberg, 1967. - 303 S.

Usadel. G.:

Zeitgeschichte in Wort und Bild. Band 1 1918-1920 [neunzehnhundertachtzehn-neunzehnhundertzwanzig], Band 2 1920-1923 [neunzehnhundertzwanzig/neunzehnhundertdreiundzwanzig]. – Oldenburg, 1937. – 270/272 S.

Venner, Dominik:

Ein deutscher Heldenkampf : Die Geschichte der Freikorps 1918-1923 [neunzehnhundertachtzehn/neunzehnhundertdreiundzwanzig]. - Kiel : Arndt, 1989. - 319 S.

Venner, Dominik:

Söldner ohne Sold : Die deutschen Freikorps 1918-1923 [neunzehnhundertachtzehn/neunzehnhundertdreiundzwanzig]. – Bergisch Gladbach : Bastei Lübbe, 1978. – 319 S.

Viesel, Hansjörg:

Literaten an der Wand : Die Münchner Räterepublik und die Schriftsteller. Frankfurt a.M., 1980. - 831 S.

Vogt, Adolf:

Oberst Max Bauer : Generalstabsoffizier im Zwielicht 1868 - 1929. - Osnabrück : Biblio, 1974. - 704 S.

Volck, Herbert:

Rebellen um Ehre : Mein Kampf für die nationale Erhebung 1918-1933. - Berlin : Bischoff, 1932. - 372 S.

Volkmann, Erich Otto:

Revolution über Deutschland. - Oldenburg i. O. : Stalling, 1930. - 393 S.

Vorschrift für die Unterdrückung innerer Unruhen : Freiwilliges Landesjägerkorps 1919. - [s.l.] : [s.n.], [o.J.]. - 6 S.

Vorwärts und nicht vergessen! : Erlebnisberichte aktiver Teilnehmer der Novemberrevolution 1918/1919 [neunzehnhundertachtzehn/ neunzehnhundertneunzehn] / Hrsg. Institut für Marxismus-Leninismus beim ZK der SED. - Berlin : Dietz, 1958. - 584 S.

Wagener, Otto:

Von der Heimat geächtet. - Stuttgart : Belser, 1935. - 152 S.

Das wahre Gesicht des Bolschewismus : Tatsachen, Berichte, Bilder aus den baltischen Provinzen November 1918 [neunzehnhundertachtzehn] -Februar 1919 [neunzehnhundertneunzehn] /Hrsg. Erich Köhrer. - Berlin : Verlag für Sozialwissenschaften, 1919. - 20 S.

Wandt, Heinrich:

Der Gefangene von Potsdam. - Wien, Berlin : Agis, 1927. – 206/207 S.

2 Bände

Wauer, W.:

Hinter den Kulissen der Kappregierung. - Berlin : [s.n.], 1920.

Wehner, J. M.:

Albert Leo Schlageter. – Berlin, 1935. 78 S.-

Weigand, Wilhelm:

Die rote Flut. – München : Franz Eher, 1935. - 512 S.

Roman

Weller, Tüdel:

Peter Mönkemann : Ein hohes Lied der Freikorpskämpfer an der Ruhr. München : Franz Eher, 1938. - 360 S.

Roman

Wentzke, Paul:

Den Helden des Ruhrkampfes. – Düsseldorf : Industrie-Verlag, o.A. - 40 S.

Wentzke, Paul:

Ruhrkampf : Einbruch und Abwehr im rheinisch-westfälischen Industriegebiet. – Berlin : Reimar Hobbing, 1930. - 490/517/512 S.

3 Bände

Werthauer, Johannes:

Das Blausäure-Attentat auf Scheidemann. - Berlin : Verlag für Sozialwissenschaften, 1923. - 48 S.

Wer war Schlageter? – Berlin : Das Andere Deutschland, 1931

Westfälische Freikorps-Batterie von Bock : Anläßlich der Weihe des Ehrenmals westfälischer Freikorps auf Burg Horst am 4. November 1934. - Hamm/Westfalen : Griebsch, 1934. - 28 S.

Wette, Wolfram:

Gustav Noske : Eine politische Biographie. - Düsseldorf : Droste, 1987. - 876 S.

Wetzel, Walter:

Ehrhardt : Sein wahres Gesicht. - Großenhain : Plasnick, 1921. - 11 S.

Wiedenhöfer, Joseph:

Der erste Hammerschlag : Unsern Befreiern aus Spartakistengewalt ; Zum Weihetag des Freikorpsehrenmals. - Dorsten : Bödige, 1934. - 98 S.

Wilhelm, Hermann:

Dichter, Denker, Fememörder : Rechtsradikalismus und Antisemitismus in München von der Jahrhundertwende bis 1921. - Berlin : Transit, 1989. - 192 S.

Winkler, Heinrich A.:

Von der Revolution zur Stabilisierung 1918-24 [neunzehnhundertachtzehn/ neunzehnhundertvierundzwanzig]. – Berlin, Bonn, 1985

Wittmann, Hans:

Erinnerungen der Eisernen Schar Berthold. - Oberviechtach/Opf. : Forstner, 1926. - 151 S.

Wollenberg, Erich:

Als Rotarmist vor München : Reportage aus der Münchner Räterepublik. – Berlin : Internationaler Arbeiterverlag, 1929. - 159 S.

Neuauflage Hamburg 1972

Wrangell, Wilhelm von:

Geschichte des Baltenregiments : Das Deutschtum Estlands im Kampf gegen den Bolschewismus 1918-1920. - Reval : Wasserman, 1928. - 160 S.

Wrochem, Alfred von:

Der Eidbruch der Offiziere am 13. März 1920. – Berlin, 1920

Wutte, Martin:

Kärntens Freiheitskampf 1918-20 [neunzehnhundertachtzehn/neunzehnhundertzwanzig]. - Bonn : Rheinland, 1985

Erstveröffentlichung aus dem Jahre 1943

Zeitfreiwilligen-Korps Remscheid : Die Remscheider Märzkämpfe im Jahre 1920. Ein Kapitel aus dem Kriege nach dem Kriege. - Remscheid : [s.n.], 1925

Zerkaulen, Heinrich:

Hörnerklang der Frühe. – Berlin : Hochwart, Junker und Co., 1934. - 317 S.

Zimmermann, Adolf:

Vorfrühling 1920 [neunzehnhundertzwanzig] : Aus den Tagen der Kappschen Wirren. - Berlin : Neudeutsche Verlag- und Treuhandanstalt, 1920. - 63 S.

Zitt, Hans:

Sturm auf den Annaberg : Mit dem Freikorps Oberland bis Oberschlesien. - Gütersloh : Bertelsmann, 1935. - 32 S.

Zobel, Johannes:

Zwischen Krieg und Frieden : Schüler freiwillig in Grenzschutz und Freikorps. - Berlin : Grundel & Kittler, 1932. - 140 S.

Die Zukunft der Einwohnerwehren /Hrsg. Reichszentrale für Einwohnerwehren. Berlin, 1920. - 24 S.

Referat gehalten auf der Tagung der deutschen Einwohnerwehren am 20. und 21. Januar 1920

Das 12. [zwölfte] Infanterie-Regiment der deutschen Reichswehr : 1.1.1921-1.10.34. ; ein Beispiel für den Übergang von der alten Armee zum neuen Volksheer. - Osterwieck im Harz ; Berlin : Zickfeldt, 1939. - 188 S.

Fehlende bibliographische Angaben konnten nicht ermittelt werde.

Dokumentenanhang

Grundlegender Befehl Nr. 1 für das Freiwillige Landesjägerkorps.

Aufruf der Reichsregierung vom 11. Januar 1919.

Aufruf an die Berliner.

Lenins Grußschreiben an die Bayrische Räterepublik.

Ernst von Salomon über die Archivarbeit zu den Freikorps im Dritten Reich.

Reiter gen Osten-Titelblatt vom März 1937.

Georg Maercker : Vom Kaiserheer zur Reichswehr : Ein Beitrag zur Geschichte der Deutschen Revolution. : Leipzig. – Koehler, 1921 (S. 45-47)

Grundlegender Befehl Nr. 1 für das Freiwillige Landesjägerkorps (F.L.K.)

"Stabsquartier Salzkotten, den 14. Dezember 1918

Grundlegender Befehl Nr. 1

für das Freiwillige Landesjägerkorps (F.L.K.).

Aufgabe für das Freiwillige Landesjägerkorps ist das Aufrechterhalten von Ruhe und Ordnung im Innern und die Sicherung der Reichsgrenzen.

Das F.L.K. wird gebildet durch freiwillige Meldungen.

Manneszucht. Die Leistung einer Truppe kommt nur dann voll zur Geltung, wenn diese bedingungslos in der Hand ihres Führers ist. Das gilt vor allem für Freiwilligen-Truppen. Dazu ist eiserne Manneszucht nötig, die die Vorbedingung für jeden Erfolg und eine Wohltat für jedermann ist. Die Manneszucht muß auf einem freiwillig und freudig dargebrachten Gehorsam beruhen.

Vertrauensleute. Sie sollen ein Bindeglied sein zwischen Vorgesetzten und Untergebenen. Sie unterstützen den Vorgesetzten bei Aufrechterhaltung der Manneszucht; sie bringen Wünsche und Klagen der Truppe vor den Führer. Je edler die Truppe ist und je inniger Truppe und Führer miteinander verwachsen sind, um so seltener wird die vermittelnde Tätigkeit der Vertrauensleute nötig sein. Zu den besonderen Aufgaben der Vertrauensleute gehört:

Sie verwalten allen Privatbesitz der Truppe gemeinsam mit dem Zahlmeister.

Sie sind vom Führer heranzuziehen in allen Fragen der Verpflegung und der Truppenwohlfahrt sowie bei allen Urlaubsfragen.

Sie sind verpflichtet, für Kameraden, die sich über einen Vorgesetzten beschweren wollen, die Beschwerde zu führen.

Sie stellen Richterpersonal zu Standgerichten.

Die Vertrauensleute dürfen, um die Manneszucht nicht zu gefährden, diese Aufgaben nicht überschreiten. Insbesondere stehen ihnen keine Befugnisse in Kommandoangelegenheiten zu.

Disziplinarstrafen. Sie dürfen nur vom Kompagnieführer bezw. Batterieführer an aufwärts verhängt werden. Zwischen dem Bekanntwerden des Vergehens und dem Ausspruch der Strafe muß ein Zeitraum von mindestens 3 Stunden liegen. Strafexerzieren darf nicht verhängt werden.

Der Vorgesetzte kann vor Verhängung der Strafe die Ansicht der Vertrauensleute über die voraussichtliche Wirkung der Strafe auf den Bestraften einholen.

Der Führer einer Freiwilligentruppe darf niemals in einer Form bestrafen, die das Ehrgefühl des Bestraften zu verletzen geeignet ist. Im übrigen gelten die Bestimmungen der Disziplinarstrafordnung für das Heer.

"Wer's nicht edel und nobel treibt, - Lieber weit weg vom Handwerk bleibt". Deshalb:

wer plündert, wird mit dem Tode bestraft,

es wird aus dem Freiwillige Landesjägerkorps schimpflich ausgestoßen:

wer sich bei Ausübung des Dienstes feige zeigt,

wer Diebstahl begeht,

wer Staatseigentum absichtlich zerstört, fortwirft oder gar verkauft. Neben der Ausstoßung trifft den Bestraften die nach den Kriegsgesetzen zustehende Strafe.

Die Truppe erhält das Recht, Landesjäger wegen heldenhaften Verhaltens zur Beförderung zum Offizier vorzuschlagen.

Wer Grund zu haben glaubt, sich über einen Vorgesetzten zu beschweren, holt sich bei den Vertrauensleuten seiner Truppe (Kompagnie bezw. Batterie) Rat. Erklären die Vertrauensleute, daß kein Grund zur Beschwerde vorliegt, so hat der Betreffende trotzdem das Recht, seine Beschwerde persönlich zu führen und zwar, indem er seinem Komp.- (Batterie-) Führer oder, wenn sich die Beschwerde gegen diesen selbst richtet, - beim nächstältesten Offizier der Komp. bezw. Batterie vorträgt.

Erklärt der Vertrauensrat die Beschwerde für berechtigt, so übernimmt er selbst die weitere Führung der Beschwerde, die beim Komp.- (Batterie-) Führer bezw., wenn sich die Beschwerde gegen diesen selbst richtet, beim nächstältesten Offizier der Kompanie bzw. Batterie vorzubringen ist.

Grußpflicht. Die Achtung vor den Führern wird äußerlich dargetan durch den militärischen Gruß, den jeder Angehörige des F.L.K. den dienstlich höherstehenden zu erweisen verpflichtet ist. Unteroffiziere und Landesjäger grüßen auch im Stehen durch Anlegen der Hand an die Kopfbedeckung.

Jeder Vorgesetzte ist verpflichtet, den Gruß eines Untergebenen zu erwidern. Werden mehrere Vorgesetzte gegrüßt, so danken alle, (nicht wie bisher nur der älteste).

Maercker"

Aufruf der Reichsregierung vom 11. Januar 1919.

Nach Helmut Reuther : Freikorps und Grenzschutzformationen 1918-1924 in "Feldgrau-Mitteilungsblätter einer Arbeitsgemeinschaft" – Lehrte, 1953-1971

"Freiwillige vor!

Kameraden! Deutschland ist in schwerer Gefahr! Während wir an dem Ausbau unserer inneren Freiheiten arbeiten, ist die Freiheit unserer Landsleute im Osten, aus dem täglich erschütternde Hilferufe an uns gelangen, von außen bedroht. Noch ein paar Tage ohne energische Abwehr, und wir müssen befürchten, daß weitere Gebiete im Osten dem polnischen Imperialismus zum Opfer fallen, der unter Brechung von Gesetz und Landesfrieden die schwerste Stunde der jungen deutschen Republik mißbraucht. Regierung und Volk protestieren gegen diese Versuche, vor Friedenschluß die Welt vor fertige Tatsachen zu stellen. Wir haben die Wilson-Punkte als Grundlage für den künftigen Frieden angenommen und werden sie gewissenhaft halten.

Kameraden! Proteste allein nützen nichts, sie ersetzen die Nahrungsmittel nicht, die uns gesperrt werden, sie schaffen die Kohlen nicht, ohne die unser Wirtschaftsleben zugrunde gehen muß, sie bringen uns das Ansehen nicht zurück, das uns verloren geht. Sie helfen den Kameraden in den Ostseeprovinzen zu keinem ungestörten Abzug. Wehren müssen wir uns. Meldet Euch freiwillig zum Grenzschutz; bei jedem Bezirkskommando werden Meldungen entgegengenommen und euch die günstigen Bedingungen mitgeteilt, unter denen die Anwerbung von Freiwilligen erfolgt. Wir wollen Euch in keinen neuen Krieg führen. Ihr sollt das Vordringen von Landesfriedensbrechern aufhalten. Ihr sollt das Überrumpeln wehrloser Städte und Dörfer verhindern. Ihr sollt es unmöglich machen, daß Fremde nach Deutschland wie in ein herrenloses Land eindringen und sich festsetzen. Ihr sollt als republikanische Wehrmänner die Errungenschaften der Revolution sicherstellen und die im Inneren geschaffenen Neueinrichtungen verteidigen. Noch jede Revolution, die französische wie die russische, hat unter der Fahne ihrer neuen Ideale freiwillige Armeen aus der Erde gestampft. Folgt dem Rufe der deutschen Revolution. Sie kann ohne eure Hilfe ihre Ziele nicht erreichen. Zeigt, daß die Revolution den Militarismus getötet hat, aber nicht die freiwillige Schutzbereitschaft ihrer freiwilligen Bürger. Die Republik ruft Euch, sie sorgt für Euch, aber sie braucht Euch auch.

Die Reichsregierung.

Ebert, Scheidemann, Landsberg, Noske, Wissel."

Aufruf an die Berliner

Nach Klaus Gietinger : Eine Leiche im Landwehrkanal. : Berlin – 1900, 1995

"Euch allen, die Ihr vier Jahre lang die deutsche Heimat heldenhaft geschützt habt, gilt in erster Linie dieser Mahnruf. Helft auch jetzt mit, die bitterste Not abzuwenden. Meldet Euch bei den Freiwilligen Verbänden, die die Regierung zum Schutze der Grenzen und zur **Aufrechterhaltung von Sicherheit und Ordnung im Innern** aufgestellt hat.

Pflicht aller Behörden und Privatunternehmer ist es, die Werbung mit allen Mitteln zu unterstützen. Sie müssen im Interesse der großen Sache dafür sorgen, daß die sich freiwillig Meldenden keinen Schaden für ihre dienstliche, geschäftliche und wissenschaftliche Zukunft erleiden.

Der Zentralrat der deutschen sozialistischen Republik

gez. Cohen.

Der Oberbefehlshaber der Regierungstruppen in Berlin

gez. Noske.

Berliner, meldet Euch sofort bei der Garde-Kavallerie-Schützen-Division Berlin, Nürnberger Str. 70 (Deutsches Künstlertheater)"

Lenins Grußschreiben an die Bayrische Räterepublik

Nach: Lenin : Werke. Band 29. : Berlin – Dietz, 1961

Wir danken für Ihren Gruß und begrüßen unserseits von ganzem Herzen die Räterepublik in Bayern. Wir bitten Sie sehr, möglichst oft und möglichst konkret mitzuteilen, welche Maßnahmen Sie zum Kampf gegen die bürgerlichen Henker Scheidemann und Co. durchgeführt haben. Haben Sie Arbeiter- und Gesinderäte in den Stadtteilen geschaffen, die Arbeiter bewaffnet, die Bourgeoisie entwaffnet, die Bestände an Kleidung und anderen Erzeugnissen verwendet, um den Arbeitern und besonders den Landarbeitern und Kleinbauern sofortige und umfassende Hilfe zu leisten, haben Sie die Fabriken und die Reichtümer der Kapitalisten in München wie auch die kapitalistischen landwirtschaftlichen Betriebe in seiner Umgebung enteignet, die Hypotheken und Pachtzahlungen für die Kleinbauern aufgehoben, die Löhne für Landarbeiter und ungelernte Arbeiter verdoppelt oder verdreifacht, alles Papier und alle Druckereien zum Druck populärer Flugblätter und Zeitungen für die Massen beschlagnahmt, den Sechsstundentag bei gleichzeitiger zwei- oder dreistündiger Beschäftigung in der Verwaltung des Staates eingeführt, den Wohnraum der Bourgeoisie in München beschränkt, um sofort Arbeiter in die Wohnungen der Reichen einzuweisen, alle Banken in Ihre Hände genommen, Geiseln aus der Bourgeoisie festgesetzt, für die Arbeiter größere Lebensmittelrationen als für die Bourgeoisie eingeführt und die Arbeiter ausnahmslos für die Verteidigung als auch für die ideologische Propaganda in den umliegenden Dörfern mobilisiert? Die schnellste und umfassendste Durchführung dieser und ähnlicher Maßnahmen bei eigener Initiative der Arbeiter- und Landarbeiterräte und gesondert von ihnen der Kleinbauernräte wird Ihre Stellung festigen. Es ist notwendig, der Bourgeoisie eine außerordentliche Steuer aufzuerlegen und in der Lage der Arbeiter, Landarbeiter und Kleinbauern sofort und um jeden Preis eine faktische Verbesserung herbeizuführen.

Die besten Grüße und Wünsche für den Erfolg.

27. April 1919
Lenin

Ernst von Salomon

Der Fragebogen. : Hamburg. – Rowohlt Verlag, 1951

Salomons Antwort auf die Frage nach Militärdienst nach 1931

Zu 29 b. Als ich eines Tages nach Grünheide hinausfuhr, kurz nach jenem 30. Januar 1933, begegnete ich in der Stadtbahn einem Manne, den ich zuletzt im Jahre 1921 in Oberschlesien gesehen hatte. Dieser Mann, Heinz Oskar Hauenstein, nur um ein Weniges älter als ich, machte damals von sich reden, weil er, blutjung und dem militärischen Range nach Fähnrich wie ich, in dem von Polen und Deutschen umstrittenen Gebiet an Stelle des völlig mangelnden staatlichen Schutzes im geheimen Einverständnis mit der preußischen Regierung eine Art "Spezial-Polizei" aufbaute und leitete, eine Gruppe Männer also, die unter solchen Umständen zwar nicht auf eigene Rechnung, wohl aber auf eigene Gefahr zu arbeiten gezwungen war. Ein Mitglied dieser "Spezial-Polizei" war Albert Leo Schlageter. Hauenstein, ausgezeichnet durch einen fast unglaublichen persönlichen Mut, größte Kaltblütigkeit und eine ausgesprochene Begabung für organisatorische Aufgaben, erweiterte, im Augenblick des dritten polnischen Aufstandes in Oberschlesien im Anschluß an das Plebiszit, seine Organisation zu einem „Sturmregiment" des Oberschlesischen Selbstschutzes und hatte ein wesentliches Verdienst an dem Gelingen des Sturmes auf den Annaberg, der die endgültige Entscheidung über die oberschlesische Frage ein wenig zugunsten des Reiches beeinflußte. Im Jahre 1923 bildete seine Organisation das Kernstück des "passiven Widerstandes" an der Ruhr, sie war es im wesentlichen, die dem Widerstand die aktive Spitze gab, so zwar den Charakter dieses neuartigen Kampfmittels der Massen nicht ändernd, ihm aber Festigkeit und Aufschwung verleihend. Hauenstein gründete später die ersten namhaften Gruppen eines "Freiwilligen Arbeitsdienstes", die fast ausschließlich aus ehemaligen Freikorpsleuten bestanden; er begradigte mit diesen Leuten, zu denen auch ein arbeitsloser Seemann namens Prien gehörte, im Auftrag öffentlicher Stellen den Flugplatz von Dresden, er begann, die Moore des Emslandes zu entwässern. Bei vielen sogenannten "Feme-Prozessen" der späteren Jahre trat er, nunmehr von Beruf Versandbuchhändler, als ein Zeuge auf, der still und schlicht jenes unangenehme Beweismittel vorlegen konnte, nach welchem eine ganze Reihe eben jener, ein so weithinhallendes Echo herausfordernder Feme-Handlungen wenn nicht im Auftrag, so doch mit Wissen sehr hoher staatlicher Stellen geschehen waren; er rettete dadurch einer ganzen Anzahl Verurteilter das Leben. Während der ganzen Jahre aber hatte er mit Umsicht und Spürsinn alle Dokumente gesammelt, die in irgendeinem Zusammenhang mit den überaus wirren und verwirrten Ereignissen des deutschen Nachkrieges standen. Er hatte sich also aus Gründen, die auf der Hand lagen, sehr darum bekümmert, mit allen Personen in Verbindung zu bleiben, die an jenen Ereignissen in irgendeiner Form teilnahmen, und er hatte schließlich aus Erinnerungsstücken an Albert Leo Schlageter, der wegen einer Sabotage-Handlung im Ruhrgebiet von den Franzosen zum Tode verurteilt und erschossen wurde, ein kleines "Albert-Leo-Schlageter-Gedächtnis-Museum" in seiner Wohnung in der Hildebrandstraße in Berlin aufgebaut, welches gleichzeitig mit einem Archiv und einer kleinen, noch in den Jahren des Nachkrieges als Mitteilungsblatt gegründeten Zeitschrift mit dem Titel "Der Reiter gen Osten" das Zentrum aller Verbindungen mit den ehemaligen Freikorpsleuten bildete.

Diesem Manne, der schon sehr früh, im Jahre 1922, in die Nationalsozialistische Deutsche Arbeiter-Partei eingetreten, und sehr früh, im Jahre 1927, auch wieder ausgetreten war, nachdem er politische Differenzen mit einem hohen Funktionär der Partei mit Brachialgewalt ausgetragen hatte, war nun seine Tätigkeit als Schriftleiter der ziemlich kümmerlichen und dem Charakter nach gerade noch als Vereinszeitung ohne Verein anzusehenden Zeitschrift verboten worden. Er bat mich, an seiner Stelle die Schriftleitung zu übernehmen.

Ich war nun in meinem Buche "Die Geächteten", welches ja allein aus dem Geiste des Nachkrieges heraus verständlich sein konnte, mehr aber noch in gelegentlichen Publikationen innerhalb der Kreise des "Neuen Nationalismus" zu der Feststellung gelangt, daß der deutsche Nachkrieg nur als eine eigene Geschichtsperiode begriffen werden kann, als eine zwischen den Zeiten stehende Epoche mit einem eigenen geschichtlichen Aspekt, als ein Versuch, aus einmalig gegebenen politischen und militärischen Position zu einer eigenen politischen und militärischen Konzeption zu gelangen. Die einzigen Akten über den deutschen Nachkrieg, die verfügbar waren, lagen bei den Wehrkreis-Kommandos der Reichswehr, welche an die Stelle der General-Kommandos des Kaiser-Heeres getreten waren, der Blickpunkt der General-Kommandos aber, wie jener der Reichswehr, konnte nicht anders als jenen der eigentlichen Formationen des Nachkrieges, der Freikorps, entgegengesetzt sein.

So blieb nichts anderes übrig, als sorgfältig an die Vorbereitung einer eigenen Geschichtsschreibung jener Jahre von 1918 bis 1923 zu gehen, soweit sie den Einsatz der Freikorps betraf. Ich erklärte mich bereit, die Schriftleitung der Zeitschrift zu übernehmen, wenn diese dem ausschließlichen Zwecke diente, das Material zur vorbereitenden Geschichtsschreibung herbeizuschaffen. Hauenstein behielt zur Bearbeitung die letzte Seite der Zeitschrift mit den Vereins-Nachrichten, da nur durch die Verbindung mit den ehemaligen Angehörigen der Freikorps und ihren Organisationen Aussicht bestand, das Material den privaten Händen zu entlocken. Jeder einzelne Bezieher der Zeitschrift, jeder angeschlossene Verein wurde in einer Darlegung des neuen Zweckes der Zeitschrift aufgefordert, nicht nur das in den Händen der Einzelnen befindliche Material einzusenden, sondern dieses auch durch Erlebnisberichte zu ergänzen. Allein die Aussicht, einmal gedruckt zu werden, erwies sich als ein Anreiz vorzüglicher Art. Innerhalb zweier Jahre schon waren an die hunderttausend Aktenstücke, Belege, Erlebnisberichte, Tagebücher, Erinnerungsstücke, Abzeichen, Photos und Adressen eingelaufen. Das "Museum" verwandelte sich in ein Archiv.

Gemäß der Eigenart des deutschen Nachkrieges mußte jedes Aktenstück mehrfach registriert werden. Formationen, kaum aufgestellt, wurden wieder auseinandergerissen, unterstellt, verschwanden, tauchten wieder auf, erschienen in mehreren, voneinander weit entfernten Kampfabschnitten gleichzeitig, änderten ihre Namen, zerstreuten sich in die verschiedensten Nachfolgeorganisationen. Das Improvisierte des ganzen deutschen Nachkrieges trat mit jedem Zuge deutlich hervor.

Bei der wichtigsten Arbeit, einer wahrhaft mühseligen Kleinarbeit, beim Aufstellen einer "Zeit-Tafel" der Ereignisse des deutschen Nachkrieges, schälten sich dann wie von selbst die einzelnen Kampfabschnitte heraus:

"Der Kampf um das Reich", die Gefechte und Aktionen, die im Auftrage und zur Machtsicherung der sogenannten "Regierung der Volksbeauftragten" gegen die Herrschaft der "Arbeiter- und Soldatenräte" in den Monaten Dezember 1918 und Januar 1919 bis zum Zusammentritt der Nationalversammlung stattfanden, in welcher sich an Stelle der revolutionären Verbände die Herrschaft der Parteien etablierte, - mit dem Sonderabschnitt der Berliner März-Unruhen 1919, -

der "Grenzschutz im Osten", die Kämpfe, die im Laufe des Jahres 1919 in Posen und Westpreußen durch die Verwandlung der sozialen Revolution in eine national-polnische entfacht wurden und erst mit dem Versailler Vertrag ihr Ende fanden, als große Teile der ehemalig deutschen Provinzen Polen zugesprochen wurden, -

der "Kampf im Baltikum", der Feldzug freiwilliger deutscher, baltischer und lettischer und litauischer Verbände gegen das Vordringen der russischen Roten Armee, der zweite Feldzug der deutschen und freiwilliger weißgardistisch-russischer Verbände gegen lettische und estnische Formationen, welche, von England unterstützt, gegen Ende des Jahres 1919 die Souveränität der baltischen, vormals russischen Ostsee-Staaten erzwangen, -

der "Kampf in Oberschlesien", die Kämpfe der Freikorps im ersten polnischen Aufstand im Jahre 1919, der deutsch-polnischen Abstimmungspolizei, der deutschen "Spezial-Polizei" und der polnischen Insurgentenformationen und der alliierten Besatzungstruppen im zweiten polnischen Aufstand im Jahre 1920, des deutschen Selbstschutzes und der durch die Haller-Armee unterstützten polnischen Insurgenten-Verbände im dritten polnischen Aufstand im Jahre 1921, -

der "Kapp-Putsch", dessen Auswirkungen das ganze deutsche Reichsgebiet trafen im Jahre 1920, -

der "Kampf um die Ruhr", im Jahre 1920, durch den Einsatz einer geschlossenen "Roten Armee" auf der einen Seite, und kriegsmäßig gegliederten, unter Reichswehr-Befehl gestellter Formationen auf der anderen Seite bestimmt, -

der "Kampf in Mitteldeutschland", die Einsätze von Freikorps, später von Polizei-Formationen und Reichswehr von 1920 bis 1923 im Vogtland, im Industrierevier der Provinz Sachsen und am Leuna-Werk, -

der "Widerstand an Ruhr und Rhein", im Jahre 1923, mit dem Sonderabschnitt der Kämpfe in der Separatistenabwehr in der Pfalz und am Rhein, die im Jahre 1924 ihr Ende fanden, -

und endlich der "Kampf um Kärnten" im Jahre 1919, welcher zumindest im Zuge gleicher Ursachen und gleicher Wirkungen mit dem deutschen Nachkrieg in Gleichklang zu setzen ist.

Ein kurzer Blick auf die Zeit-Tafel genügte, um erkennen zu lassen, daß die Geschichte von etwa fünfundachtzig Freikorps geschrieben werden mußte, um dem Stoff einigermaßen gerecht zu werden. Jeder einzelne Kampfabschnitt verlangte aber auch nach dem Material der jeweiligen Gegner. Wir versuchten, uns mit den wenigen Polen in Verbindung zu setzen, deren Namen im Material auftauchten, Insurgenten-Führern, die bei ihren Mannschaften und bei ihren Gegnern einen ansehnlichen Ruf genossen; es gelang nur in einzelnen Fällen, meistens waren die Devisen-Bestimmungen das ausschlaggebende Hindernis einer Verbindung, doch konnten wir wenigstens das Bild der Erstürmung des Annaberges durch polnisches Material glücklich bereichern. Wesentlich leichter war es mit den Franzosen. Eines Tages erschien ein Buch "Vom Kaiserheer zur Reichswehr" – die Geschichte des deutschen Heeres in genau jener Zeit, die wir zu erforschen uns vorgenommen hatten. Der Verfasser dieses Buches war Benoist-Mechin, ein Mann, der, nur wenig älter als ich, während der Zeit der Okkupation in der französischen Besatzungstruppe als junger Offizier Dienst getan hatte; als er uns besuchte, konnten wir feststellen, daß wir beide einmal aneinandergeraten waren, 1921 auf dem Bahnhof in Breslau, wo er als Bahnhofsoffizier in Oberschlesien einer Gruppe aus Westdeutschland eintreffender Freiwilliger des Selbstschutzes, darunter auch mir, die Einreise in das zernierte Gebiet verbot (ich konnte ihn nun darüber aufklären, wie es uns trotzdem gelang). Benoist-Mechin hatte mit großer Präzision nach dem Material der französischen National-Bibliothek in Versailles und nach den Generalkommando-Akten, die nun im neu gegründeten Heeres-Archiv in Potsdam lagerten, gearbeitet, er stellte uns sein französisches Material zur Verfügung wie wir ihm unser deutsches. Das Material des "Spartakus-Bundes" und der "Roten Armee" war, mit Ausnahme weniger Stücke, die im Verlauf der Kampfhandlungen erbeutet wurden, absolut unauffindbar. Es gelang mir auch nicht, durch persönliche Beziehungen an irgendwelche bedeutsamen Aufzeichnungen jener Art zu gelangen, die Leute hatten im Augenblick durchaus andere Sorgen.

Nach einem vorsichtigen Überschlag mußte eine präzise Geschichte des deutschen Nachkrieges etwa sechs Bände zu fünfhundert Seiten sowie etwa sechs Jahre Arbeitszeit umfassen und verlangte ein Arbeitshonorar von etwa sechzigtausend Mark. Ich machte auf dieser genau kalkulierten Basis Rowohlt einen Vertragsvorschlag. Er wiegte den Oberkörper hin und her, dann sah er mich in Ermangelung eines Manuskriptes, welches er sich an den Hinterkopf schlagen konnte, mit Augen an wie ein todwundes Reh, die Schweißtröpfchen traten ihm auf die Stirn, und bevor er etwas sagen konnte, entfernte ich mich still.

Immerhin waren wir gegen Ende des Jahres 1935 bereits in unserer Arbeit so weit vorgeschritten, daß wir, nachdem wir durch mehrere Sondernummern der Zeitschrift jeweils die einzelnen Kampfabschnitte behandelt hatten, die besten und einprägsamsten Dokumente und Erlebnisberichte mit etwa tausend Bildern in einem Buche zusammenfassen und, mit einem Vorwort von mir versehen, in welchem ich auf den Charakter der vorbereitenden Geschichtsschreibung hinwies, unter dem Titel "Das Buch vom deutschen Freikorpskämpfer" beim "Wilhelm Limpert Verlag" in Berlin herausbringen konnten.

Zu unserem großen Kummer gelang es uns nicht, an das Material der bekanntesten bayrischen Freikorps heranzugelangen. Ich fuhr nach München, um alles versucht zu haben, aber der General von Epp hatte nur ein grimmiges Gelächter für mein Anliegen, er saß auf seinem Material und hütete es eifersüchtig, ihn schreckte jede mögliche Minderung seines Ruhmes. Ich konnte ihm die Zusicherung nicht geben, daß sich bei der Ausbreitung des Stoffes seine Rolle als die des alleinigen Retters aus der Not jener schweren Zeiten herausschälen werde, und ich schied traurig von dem Löwen von Verdun, nicht ohne sein goldglänzendes Fell mit milden Redensarten, aber doch vergeblich gestreichelt zu haben.

Aber da war, in der Residenz, im Schlosse der bayrischen Könige in München, die berühmte "Sammlung Rehse". Herr Rehse, ein kleiner, knurriger, rotnäsiger Mann mit struppigem grauen Bart, hatte ganz aus privatem Antrieb in einer wahren Sammler-Manie im Laufe seines Lebens ein einzigartiges Museum von Zeitdokumenten aufgebaut, unter denen sich natürlich auch solche des deutschen Nachkrieges befanden. Er empfing mich erst nach mehrmaliger Anmeldung und mit einem Mißtrauen, welches er anfangs durch Vorspiegelung einer bedeutenden Schwerhörigkeit zu bemanteln versuchte, nachdem ich ihm mit großem Aufwand suggestiver Beredsamkeit und in massiven Ausdrücken des Lobes bayrischer Stammeseigentümlichkeiten versichert hatte, daß ich ja sein Material nur sehen wolle, nur sehen, ging er endlich an einen riesigen Rollschrank, holte aus den dicht gestapelten Papieren das eine oder andere Dokument hervor und hielt es mir brummend und in ziemlicher Entfernung vor die Nase, die andere Hand an dem Rolladen, als wolle er ihn bei der geringsten verdächtigen Bewegung vor mir herunterrasseln lassen. Es war ganz ausgeschlossen, diesem Manne etwas zu entlocken, er machte mich wiederholt mit bösen Seitenblicken darauf aufmerksam, daß er und seine Sammlung unter dem persönlichen Schutz des Führers stünde und verkündete mir triumphierend, daß es selbst den Bazis im Reichspartei-Archiv nicht gelungen sei, ihn auch nur um das kleinste Stück zu betrügen.

Tatsächlich schien er manches wertvolle Dokument in seinem Besitz zu haben, von dem ich nur durch Erlebnisberichte Kenntnis hatte, - er wollte von einem Tausch gleichwertiger Stücke nichts wissen, er war fest davon überzeugt, daß nichts, was er nicht selber gesammelt hatte, von irgendeinem Belang sein konnte, und als ich endlich, widerwillig genug, mich auf den Weg machte, rief er mit knurrigem Triumph hinter mir her, daß hinter den Bergen auch noch Leute wohnten, eine Bemerkung, die mich noch lange beschäftigte.

Obgleich Hauenstein sich immer bemüht hatte, Material aus der Frühgeschichte der Partei, auch wenn es in gewissem Zusammenhange mit dem deutschen Nachkriege stand, strenge auszuscheiden und keinesfalls in den Verkehr zu bringen, reizte es mich doch, auch dem Reichspartei-Archiv einen Besuch abzustatten. Es waren nur wenige Stücke von historischem Wert, die wir besaßen, aber es waren die Briefe Schlageters aus dem Ruhrgebiet dabei, in welchen sich dieser von den Nationalsozialisten nun als Nationalheld gefeierte Mann bitter über die Rolle der Partei im Ruhrgebiet beklagte, - als der einzigen

Partei, die aus rein parteiegoistischen Gründen (um das politische Schwergewicht der Partei in jenem Jahre 1923 nicht von München nach Norddeutschland zu verlagem) die Geschlossenheit des Widerstandes sabotierte. Da war der Bericht, den der ehemalige Freikorpsoffizier Rittmeister Rickmers kurz vor seinem Tode, durch einen Schuß an der Feldherrnhalle schwer verletzt, einer Krankenschwester diktierte und in welchem er sich ungemein aufschlußreich und unmißverständlich über das Verhalten der nationalsozialistischen Führer während des Feuerüberfalles der Landespolizei ausließ, und da war endlich als Kuriosum neben vielem anderen auch eine Tischkarte, ausgestellt für "Herrn Hitler", auf deren Rückseite dieser bei einem Zusammentreffen ehemaliger Freikorpsführer im Jahre 1922 sich einige Stichworte zu der von ihm dann gehaltenen Rede notiert hatte, sehr allgemeine und bedeutungslose Stichworte wie "Unser Weg" und "Bereit sein ist alles", ein Dokument, welches mich immerhin darum interessierte, weil Hitler, wahrscheinlich während der Reden der anderen, träumerisch auf der Rückseite der Tischkarte einige Linien und Skizzen gekritzelt hatte, die bei einigermaßen gutem Willen Profil und Linienführung einer Autobahn erkennen ließen. Diese Dinge hielt Hauenstein unter Verschluß und war mit Mühe zu bewegen, mir ihre Überlassung bei der Abfassung der endgültigen Geschichte des Nachkrieges zu versprechen.

Nun erfuhr ich in München, daß der Präsident des Reichspartei-Archivs ein sogenannter "Märzgefallener" war, also ein Mann, der erst nach der Machtergreifung im März 1933, als die Partei für neue Mitglieder geöffnet worden war, in die Partei eintrat, und daß er zuvor geschäftlicher Direktor eines Blattes gewesen war, welches zu jener Zeit in enger Verbindung zu dem Reichsaußenminister Stresemann stand. Ich nahm also an, daß der Präsident ein Mann sein müsse, mit dem sich besser reden lassen werde als mit irgendeinem sogenannten "NS-Knülch", einem sturen Funktionär, und ich suchte ihn auf. Er entsprach meiner Vorstellung, ein quicker und wendiger Mann von gewandten Umgangsformen und mit jenen spiegelnden Brillengläsern, hinter denen man niemals die Augen richtig sehen konnte. Er hatte mich sofort vorgelassen, er führte mich durch das ganze Gebäude, einen riesigen Bau in der Barerstraße, einer ehemaligen Versicherungsanstalt. Er war ungemein stolz auf alles das, was ihm unterstand, ganze riesige Gänge mit Zimmerfluchten, in welchen zahlreiche Angestellte arbeiteten, Batterien von Schränken, in welchen ich Material vermutete, - und im Keller lagerten, noch unausgepackt und bereits leicht verstockt, Bücherballen neben Bücherballen, zum Teil aufeinandergetürmt, - die gesamte Bibliothek der deutschen Gewerkschaften, eine unschätzbare Bibliothek, die hier sachte vergammelte, und von welcher der Präsident mit leichter Verachtung sprach.

Mich schien der Präsident nur dem Namen nach zu kennen, er hatte, wie er sagte, "von mir hin und wieder gehört und gelesen". Als ich ihm dann die Bitte vorlegte, gelegentlich in das Material aus dem Nachkrieg Einsicht nehmen zu dürfen, sagte er leichthin zu, und setzte ebenso leichthin fort, in die Briefe Schlageters aus dem Ruhrgebiet möchte er seinerseits gern einmal einen Blick werfen. Ich schluckte ein wenig und begann, mich über meine Anschauung über Sinn und Wesen der Geschichtsschreibung zu verbreiten. Er freute sich ungemein, mit mir da ganz einer Meinung zu sein. Geschichtsschreibung sei, so sagte er, natürlich nur über abgeschlossene Epochen möglich, in seinem Falle also hoffe er, in etwa neunhundertachtundneunzig Jahren so weit zu sein, und was an ihm liege, daß sie dann objektiv und historisch richtig geschähe, wolle er gern tun. Als ich ihn nun fragte, wie er denn das Material auswerte, erhob er sich, ging zur Tür, winkte mir, ihm zu folgen, schritt behende und mit wehenden Rockschößen durch die Gänge, über die Treppen, schoß auf ein entlegenes Zimmer zu, ging zielsicher an einen der Rollschränke, der mit einem S geschmückt war, riß den Rolladen herunter, holte ein dickes Aktenbündel heraus, ohne daß seine Hand zu suchen gezwungen war, warf das Bündel mit einem Knall auf einen Tisch und sagte: "So!"

Es war ein Akt über mich. Ich blätterte in ihm. Da war nichts vergessen. Mein ganzes Leben lag da, aufgefangen in Stenogrammen, Zeitungsartikeln, Photos, Photokopien von Ausweisen, Briefen, Anträgen, Berichten, durchgearbeitet, mit Ausrufezeichen und roten Strichen versehen.

Der Präsident stand neben mir und beobachtete mich, ohne sich zu rühren. Ich blickte auf und bemühte mich, langsam und überlegt zu sprechen. Ich sagte, eigentlich bewunderte ich ihn, er möge mir gestatten, ihm meinen Respekt auszusprechen. Zu einer Zeit, während der ich immer nur an mein persönliches Fortkommen und an meine Familie gedacht hatte, habe er offensichtlich weder Gut noch Blut gescheut, um einer so erhabenen Sache zu dienen, wie sie jetzt zum Siege gelangt sei, und die ihn mit Recht durch eine so hohe und ehrenhafte Position belohne.

Er sah mich starr an. Dann sagte er unter blitzenden Brillengläsern und mit einer leisen, angespannten Stimme: "Sie sind ein Rindvieh! Sie mit Ihrer Vergangenheit könnten jetzt an meiner Stelle stehen! Aber Sie dünken sich ja zu fein dazu, Sie wollten wohl gebeten werden! Niemand wird gebeten! Schreien hätten Sie sollen, - schreien!" Er brüllte plötzlich los: "*Schreien!*", um sofort wieder leise fortzusetzen: "Ich habe geschrien! Und jetzt stehe ich hier, - und Sie müssen zu mir kommen und mich um etwas bitten! Es hätte umgekehrt sein können, es ist Gott sei Dank nicht so!"

Ich nahm das Aktenstück und legte es sorgfältig wieder an seinen Platz. Dann sagte ich: "Ja, es ist Gott sei Dank nicht so!" und ging.

Ich fuhr mit dem nächsten Zuge nach Berlin zurück und suchte Hauenstein sofort auf. Er hörte mich schweigend an, dann telephonierte er ein Taxi herbei. Wir fuhren noch in der Nacht nach Potsdam und holten den Reichsarchivrat Dr. Rogge aus dem Bett, einen Beamten, mit dem wir gelegentlich wegen Überlassung von Kriegsstammrollen in Verbindung getreten waren. Hauenstein bot dem Reichsarchiv unser gesamtes Material als Geschenk an, da keine Mittel vorhanden waren, es aufzukaufen. Der Reichsarchivrat bescheinigte mit Vergnügen die Bereitwilligkeit, sowohl das vorhandene als auch das durch unsere Arbeit in der Zeitschrift weiterhin anfallende Material für das Heeres-Archiv entgegenzunehmen, und stellte eine Urkunde aus, nach welcher unser ganzes Material in den Besitz des Reiches übergegangen war.

Am nächsten Morgen schon rief mich Hauenstein an. Gegen sechs Uhr waren drei Lastkraftwagen vor dem Hause in der Hildebrandstraße vorgefahren, Gestapo-Beamte waren in das Haus eingedrungen und hatten die Herausgabe des Materials verlangt. Hauenstein, ungeheuer eifrig, den Herren zu Diensten zu sein, wies die Urkunde vor. Die Beamten, verblüfft, erklärten, da erst nochmal telephonieren zu müssen, gingen ins Nebenzimmer und telephonierten. Und dann zogen sie ohne das Material wieder ab. Hauenstein hatte sofort Dr. Rogge Bescheid gesagt und die Zusicherung erhalten, daß das Material noch im Laufe des Tages vom Reichs-Archiv abgeholt werde. "Was nun?" fragte ich. Hauenstein erklärte, daß er für eine Weile irgendwohin zur Erholung fahre, und er riet mir, das gleiche zu tun.

Ich nahm mir einen Atlas vor und suchte nach einer recht einsamen Insel. Da war die Hallig Süderoog, auf welcher sich nur ein einziges Haus befand. Aber der Besitzer des Hauses, Herr Paulsen, den ich anrief, erklärte mir, daß dieses Haus im Winter leider nicht heizbar sei, er empfehle mir die Insel Sylt. Ich fuhr nach Kampen auf Sylt und schrieb dort nach dem Gedächtnis einen Überblick über den deutschen Nachkrieg, einen Essay, der unter dem Titel "Nahe Geschichte" bei Ernst Rowohlt erschien.

Das Heeres-Archiv auf dem Brauhaus-Berg in Potsdam, im Gebäude der ehemaligen Kriegs-Akademie, baute zur Unterbringung und Bearbeitung unseres Materials, welches nun endlich durch die Akten der General-Kommandos ergänzt werden konnte, einen mächtigen, viereckigen Turm, für den die Gelder, die zum Ankauf unseres Archivs fehlten, aufgebracht werden konnten. An die vierzig ehemalige Stabsoffiziere fanden nun ihr zusätzliches Brot neben der Pension und verrichteten mit Eifer und Fleiß die Arbeit, die bislang von Hauenstein und mir allein getan worden war. Gelegentliche Anfragen bei uns, wo dies oder jenes Stück zu finden sein könnte, beruhigten unsere bangen Zweifel, es geschehe nicht genügend, wir versuchten schließlich zu erkunden, nach welchem System denn wohl das Material nun behandelt werde und erfuhren, es sei nach der Herkunft eingeordnet, so daß also Stücke, die uns der Gefreite a. D. Müller eingesandt hatte, unter dem Buchstaben M registriert wurden, ein Verfahren, das uns veranlaßte, einander stumm in die Augen zu blicken. Das Heeres-Archiv unterstand dem General von Rabenau, den ich, als er noch Generalstabsoffizier bei der 2. Garde-Reserve-Division im Baltikum war, gut kannte. Er veröffentlichte später eine zweibändige Biographie über den General von Seeckt (und er wurde im Verfolg der Ereignisse des 20. Juli 1944 hingerichtet). Ihm verdankten wir wohl die Tatsache, daß wirklich einzelne Ausschnitte aus der Geschichte des deutschen Nachkrieges veröffentlicht wurden, hervorragende Bücher, in denen jede Truppengliederung und jede Uhrzeit stimmte, und die beim Leser das Gefühl hinterließen, er habe sich nun über Ereignisse informiert, die auf dem Monde geschehen waren.

Einzelpreis 50 Pf.

Der Reiter gen Osten

Das Blatt der Kameraden Schlageters

Traditionszeitschrift der ehem. Baltikumer, Freikorps-, Grenzschutz-, Selbstschutz- und Ruhrkämpfer sowie der Rhein- und Ruhrgefangenen

8. Jahrgang | Berlin, im März 1937 | Folge 3

Inhalt:

Ehrenmal des Zeitfreiwilligen-Regiments Leipzig Photo Archiv

Kampf um Leipzig

Bereits erschienen:

Invalidenfriedhof Berlin / Robert Thoms

Seine Geschichte in den Biographien dort Beerdigter

Mitten in Berlin gibt es einen Soldatenfriedhof, der seit 1824 den "Nobilitäten der Armee" als Begräbnisstätte zur Verfügung gestellt wurde. Diese Tradition wurde bis 1945 beibehalten. Zahlreiche der bekanntesten und berühmtesten deutschen Soldaten von 1748 bis 1945 wurden hier beigesetzt. Da das Grundstück in der Mitte Berlins dem Mauerbau 1961 im Weg stand, wurde ein Großteil der Grabmale zerstört und für ein freies Schußfeld abgeräumt.

Der Autor versucht, dem Friedhof seine Geschichte und den Toten ihre Namen zurückzugeben. In 47 Biographien, von Scharnhorst über Schlieffen, von Seeckt zu Mölders, beschreibt er den Werdegang des nun schon 250 Jahre alten Militärfriedhofs. Eine Karte am Ende des Buches hilft bei der Orientierung auf dem Gelände.

Inhalt

Emil Thuy

Ludwig von Schröder

Werner von Frankenberg zu Proschlitz

Ludwig von Falkenhausen

Hans von Seeckt

Adolf Karl von Oven

Rochus Schmidt

Oskar von Watter

Werner von Fritsch

Wolff von Stutterheim

Lothar von Arnauld de la Perière

Friedrich-Carl Cranz

Ernst Udet

Werner Mölders

Walter von Reichenau

Herbert Geitner

Fritz Todt

Reinhard Heydrich

Hermann von der Lieth-Thomsen

Carl August von Gablenz

Hans Fuß

Hans Valentin Hube

Rudolf Schmundt

Walter Marienfeld

Karte und Legende

Robert Thoms

Invalidenfriedhof Berlin

Seine Geschichte in den Biographien dort Beerdigter

ISBN 3-89811-048-6, bod-Libri-Verlag, Hamburg, 1999, DM 26,- / EUR 13,30